全国高职高专应用型规划教材·汽车系列

汽车装饰与美容
（第二版）

主　编　李仲兴　孙丽琴
参　编　吴　越　姜伟娟
　　　　王申旭　高明宏

内 容 简 介

本书系统地介绍了汽车装饰与美容的基本理论与实践规范，涵盖了与汽车装饰美容相关的知识，主要内容包括汽车外部装饰、内部装饰、车载电器与信息设备装饰、安全与改装，以及汽车清洁与美容护理、车身表面涂层等。本书在介绍原理和操作规则的同时，还对汽车装饰美容市场上的主流产品作了介绍，有助于读者有针对性地选择相关产品。

本书可作为高职高专以及低层次本科院校交通运输、车辆工程、汽车运用与维修、汽车服务工程等专业教材，也可供从事汽车检测维修、汽车设计制造、汽车运输管理等专业的工程技术人员以及汽车爱好者阅读参考。

图书在版编目(CIP)数据

汽车装饰与美容/李仲兴，孙丽琴主编. —2 版. —北京：北京大学出版社，2011.9
（全国高职高专应用型规划教材·汽车系列）
ISBN 978-7-301-19385-3

Ⅰ. ①汽… Ⅱ. ①李… ②孙… Ⅲ. ①汽车－车辆保养－高等职业教育－教材
Ⅳ. ①U472

中国版本图书馆 CIP 数据核字(2011)第 166469 号

书　　　　名：	汽车装饰与美容（第二版）
著作责任者：	李仲兴　孙丽琴　主编
策划编辑：	傅　莉
责任编辑：	傅　莉
标准书号：	ISBN 978-7-301-19385-3/U·0058
出版发行：	北京大学出版社
地　　　　址：	北京市海淀区成府路 205 号　100871
网　　　　址：	http://www.pup.cn
电　　　　话：	邮购部 62752015　发行部 62750672　编辑部 62754934　出版部 62754962
电子信箱：	zyjy@pup.cn
印　刷　者：	三河市富华印装厂
经　销　者：	新华书店

787 毫米×1092 毫米　16 开本　16 印张　379 千字
2006 年 7 月第 1 版　2011 年 9 月第 2 版　2011 年 9 月第 1 次印刷

定　　价：32.00 元

未经许可，不得以任何方式复制或抄袭本书之部分或全部内容。
版权所有，侵权必究
举报电话：010-62752024　电子信箱：fd@pup.pku.edu.cn

前　言

随着中国汽车产业的飞速发展，汽车作为一种代步工具走入了寻常百姓的家庭。2010年，中国汽车销量突破1 850万辆，同比增长超过36%。继2009年以1 364万辆销量、超过46%的同比增幅超越美国跃居第一之后，2010年，中国再度蝉联全球第一大汽车生产国和最大新车销售市场。随着私家车的增多，汽车装饰与美容被逐渐重视，汽车装饰潮、美容潮在不断升温，应运而生的汽车装饰与美容市场已经逐渐成形，车主对汽车装饰与美容的认同和参与热情与时俱进，相关的技术在不断向前进步。

据相关资料介绍，在一个完全成熟的汽车市场，汽车的销售利润仅占汽车整体利润的20%左右，配件销售利润占20%左右，有50%～60%的利润是在汽车服务领域产生的，其中汽车装饰与美容在汽车服务领域又占有相当大的份额。据调查，买车后对汽车进行装饰的车主占60%左右。汽车装饰与美容业有着巨大的发展空间和市场前景。

为了适应形势与社会发展的需要，提高汽车服务业从业人员的技术水平，我们组织编写了《汽车装饰与美容》，并于2006年7月出版。出版后，该书受到各职业院校的好评。随着汽车装饰与美容业的飞速发展，特别是2008年10月1日实施的《机动车登记规定》允许车主在改变车身颜色后的10天内向车管所提出申请变更登记即可，再加上中国汽车的保有量越来越大，造就了巨大的汽车装饰与美容市场。现在中国在世界上成为仅次于美、日、欧之后的第四大汽车售后市场。为更好地适应行业与市场的发展，我们对《汽车装饰与美容》一书进行了内容修订，出版了该书的第二版。

第二版与第一版相比，内容及章节安排上更加合理；增加了相关的汽车装饰件的国家标准、新技术的应用和汽车改装等内容；把第一版中第一章、第六章和第七章合为第一章进行综合叙述，使结构更加紧凑；调整了部分章节的内容，使层次更加清晰。

本书的特点：第一，从高职教育实际出发，教学和生产操作实际相结合；第二，图文并茂，通俗易懂，结合市场最新的动态及新材料、新技术的运用；第三，层次清晰，结构合理。本书由9个章节组成，第一章为概述，其余章节则从不同的方面介绍汽车装饰与汽车美容的内容。

本书由江苏大学李仲兴、孙丽琴主编，参与编写的人员还有吴越、姜伟娟、王申旭、高明宏。

限于作者知识有限，加之时间仓促，书中难免有错误和疏忽，敬请专家、同人和读者批评指正。

编者
2011年6月

目 录

第1章 汽车装饰与美容概述 ………… 1
1.1 汽车装饰与美容简介 …………… 2
1.1.1 汽车装饰概念及分类 ……… 2
1.1.2 汽车美容概念及分类 ……… 3
1.2 汽车装饰与美容作业特点和内容 … 5
1.2.1 汽车装饰作业特点及内容 … 5
1.2.2 汽车美容作业特点及内容 … 7
1.3 汽车装饰与美容的现状与发展趋势 …………………… 9
1.3.1 汽车装饰与美容业现状分析 ……………………… 9
1.3.2 汽车装饰与美容业发展趋势及策略 ………………… 13
1.4 思考题 …………………………… 15

第2章 汽车外部装饰 ………………… 17
2.1 车身大包围 ……………………… 18
2.1.1 大包围的作用 …………… 18
2.1.2 大包围的分类 …………… 19
2.1.3 选择合适的大包围 ……… 20
2.1.4 大包围的制作和安装 …… 20
2.1.5 安装大包围的注意事项 … 22
2.2 汽车外部安全装饰 ……………… 22
2.2.1 汽车保险杠装饰 ………… 22
2.2.2 扰流板和导流板装饰 …… 25
2.2.3 车灯装饰 ………………… 28
2.2.4 后视镜装饰 ……………… 33
2.3 天窗装饰 ………………………… 38
2.3.1 汽车天窗的作用 ………… 38
2.3.2 天窗的分类和组成 ……… 40
2.3.3 天窗的选择和安装 ……… 41
2.3.4 天窗的使用和保养 ……… 42
2.4 车窗玻璃装饰 …………………… 43
2.4.1 车窗玻璃 ………………… 43
2.4.2 车窗贴膜 ………………… 46
2.5 车身的装饰 ……………………… 50
2.5.1 汽车装饰贴膜 …………… 50
2.5.2 汽车镀铬件 ……………… 52
2.6 其他外部装饰 …………………… 53
2.7 思考题 …………………………… 56

第3章 汽车内部装饰 ………………… 57
3.1 车内棚壁装饰 …………………… 58
3.1.1 汽车顶棚内衬的类型 …… 58
3.1.2 汽车顶棚内衬的装饰原则 …………………… 59
3.1.3 汽车顶棚内衬的装饰方法 …………………… 59
3.1.4 车门衬板的更换 ………… 62
3.2 仪表板的装饰 …………………… 63
3.2.1 汽车仪表板的性能要求 … 63
3.2.2 仪表板的结构类型 ……… 64
3.2.3 仪表板的装饰 …………… 65
3.3 汽车坐椅装饰 …………………… 67
3.3.1 坐椅的结构 ……………… 67
3.3.2 坐椅的分类 ……………… 68
3.3.3 坐椅的装饰 ……………… 70
3.4 地板的装饰 ……………………… 73
3.4.1 地毯装饰 ………………… 73
3.4.2 脚垫的装饰 ……………… 75
3.5 车内饰品和车用香品 …………… 75
3.5.1 车内饰品 ………………… 75
3.5.2 车用香品 ………………… 78
3.6 其他内部装饰 …………………… 79
3.7 思考题 …………………………… 80

第4章 车载电器与信息设备装饰 …… 81
4.1 汽车影音设备装饰 ……………… 82
4.1.1 汽车音响设备装饰 ……… 82
4.1.2 车载VCD/DVD影音系统 …………………… 89
4.2 汽车空调系统装饰 ……………… 90
4.3 车载通信与导航设备 …………… 94

4.3.1 车载电话 …………… 94
  4.3.2 车载GPS …………… 96
 4.4 车载信息显示系统 ………… 98
 4.5 其他车载电器设备 ………… 100
 4.6 思考题 …………………… 101

第5章　汽车防护、安全装饰及改装 … 103
 5.1 汽车防盗装置 ……………… 104
  5.1.1 汽车防盗装置的功能和
     分类 …………………… 104
  5.1.2 遥控式汽车防盗器简介 … 106
  5.1.3 防盗器的选择和安装 …… 107
  5.1.4 汽车防盗小知识及品牌
     介绍 …………………… 109
 5.2 倒车雷达 …………………… 109
  5.2.1 倒车雷达的概念、原理
     及组成 ………………… 110
  5.2.2 倒车雷达的分类 ……… 111
  5.2.3 倒车雷达的选择与安装
     使用 …………………… 111
 5.3 汽车安全带与安全气囊 …… 113
  5.3.1 汽车安全带 …………… 113
  5.3.2 汽车安全气囊 ………… 116
 5.4 汽车改装 …………………… 122
 5.5 思考题 …………………… 125

第6章　汽车清洁 ……………………… 127
 6.1 汽车清洁概述 ……………… 128
  6.1.1 汽车清洁的发展阶段 … 128
  6.1.2 汽车清洁的概念与特点 … 128
  6.1.3 汽车清洁的种类 ……… 129
  6.1.4 汽车清洗时机与注意
     事项 …………………… 130
 6.2 汽车外部清洁 ……………… 132
  6.2.1 车表污物的组成 ……… 132
  6.2.2 汽车清洁常用工具与
     用品 …………………… 133
  6.2.3 汽车清洁一般设备 …… 134
  6.2.4 汽车外部清洁的正确
     方法 …………………… 136
  6.2.5 车表顽固污渍的清除 … 137
  6.2.6 几种新型洗车方法 …… 137
  6.2.7 汽车底盘的清洁 ……… 141
  6.2.8 汽车发动机的清洁 …… 143

  6.2.9 车窗玻璃和后视镜清洁 … 146
 6.3 汽车内部清洁 ……………… 147
  6.3.1 车内清洁的主要项目 … 147
  6.3.2 车内清洁的材料和设备 … 147
  6.3.3 车内的除尘 …………… 150
  6.3.4 仪表板和方向盘的清洁 … 150
  6.3.5 车顶棚和内饰板的清洁 … 150
  6.3.6 坐椅的清洁 …………… 150
  6.3.7 地毯和踏脚垫的清洁 … 151
  6.3.8 空调系统的清洁 ……… 151
  6.3.9 行李箱的清洁 ………… 152
  6.3.10 车内消毒和喷空气
     清新剂 ………………… 152
 6.4 思考题 …………………… 153

第7章　汽车美容护理用品 …………… 155
 7.1 车蜡用品 …………………… 156
  7.1.1 车蜡的功用 …………… 156
  7.1.2 车蜡的分类 …………… 156
  7.1.3 车蜡的选用 …………… 160
 7.2 汽车专业保护用品 ………… 160
  7.2.1 保护剂 ………………… 160
  7.2.2 研磨剂 ………………… 163
  7.2.3 抛光剂 ………………… 163
  7.2.4 除锈防锈剂 …………… 164
  7.2.5 其他美容护理品 ……… 166
 7.3 汽车清洗用品 ……………… 169
  7.3.1 清洗剂的优点及要求 … 169
  7.3.2 清洗剂的主要成分及除垢
     过程 …………………… 170
  7.3.3 清洗剂的种类与功能 … 170
 7.4 思考题 …………………… 173

第8章　汽车美容护理设备与工艺 …… 175
 8.1 汽车美容护理工具和设备 … 176
  8.1.1 汽车美容护理常用工具 … 176
  8.1.2 汽车美容护理常用设备 … 180
 8.2 汽车美容护理工艺 ………… 190
  8.2.1 新车的开蜡工艺 ……… 190
  8.2.2 漆膜的护理工艺 ……… 191
  8.2.3 汽车全车翻新工艺 …… 192
  8.2.4 车室内的护理工艺 …… 194
 8.3 汽车零部件的护理 ………… 195
  8.3.1 轮胎的养护 …………… 195

8.3.2 轮圈、挡泥板和轮弧
      饰片 ·································· 199
8.4 汽车的季节美容养护 ············ 200
    8.4.1 汽车的夏季美容护理 ······· 200
    8.4.2 汽车的冬季美容护理 ······· 202
8.5 思考题 ······························ 204

第9章 车身表面涂层修补技术 ········ 205

9.1 车身表面涂层基础知识 ·········· 206
    9.1.1 车身表面涂层修补的
          特点 ·································· 206
    9.1.2 车身表面涂层的基本
          结构 ·································· 206
    9.1.3 车身表面涂层辅料 ········ 208
    9.1.4 自动喷漆与修补色笔 ······ 210
    9.1.5 汽车修补涂料的发展
          趋势 ·································· 210
9.2 油漆喷涂工艺 ······················ 211

9.2.1 油漆喷涂工具和设备 ········ 211
9.2.2 面漆的调色 ···················· 213
9.2.3 喷漆前的准备 ················· 217
9.2.4 涂刮泥子 ······················· 218
9.2.5 油漆的喷涂 ···················· 220
9.3 汽车漆膜常见病态的原因与
    防治 ···································· 222
    9.3.1 涂装过程中产生的涂膜
          病态 ·································· 223
    9.3.2 使用过程中出现的漆膜
          病态及其防治 ················· 233
    9.3.3 汽车漆面划痕处理 ········ 238
    9.3.4 轻微印迹的处理 ············ 242
9.4 喷涂中的安全防护 ················ 244
9.5 思考题 ······························ 246

参考文献 ·································· 247

第1章
汽车装饰与美容概述

随着中国汽车产业的飞速发展，汽车作为一种代步工具走入了寻常百姓的家庭。2010年，中国汽车销量突破1850万辆，同比增长超过36%。继2009年以1364万辆销量、超过46%同比增幅超越美国跃居第一之后，2010年，中国再度蝉联全球第一大汽车生产国和最大新车销售市场。随着私家车的增多，汽车装饰潮、美容潮也在不断升温，应运而生的汽车装饰与美容市场已经逐渐成形，车主对汽车装饰与美容的认同和参与热情与时俱进，相关的技术在不断向前进步。

1.1　汽车装饰与美容简介

1.1.1　汽车装饰概念及分类

1. 汽车装饰的概念

汽车装饰是指通过增加或者替换一些附属的物品，以提高汽车表面和内室的美观性、实用性、舒适性的行为。所增加或者替换的附属物品，叫做装饰品或者装饰件。广义的汽车装饰还包括汽车改装、汽车美容等。

随着我国汽车工业的迅猛发展，汽车保有量不断增加。据统计，到 2010 年年底，中国的汽车保有量超过 8 500 万辆，越来越多的汽车进入千家万户，汽车消费正在向大众化与个性化方向发展。与之相伴而来的是人们对于汽车的理解也远远超出了代步工具的范畴，广大车主在美学、舒适性等方面对汽车提出了更高的要求，汽车装饰业便应运而生。通过对车身内外的装饰，汽车变得更加豪华、靓丽、温馨、舒适和安全，更加个性化，所以可以说汽车的装饰美容业已经成为汽车售后服务中非常重要的环节，并逐步向普及化和专业化方向发展。

2. 汽车装饰的分类

汽车装饰主要有两种分类方法：一种是按照装饰部位进行分类，一种是按照装饰作用进行分类。

（1）按照部位进行分类。

① 汽车外部装饰，主要包括车身加装或改装保险杠、导流板、扰流板、后视镜以及车窗等饰件，改变汽车的外观，达到使汽车更加安全、个性化和美观的效果。

② 汽车内部装饰，主要是包括车内篷壁装饰、坐椅装饰、仪表板装饰、地板装饰等。

③ 其他装饰，包括各种车载电子电器设备、通信和智能设备，以及防盗防护安全设备等装饰。

（2）按照作用进行分类。

① 美观类，如车身大包围、各种贴饰、空气扰流板等。

② 舒适类，如天窗、真皮坐椅、桃木装饰等。

③ 娱乐类，如各种车载影音设备。

④ 防盗类，主要是各种防盗装置。

⑤ 保护类，包括保险杠、防撞胶等。

⑥ 便利类，如电动门窗、车载电话、电子导航装置等。

⑦ 实用类，如汽车货架、车载冰箱等。

⑧ 安全类，如倒车雷达、安全带、安全气囊等。

本书主要按第一种分类方式进行介绍。

1.1.2 汽车美容概念及分类

1. 汽车美容的概念

汽车美容（Auto Beauty）是指针对汽车各部位不同材质所需的保养条件采用不同性质的汽车美容护理用品及施工工艺，对汽车进行全新的保养护理。"汽车美容"的概念最初是1994年在我国出现，如今这个概念已被公众普遍接受，而且汽车美容中心已遍及全国各地。

随着社会进步及人类文明程度的不断提高，汽车正以大众化消费品的姿态进入百姓生活，因而汽车的款式、性能以及汽车的整洁程度，都体现出车主的性格、修养、生活观及喜好。所以，许多人想让自己的"座驾"看起来干净漂亮，用起来风光舒适。围绕这一目的所进行的一系列工作，就是许多人眼里笼统意义的"汽车美容"。

现代汽车美容不只是简单的汽车清洗、吸尘、除渍、除臭及打蜡等常规美容护理，它还包括利用专业美容系列产品和高科技设备，采用特殊的工艺和方法，对汽车进行漆面抛光、增光、深浅划痕处理及全车漆面翻新等一系列养护作业，以达到"旧车变新，新车保值，延寿增益"的功效。

2. 汽车美容的分类

根据汽车的实际美容程度，一般可将汽车美容分为一般汽车美容、汽车修复美容、专业汽车美容三类。根据美容场所的不同，也可将汽车美容分为美容店式汽车美容、家庭式汽车美容（即自助汽车美容）两类。

（1）一般汽车美容。

一般汽车美容，即是人们常说的洗车、打蜡，也就是经常所见的路边一桶水、一条毛巾、几个人进行的"汽车美容"。这种方法只能去除汽车表面的污物、尘土，接下来的打蜡也仅增加车身表面的光亮度，因而是一种粗浅的美容方法。由于这是一种对汽车有破坏性的"美容"，故而建议尽量避免采用这种美容方法。其对汽车产生的破坏如下：

① 清洗不彻底，容易导致漆膜划伤，产生细微划痕；
② 擦拭不彻底，某些部位留有水渍，形成水痕，影响表面光泽；
③ 在无法擦干的车身凹槽处，容易产生水汽，加重漆膜即凹槽等处的腐蚀。

（2）汽车修复美容。

汽车修复美容是指对车身漆膜有损伤的部位进行漆膜修复，接着再进行美容。修复美容工序如下：

① 砂平划痕；
② 涂快干原子灰；
③ 研磨；
④ 涂快干底灰；
⑤ 涂底色漆；
⑥ 涂罩光漆；
⑦ 清除接口。

相对于一般汽车美容，汽车修复美容是在设备、工具比较齐全，有一定修复美容工艺的较正规的汽车美容店进行的,因而能满足汽车美容的基本要求,达到一个较理想的美容护理效果。但是这种美容仅仅针对车身的漆膜部分,而未考虑其他部位,因此所做的美容护理不够全面和彻底。

（3）专业汽车美容。

专业汽车美容是一个不仅包括汽车清洗、打蜡,而且还包括汽车护理用品的选择与使用、汽车油漆护理（包括各类漆面缺陷的美容、汽车划痕修复等）、汽车整容及装饰等内容的极其复杂的系统工程。

可见,专业汽车美容具有系统性、规范性和专业性等特征,与一般洗车打蜡汽车美容完全不同。从一般意义上讲,专业汽车美容是通过先进的设备和数百种用品,经过几十道工序,从车身、内室（包括地毯、皮革、丝绒、仪表、音响、顶棚、冷热风口、排挡区等进行高压洗尘吸尘上光）、发动机（免拆清洗）、钢圈、轮胎、底盘、保险杠、油电路、空调系统、冷却系统、进排气系统等各部位做彻底的清洗、保养和维护,且对较深划痕可进行特殊快速修复,从而达到使旧车变为新车并长久保持,使整车焕然一新的效果和目的。

三种汽车美容的工艺对比如图1-1所示。

图1-1　一般汽车美容、汽车修复美容、专业汽车美容对比

(4) 家庭式汽车美容（自助汽车美容）。

在汽车日常使用的过程中，对它进行定期美容护理是必不可少的，这样可以使汽车变得靓洁、美观，也减缓了汽车的磨损和老化。但如果把汽车开到路边的仅有破布、几桶水或高压水枪等简单设备的所谓美容店美容一番，表面上把汽车洗得很干净，其实对汽车是一种破坏；当然把车开到正规的美容店可以得到彻底周到的美容护理，但同时需要不小的花费。所以，在自己掌握了一定的美容知识和技术的情况下，自己动手对汽车进行美容护理，可以说是一种最经济、最简捷的美容手段。下面就简单介绍三种自助汽车美容方案。

① 高级护理方案：主要针对高档汽车的日常美容护理，采用纯天然材料制成、pH值呈中性的美容品，例如纯天然洗车液、纯天然车蜡等。通过高级护理后，可以提高汽车的抗氧化、抗紫外线、防酸、防老化等能力，并使汽车变得自然光亮和清香。

② 普通护理方案：适用于中、高档汽车的日常美容护理，采用如高科技洗车液等特殊的高科技配方增光聚合物。经抛光能较好地修复氧化严重的车漆，并保护清洗物件，防止紫外线破坏及老化。

③ 新车护理方案：适用于各种新车及翻新车，主要选用泡沫洗车上光蜡、隐形车衣、透明保护剂等美容产品。特点是采用比较柔和的配方，不会造成对原有车蜡的伤害，且在新车表面形成一层致密的保护膜，起到防水、防酸及防其他化学物腐蚀的作用，因而可以在较恶劣的环境下对新车进行有效的保护。

1.2 汽车装饰与美容作业特点和内容

1.2.1 汽车装饰作业特点及内容

1. 汽车装饰的特点

(1) 严格依照相关法令进行。

对汽车进行装饰主要是按照车主的意图改造汽车，然而车主并非可以随心所欲地对汽车的外貌和内饰进行修改。汽车装饰的过程必须遵循一些基本原则，同时必须严格按照国家相关法规执行，否则将给车主带来很多麻烦，甚至会影响到汽车的基本性能，从而带来很多安全隐患。

2001年10月颁布的《中华人民共和国机动车管理办法》明确规定，机动车不得擅自改装。要进行机动车改装，司机在提交申请后，必须经过交管部门批准，在交管部门规定的范围进行。如果改装的要求太过离谱，改出来后会面目全非的，车管所一般不会批准。

(2) 注意"禁用三色"。

在车身颜色方面，有三种颜色不能批准：红色（消防专用）、黄色（工程抢险专用）、上白下蓝（国家行政执法专用）。

（3）以行车安全性为原则。

给爱车装饰一定要以安全为原则，在驾驶员驾驶区不要进行挂饰、摆饰等其他饰品的装饰，尽量不要在驻车制动、仪表板和仪表台放置其他不固定的物品，以免在紧急制动时发生制动踏板被杂物卡滞的危险。

（4）协调、实用、整洁和舒适性原则。

装饰轿车应掌握四点原则，即协调、实用、整洁和舒适。"协调"即饰材和饰物其颜色必须同轿车的外表颜色、车内顶部与四周的颜色配合适当。如黑色的轿车配以浅茶色的太阳膜；在深灰色的驾驶室里配以黄色的座套与白色枕套、棕色车毯，在驾驶室前放一瓶外形美观的香水或语音报时钟等。这样，整个驾驶室就会显得大方、豪华、和谐。"实用"即根据车内有限的空间尽可能选用一些小巧、美观、实用的饰物，但要注意最好是能反映司机本人个性的艺术品。"整洁"即要求车内装饰得井井有条，无任何污染或杂物；同时车内所有的饰物必须便于拆装清洗或更换。"舒适"即车内的装饰色彩和质感符合司机的审美观，因为只有舒适的工作环境，才有可能令司机产生心情舒畅、轻松自在的感觉。

（5）注意装饰工作的顺序。

装饰轿车应掌握一定的步骤，即"由表及里、先主后辅"。具体步骤是先装饰车窗玻璃，后装饰车内的前部与后部、前排座中央位置、坐垫和背垫以及其他饰物。

2. 汽车装饰的内容

汽车的外部装饰主要是对汽车顶盖、车窗、车身周围及车轮等部位进行装饰。其主要内容包括：

（1）汽车漆面的特种喷涂装饰；

（2）彩条及保护膜装饰；

（3）前阴风板入后翼板装饰；

（4）车顶开天窗装饰；

（5）汽车风窗装饰；

（6）车身大包围装饰；

（7）车身局部装饰；

（8）车轮装饰；

（9）底盘喷塑保护装饰；

（10）底盘 LED 灯带装饰。

车身室内装饰主要是对汽车驾驶室和乘客室进行装饰，统称为内饰。其主要内容包括：

（1）汽车顶棚内衬装饰；

（2）侧围内护板和门内护板的装饰；

（3）仪表板的装饰；

（4）坐椅的装饰；

（5）地板的装饰；

（6）内室精品的装饰。

进行全面护理也是必要的，关键是要根据不同情况具体分析。

1.2.2 汽车美容作业特点及内容

1. 汽车美容作业特点

汽车美容应根据车型、车况、使用环境和使用条件等因素，有针对性、合理地安排美容作业的时机和项目。

（1）因"车型"而异。

汽车美容项目、内容及使用的用品不同，其价位也不一样。对汽车进行美容不仅要考虑效果，同时也要考虑费用问题。因此，不同档次的汽车所采取的美容作业及使用的美容用品应有所不同。对于高档轿车应主要考虑美容效果，而对于一般汽车只要进行常规的美容作业就可以了。

（2）因"车况"而异。

汽车美容作业应根据汽车漆膜及其他物面状况有针对性地进行。车主或驾驶员应经常对汽车表面进行检查，发现异变现象要及时处理。例如，当车漆表面出现划痕，尤其是较深的划痕时，若处理不及时，导致金属锈蚀，就增大了处理的难度。

（3）因"环境"而异。

汽车行驶的地域和道路不同，对汽车进行美容作业的时机和项目也不同。若汽车经常在污染较重的工业区使用，则应缩短汽车清洗周期，经常检查漆面有无污染色素沉着，并采取积极的预防措施；若汽车在沿海地区使用，由于当地空气潮湿，且大气中含盐分较多，则一旦漆面出现划痕应立即采取治理措施，否则很快造成内部金属锈蚀；若汽车在西北地区使用，由于当地风沙较大，漆面易失去光泽，故应缩短抛光、打蜡的周期。

（4）因"季节"而异。

不同的季节、气温和天候的变化，对汽车表面及内室部件具有不同的影响。例如，汽车在夏季使用时，漆膜由于高温易老化；在冬季使用时，漆膜由于严寒易冻裂，故而均应进行必要的预防护理作业。另外，冬、夏两季车内经常使用空调，车窗紧闭，车内易出现异味，故应定期进行杀菌和除臭作业。

2. 汽车美容的原则

（1）预防与治理相结合的原则。

汽车美容要以预防为主，即在汽车漆膜及其他物面出现损伤之前进行必要的维护作业，预防损伤的发生。一旦出现损伤应及时进行治理，恢复原来状态。因此，汽车美容应坚持预防与治理相结合的原则。

（2）车主护理与专业护理相结合的原则。

汽车美容很多属于经常性的维护作业，如除尘、清洗、擦车、检查等，几乎天天要进行。这些简单的护理作业，只要车主或驾驶员掌握了一定的汽车美容知识，完全可以自己完成。但定期到专业汽车美容场所进行美容也是必不可少的，因为还有很多美容项目是车主无法完成的，尤其是汽车漆面或内室物面出现某些问题时，必须进行专业护理。为此，车主或驾驶员护理一定要与专业护理相结合，这样才能将汽车护理得更好。

(3) 单项护理与全套护理相结合的原则。

汽车美容作业的项目和内容很多，在作业中应根据汽车自身状况有针对性地选择项目及内容。进行某些单项护理就能解决问题的不必进行全套护理，这样不仅是为了节省费用，同时对汽车本身也是有利的。例如，汽车漆膜的厚度是一定的，如果每次美容都进行全套护理，即每次都要研磨、抛光，则漆膜厚度很快会变薄，当磨透车漆时，就必须进行重新喷漆，这就得不偿失了。当然在需要时对汽车进行全面护理也是必要的，关键是要根据不同情况区别对待。

(4) 局部护理与全车护理相结合的原则。

当汽车漆膜局部出现损伤时，只要对局部进行处理即可，只有在全车漆膜绝大部分出现损伤时才能进行全车漆膜处理。在实际工作中应根据需要决定护理的面积，只需局部护理时，就不要扩大到整块板；只需整块板护理时，就不要扩大到全车。

3. 汽车美容的内容

(1) 新车开蜡。

汽车生产厂家为防止汽车在储运过程中漆膜受损，确保汽车到用户手中时漆膜完好如新，汽车总装的最后一道工序是在检查合格后，对整车进行喷蜡处理，在车身外表面喷涂封漆蜡。封漆蜡没有光泽，严重影响汽车美观，且易黏附灰尘，故国外的汽车销售商在汽车出售前就对汽车进行除蜡处理，但目前我国还很少有汽车销售商实施这项工作。为此，用户购车后必须除掉封漆蜡——俗称开蜡。

(2) 汽车清洗。

为使汽车保持干净、整洁的外观，应定期或不定期地对汽车进行清洗。汽车清洗是汽车美容的首要环节，同时也是一个重要环节。它既是一项基础性的工作，也是一项经常性的护理作业。

(3) 漆面研磨。

漆面研磨是漆面轻微缺陷修复的第一道工序，是去除漆膜表面氧化层、轻微划痕等缺陷所进行的作业。该作业虽具有修复美容的性质，但由于所修复的缺陷非常轻微，只要配合其他护理作业便可消除缺陷，所以把它列为护理性美容的范围。

(4) 漆面抛光。

漆面抛光是紧接着研磨的第二道工序。车漆表面经研磨后会留下细微的打磨痕迹，漆面抛光就是去除这些痕迹所进行的护理作业。

漆面抛光需使用专用抛光剂，通过研磨/抛光机进行作业。

(5) 漆面还原。

漆面还原是研磨、抛光之后的第三道工序，它是通过还原剂将车漆表面还原到"新车"般的状况。还原剂也称"密封剂"，它对车漆起密封作用，以避免空气中污染物直接侵蚀车漆。

(6) 打蜡。

打蜡是在车漆表面涂上一层蜡质保护层，并将蜡抛出光泽的护理作业。打蜡的目的是改善车身表面的光亮程度，增添亮丽的光彩；防止腐蚀性物质的侵蚀，对车漆进行保护；消除或减小静电影响，使车身保持整洁；降低紫外线和高温对车漆的侵害，防止和减缓漆膜老化。

1.3 汽车装饰与美容的现状与发展趋势

1.3.1 汽车装饰与美容业现状分析

随着我国汽车工业和交通运输业的迅速发展，汽车保有量的快速增加，汽车装饰与美容、改装等汽车消费观念的逐渐形成，汽车装饰与美容业正日益显露出其巨大的市场空间，成为21世纪最有潜力的黄金行业之一，并被称为汽车工业的"第二桶金"。据统计，在欧美的一些发达国家，汽车的销售利润仅占整个汽车业利润的20%左右，零部件供应的利润占20%，而近60%的利润则来自于汽车服务业。从中国国情来看，目前车主养车费用已达到或者超过汽车本身的价值，以一台15万左右的中档轿车为例，在中等城市每月的养车费用为1000元人民币左右，按照15年报废期计算，其养车费用将达到18万元。这就意味着，一笔巨大的费用将流入从事汽车服务业的商家。据专家预测，未来几年，我国汽车拥有量将以每年20%的速度递增，随之而来的巨大的汽车售后市场——汽车美容、养护、装饰、快修及至大修等，将成为一个庞大的黄金产业。"1000亿元市场规模、40%利润率"，这是中国汽车售后服务市场诱人图景中的两大亮点。

然而，目前我国汽车售后服务业的发展现状与其巨大的发展前景之间存在较大的差距。与发达国家相比，我国汽车服务体系的发展程度还很低，主要表现为规模偏小、管理不到位、经营项目单一、配套设施和专业技术人才缺乏等。而在发达国家和地区，汽车服务体系已相当成熟，主要体现在较大规模的连锁品牌、完善的销售服务网络、庞大的消费信贷等方面。目前我国汽车装饰与美容业的可以概括为以下特点。

（1）汽车装饰与美容企业的数量少。

据统计，在西方国家，汽车装饰与美容企业占到汽车售后服务企业的80%；而中国汽车装饰与美容企业只有不到4万家，汽车维修企业有20万家左右，从比例上看只占到20%左右，从业人员不足百万人，与西方国家相差很大，与日益扩大的装饰与美容需求不相符合。

（2）从业人员专业素质低，操作技术处于低水平阶段。

汽车装饰与美容行业要求从业人员掌握汽车底盘、车身和电器等方面的知识，还需要具备车身金属钣金件、塑料、橡胶和玻璃的相关知识以及相关设备的原理及使用知识。但目前汽车装饰与美容企业的大多数从业人员仅具有初中文化程度，很多从业人员仅靠师傅的"传、帮、带"，没有接受过正规的专业知识。从业人员素质低，制约了汽车装饰与美容业的持续发展。

（3）装饰与美容用品存在伪劣假冒产品。

目前，国内仅有彩虹、标榜等品牌有成熟的生产线，可以提供成套的、有质量保证的装饰美容用品。但有相当数量的汽车装饰与美容企业由于利益的驱使或者不能识别养护用品的质量，存在使用伪劣假冒养护产品的现象，不能保证装饰美容的施工质量。

(4) 品牌优势不强,服务满意度不高。

国际上的著名装饰与美容品牌美国的驰耐普(SNAP)、3M 和英国的尼尔森(NIELSENA)在近几年都进入了中国市场,凭借其强大的品牌号召率和市场口碑,开始建立了连锁经营网络,拥有了较大的市场份额。反观国内的本土品牌,由于管理不到位,服务质量不尽如人意。据调查,高达 78.2% 的车主对汽车装饰与美容的服务质量不满意,从而影响了品牌的建立与维持,难以培育起顾客的品牌认知度和忠诚度。

(5) 规模经济不明显,缺乏诚信和统一的服务标准。

中国大部分汽车装饰与美容企业的特点是规模小,仅有单一的门店,管理水平低,造成了经营不能持续,影响了整个行业朝上规模、上档次的方向发展。据了解,按照约定俗成的行规,汽车装饰与美容业的利润一般在 50% 左右,由于缺乏行业自律,个别不良商家的利润可以达到 100% 甚至更高。行业内没有统一的服务标准,服务质量参差不齐,造成了规模小的装饰与美容企业不断地被市场淘汰,进一步影响了行业向规模化发展。

1. 汽车装饰业现状

伴随着汽车数量的越来越多,人们的观念也随之改变,再也不局限于原厂设计,而是根据自己的个性和需求将爱车改成理想中的样子。例如,原来中规中矩的一辆捷达车,在前脸更换了前灯,后尾增添了尾翼之后,摇身一变,成了引人注目的明星。现代人追求的就是个性,汽车也一样,车主们纷纷通过对爱车的改装来显示与众不同的品位,让车真正与自己融为一体成为时下有车族共同的追求。随着汽车销售的一路飙升,"汽车装饰风"也越刮越烈,而一些精明的商家也已看准了这个蕴藏巨大商机的市场,正着力开发。"车如其人",在张扬个性的时代里,汽车装饰作为一种全新的汽车文化正悄然兴起。

目前汽车装饰火爆的直接原因就是近两年汽车消费市场的持续升温,私家车不断增多,有车就需要保养和装饰;另一方面,汽车销售的"低端路线"也成为汽车装饰业具备发展前景的客观因素。例如:在德国下线的车是标准配置,车内装饰一应俱全,几乎不需要另外进行装饰;而在我国下线的同种车型却因内饰等配置不同而价格相差 1~3 万元,车主往往花几千元到专业装饰店就能使汽车的配置达到甚至超过标准配置,这就是国内装饰市场的发展空间所在。

从现阶段的市场情况看来,传统的汽车保养和汽车改装服务正在被日益兴起的越来越个性化的汽车装饰所取代,汽车装饰已经成为汽车后市场真正的"先头部队"。据不完全统计,仅在北京市,目前大大小小、形形色色的汽车装饰店就已有上万家。由于行业前景看好,投资回报可观,社会各领域对汽车装饰行业的投资热情持续升温,同时国外汽车装饰服务行业的巨头们近两年也加快了进军中国汽车装饰市场以及与本土企业结盟合作的步伐,如世界 500 强之一的美国霍尼威尔公司、驰耐普等。

目前,国内的改装市场上主要分为内装饰、外装饰,以及专业改装(又叫汽车用品改良件)三类。装饰类生产性客户主要集中在浙江(瑞安、温州)和广东(顺德)。浙江地区产品主要是手工艺的小装饰品,如抱枕等,现在市场上大部分此类产品都来源于此地区,方式主要是通过在此地的厂家 OEM 贴牌加工,然后拿回销售。广东(顺德)的工厂主要是以生产外装饰件为主,产品主要是护杠、轮眉、尾气管、踏板等,大部分的厂家都有在做国内市场的同时兼做出口贸易,并且出口的份额都很大。国内其他地区的装饰类厂商,如东北地区的厂家就是以生产坐垫居多,类型主要分为亚麻、澳洲羊毛等;福建地区的装饰类厂家就是以生产汽车地毯的居多。其实汽车装饰用品每一个品种都有不同的档次和品质,价格相差很大,产品质量差距也非常大,有些产品甚至存在严重的环保指数不达标等质量问题。由于大部分车主对这些产品都是初次接触,搞不懂其中底细,很难把握价格;加之汽车装饰市场不可能像汽车整车一样统一定价,弹性基本把握在商家手上,故商家随意定价的现象较为普遍。

汽车装饰业发展如火如荼的同时,也暴露出不少问题,主要包括:缺乏行业自律,商家随意定价的现象较为普遍;缺乏统一服务标准,不同商家之间汽车装饰用品和相关服务报价悬殊;缺乏行业"领头雁",目前汽车装饰行业中,凭借充分的品牌影响力在行业内占据优势市场份额,能唱上"主角"的企业尚未形成,各汽车装饰店规模大小不一,各种汽车装饰用品质量和服务水平良莠不齐,商家在个性化服务和产品创意方面,很少有自己独到的见解。此外,消费者也不够成熟,相关知识的欠缺使之无法辨别琳琅满目、良莠不齐的产品与服务。许多美容养护店为了赚钱,常出现以次充好的情况;雇用工人的技术薄弱,导致客户的汽车养护质量差。种种迹象表明,汽车装饰行业的规范已经是势在必行。

2004年年初,中国汽车装饰业市场走势高峰论坛在郑州举行。国务院发展研究中心有关专家在论坛上分析,近年来国内汽车消费市场的持续升温,尤其是私家车的增多,为汽车装饰行业的发展提供了巨大商机。预计未来几年,汽车装饰业将有800亿元左右商机可以挖掘。但目前,国内汽车装饰业规模小、假冒多、服务差,如果不加快整合,这一巨大市场将拱手让给外国汽车服务公司。2004年2月,日本最大的汽车服务连锁企业澳德巴克斯宣布正式进入中国汽车服务市场;此前,日本第二大汽车装饰连锁企业黄帽子公司,已经在上海等地开了几十家连锁店;而全球最大的汽车用品服务企业——美国AC德科公司也宣布最近两三年将进入中国市场。另据了解,世界排名前10位的汽车装饰服务公司——美国NAPA2004年也已进入中国。

2004年12月,我国的汽车服务市场全面开放,国外著名的汽车服务企业进入国内市场,这必然给国内现有的汽车装饰业带来巨大的冲击,因此业内把2005年戏称为"决战年"。在这场"大决战"中,服务、规模、装备都是汽车装饰企业克敌制胜的关键。面对国内市场竞争和外资冲击,企业要积极向专业化、个性化方向发展,以市场和客户需要为中心,着重练好"内功",只有这样,中国汽车装饰业才能在健康的轨道上逐渐步入良性循环。

2. 汽车美容业现状

随着汽车消费的进一步大众化、家庭化,汽车逐渐成为人们时尚生活的一部分,同时"三分修七分养、以养代修"的理念也成为广大爱车人士的共识。人们不仅要求行的方便,更要行的漂亮。根据汽车市场调查,目前我国60%以上的私人高档车车主有给汽车做外部美容养护的习惯;30%以上的私人低档车车主也开始形成了给汽车做美容养护的观念;30%以上的公用高档汽车也定时进行外部美容养护;50%以上的私人车主愿意在掌握基本技术的情况下自己进行汽车美容和养护。这些数据显示汽车美容业具有巨大的市场发展空间和诱人的市场前景。现在我国的汽车美容业主要呈现以下的特点。

（1）高端汽车美容项目日益受到青睐。

洗车、打蜡在很长一段时间内几乎就是中国汽车美容的代名词，然而这种状况近几年正随着人们养车意识的转变而发生悄然变化。特别是2008年，国内不少地区都出现了价位不菲、但质量确实可靠的高端汽车美容项目，并且正在得到越来越多终端的车主的认可。经过了前几年概念炒作的泡沫时期，一些商家真正的产品、技术及服务等方面的优势开始沉淀下来，并且引领了一股新的时尚潮流。

尽管近几年我国的汽车保有量持续增长，但毕竟购买一辆汽车对多数消费者来说都是一种奢侈的消费行为。对爱车进行高效的美容养护是大多数车主具有的惯性心理，因为车的面子就是车主的面子。但在前几年汽车美容市场兴起之初，鱼龙混杂的各类产品、各种服务让消费者有点雾里看花，再加上消费者被不法商家蒙骗的报道时有爆出，因此在这个市场还没有完全成熟起来之前，就已经让很多消费者丧失了信心。纵观2008年，应该说是重塑信心的一年，消费者在这一过程当中变得更加理智，更加具有判断力。

（2）日常初级汽车护理DIY趋势渐显。

在国外，很多汽车美容养护项目都是车主DIY完成的，这一点在我们的邻国日本就有明显的体现，其车主都有相当程度的汽车养护常识和技术，日常的一些简单护理完全可以轻松搞定，并且"自己动手、其乐无穷"的风气盛行。而在国内市场，虽然很早就有各类DIY汽车养护产品的引进，但由于受到传统消费观念的影响，自己动手的DIY方式一直不被大家所接受。2008年，随着一系列国际性事件的发生，这一状况得到了明显的改变。首先是全球瞩目的奥运盛会在我国成功举办，不但引来了全世界的关注目光，同时也带来了大批绿色奥运专供产品，其中奥运用车的一些DIY产品成为赛后市场商家重点关注的对象。同时借此机会，广大终端车主的消费意识也开始发生悄然改变，自己动手的习惯在逐步养成。其次是目前还尚未散去的金融危机，在经济环境不利的大背景下，越来越多的消费者开始捂紧自己的钱袋子，但车还是要用、要养的，既然不去外面消费，就只能自己在家做力所能及的事情，因此也可以说DIY的风行是借了金融危机的"机"。

（3）行业洗牌加剧市场格局初定。

业内人士都知道，慧聪汽车用品网的商情杂志就是我国汽车用品市场的晴雨表，每年都有大批的新品牌、新产品通过它而被广大经销商所熟知，当然每年也会有一批老面孔淡出市场，离开人们的视线，这一点从杂志厚薄程度的变化上就能清晰地得以体现。2005年和2006年是汽车美容养护市场最疯狂的概念炒作时期，品牌之多、从业人士之杂乱可以说是前所未见。然而市场的发展必定还是有其自身的规律的，经过2007年的沉淀、整合，优胜劣汰，2008年的汽车美容养护市场已经相对规范，剩下的品牌数量可能还不及当初最疯狂时的三分之一，但能剩下的都凭借自己的实力在市场上站稳了脚跟。在市场格局日趋稳定的同时，越来越多的商家开始把注意力放了客户服务方面，使得整个行业的服务水准较往年有明显提升。尤其是汽车美容项目，与其说是卖产品不如说是卖服务，因此售前、售中及售后环节的服务竞争将会在今后一段时期内持续加剧。

那么，对于一个资金不是十分雄厚的投资者来说，投资一家店后，要如何运作才能使它有规模、上档次呢？专家的思路是这样的：规模可以慢慢做大，但档次一定要一步到位，办法就是加入知名汽车服务品牌的连锁经营。虽然需要一定的加盟费用，但与回报值相比还是值得的。首先，利用知名品牌的品牌效应可以使档次一步到位；其次，在连锁机构中可以获得完善的培训、通畅的进货渠道、细致的管理体系和清晰的经营思路，这些完善的配套是独立经营完全无法得到的；最后，也是最重要的，利用连锁机构的独家技术可以使经营特色鲜明，做到局域性的垄断，摆脱很多小店低档次经营、低利润回报的颓势和经营的不稳定性。

1.3.2 汽车装饰与美容业发展趋势及策略

汽车装饰与美容业是一个新兴的产业，其产值的大小一方面受汽车拥有量的影响，另一方面也存在一个消费者认知的过程。根据相关行业和国外汽车装饰与美容的发展经验，一般情况下，一个国家的汽车装饰与美容要经历起步阶段、成长阶段、成熟阶段等三个发展阶段。在起步阶段，由于消费者生活水平不高，认知不足，同时在全部汽车拥有量中低档次汽车所占的比例较大，汽车装饰与美容虽然利润率较高，但总产值相对较低。在成长阶段，消费者的可支配收入大幅度上升，开始注意到自己驾乘的汽车如同穿在身上的衣服一样，是一个人身份、地位和文化品位的象征，因此比较爱惜汽车的性能和外表，经常需要进行美容养护。同时在全部汽车拥有量中，轿车的比例上升、商用车比例逐年下降，而且高档次汽车的比例不断增加，汽车装饰与美容需求与日俱增。

据国务院发展研究中心的报告预测，中国消费者将以每年15%的增长速度购买轿车；而随着家庭轿车拥有量的稳步上升，将给汽车装饰与美容业带来不可限量的发展空间。目前全国汽车保有量已突破3500万辆，轿车消费市场潜力巨大，私家车的购车比例达到了55.6%，私家车主正逐渐成为主要消费群体。按照有关资料的介绍，在一个完全成熟的汽车市场，汽车的销售利润仅占汽车整体利润的20%左右，配件销售利润占20%左右，有50%~60%的利润是在汽车服务领域产生的，其中汽车装饰与美容在汽车服务领域又占有相当大的份额。据调查，买车后对汽车进行装饰的车主占60%左右。据汽车业界普遍认为，到2011年，汽车装饰与美容市场将有2000~3000亿的市场份额。在这种经济形势下，汽车装饰与美容面临着难得的机遇。只有把握好机遇，才能使整个行业的发展迅速进入良性循环，因此需要制定相应的发展策略。

1. 选择正确的店面位置

选址是汽车装饰与美容业生存的第一原则。根据经验，在汽车加油站、大型超市、酒店和中高档住宅小区等附近设立的汽车装饰与美容店占95%，否则就很难生存。因为加油站、大型超市、酒店等是驾车者停车频率最高的地方，驾车者很容易在办完事驶离上述地方时，顺便到附近的汽车装饰与美容店给汽车做一次护理。另外一种选址的原则是与4S店合作，形成汽车销售、修理与装饰美容一条龙服务，可以凭借4S店的品牌号召力接纳新车和维修汽车的装饰与美容业务。开店地址选择的优劣，已经成为衡量汽车装饰与美容行业风险的标准，选择好的开店地址，就为汽车装饰与美容的成功奠定了坚实的基础。

2. 确定正确的经营方式

汽车装饰与美容应该朝"一站式服务"和"连锁经营"两个方向发展。一站式服务可以使汽车在较短的时间内得到全方位的护理，大量节省车主的等待时间；连锁经营方式则可以使汽车装饰与美容的经营者通过对养护用品的大规模批量采购来降低经营成本，同时可以使店面在地区内合理布局，方便顾客根据自己的行驶路线和时间选择相应的店面来完成对汽车的养护。不管选择"一站式服务"还是"连锁经营"，对顾客实行会员制管理是吸引和稳定客户的有效方法。在店面内还可以进行汽车装饰美容以及汽车知识的讲座，在推广汽车文化的同时，提升企业的专业化形象，为顾客提供真诚的服务。

3. 进行资源整合，扩大企业规模

汽车装饰与美容店开业是按照 GB/T16739.3—1997《汽车维修业开业条件》里的规定来申请的，该条件对汽车装饰与美容业开店的要求并不高，准入的门槛很低，这样就造成了整个行业的低档化。随着人们对汽车装饰美容期望值的提高，车主希望进入较高档次的汽车装饰美容店进行汽车的相关护理，这就需要注入一定的资金来提高汽车装饰与美容店的档次。除了资本资源的有效利用之外，汽车装饰与美容企业可以与保险公司进行深度合作，以方便顾客购买车辆保险；汽车装饰与美容企业还需要在信息资源、人力资源、公共关系资源等方面下大力气进行整合，使企业在整个行业内具有核心竞争力，这样在竞争中就能立于不败之地。

4. 开拓汽车装饰与美容的新资源

根据国外有关机构给出的报告，国外二手车交易相当火爆，每年的二手车交易量远远超过新车，美国、德国、瑞士、日本等国二手车的销量分别是新车销量的 3.5 倍、2 倍、2 倍、1.4 倍。即便是在经济危机的冲击下，二手车也保持了相当大的交易量。因此，汽车装饰与美容业在针对新车售后进行装饰与美容的同时，也应该把注意力集中到占有相当交易量的二手车市场。从购买二手车的车主的消费行为分析表明，一般二手车买入者首先会对汽车进行清洗消毒，按照自己的审美需求进行二次装饰与美容，这就为汽车装饰与美容带来了新的商机，汽车装饰与美容业可以获得新的市场。在经济形势好的情况下，汽车装饰与美容可以与汽车销售业共同繁荣；当经济形势低迷的时候，汽车装饰与美容业可以抓住二手车装饰美容的市场，使汽车装饰与美容业始终维持强大的生命力。

5. 进行专业化服务

汽车装饰与美容的专业化服务应该包括三个方面：一是装饰美容设备的专业化，二是从业人员的专业化，三是服务的专业化。汽车被誉为"世界第一商品"，其使用周期长，但要使汽车具有正常的寿命，后期的养护就特别重要。随着人们消费能力的提高，所购买的汽车也越来越高档化，这就要求汽车装饰与美容业购置专业化的设备；进行校企合作，吸收专业的人才，国内的部分高等院校陆续开设了"汽车服务工程"专业，具有汽车专业知识的高层次人才进入汽车服务业之后，可以使汽车装饰与美容业提高服务的技术水平；中国汽车流通协会汽车美容装饰及用品专业委员对《汽车美容装饰服务

管理规范》的制定工作已经进入讨论议程，汽车装饰与美容业应该抓住机遇，努力按照规范要求的服务来赢得市场。

1.4 思 考 题

1. 什么是汽车装饰，如何分类？
2. 什么是汽车美容，如何分类？
3. 简述汽车装饰与美容业的现状。
4. 简述汽车美容的作业内容与特点。

第2章
汽车外部装饰

> 汽车外部装饰是在不改变车身结构和功能的前提下,通过对车身加装或改装大包围、保险杠、导流板、后视镜以及天窗等饰件,改变汽车的外观,达到使汽车更加安全、靓丽的目的,以满足人们对安全性和审美观的需求。

2.1 车身大包围

汽车大包围是指车身下部宽大的裙边装饰，一般由前包围、侧包围和后包围组成，在一些车型上还包括轮眉、挡泥板和门饰板等。现在很多车型都安装了大包围，加装大包围后，汽车变得更加美观，给人以雍容气派之感，车身富于动感。

2.1.1 大包围的作用

车身大包围的学名是"车身空气扰流组件"，源于赛车运动，用于改善车身周围的气流对运动中车身稳定性的影响。而目前国内市场上的"大包围"大多不具备这种功能，其更多是为美观而设计的，不过汽车在安装大包围后使车身加长，重心降低，从而提高了汽车行驶的稳定性。大包围效果图如图2-1和图2-2所示。

图2-1 POLO 大包围

图2-2 本田飞度大包围

车身大包围起源于赛车运动，其目的是利用空气动力学原理，增强赛车在高速行驶时的稳定性。我们在F1比赛中看到F1赛车车身上的各种"翼"都是空气扰流组件。而运用到普通的汽车上，空气扰流组件就成了车身大包围。车身大包围能够减低汽车行驶时所产生的逆向气流，同时增加汽车的下压力，从而使汽车行驶时更加平稳，并减少耗油量。但是绝大多数车主选择给爱车改装汽车大包围主要还是为了美观。因为低速行驶的汽车的大包围基本不会对车辆行驶产生影响。

一般的大包围是由生产厂家根据不同的车型设计而成的，通常会有几种型号，每一种型号包含几个车身不同部位的组件；选用大包围时根据车型及汽车的具体情况（如颜色），按照与车身协调并且不影响汽车安全性的原则进行，通用性不高。随着人们汽车消费理念的提高，现在有一些大型的汽车装饰店已经具有为顾客专门制作大包围的能力，迎合了消费者要求汽车外貌独一无二的需要。

2.1.2 大包围的分类

目前市面上的大包围按照安装款式分为两类：一是唇款，即在原车的保险杠或车身侧部下方安装半截包围件；二是保险杠款，即拆下原车的保险杠或车身侧裙等，安装新的完整的大包围件。

唇款对于包围件的质量和安装技术要求很高，包围件和车身缝隙不能超过 1.5 mm，否则会影响外观，而且可能在高速行驶时脱落。但是唇款的优点在于不用改变原车，易于拆下包围件并恢复原有外观。因为保留了原车的保险杠，所以安全性有保障。

保险杠款可以大幅度改变原车外观，更易于造型，更有个性化，而且安装相对容易。但是因为拆除了原车的保险杠，故安全性会受到大包围件材料性能和质量的影响。

按照制作材料的不同，大包围主要可以分为以下几类。

1. 玻璃钢

利用玻璃钢制作大包围套件，制作方便，对模具和生产设备要求不高，成本低廉，所以一般的大包围材料首选玻璃钢。但是由于材料物理性质的缺陷，玻璃钢大包围比较脆，抗冲击能力极低，安全性差；而且由于其塑性低，其安装、打孔过程比较麻烦。

2. PU（合成橡胶）

PU 大包围采用 PU 液体原料灌注而成，外形平、光滑，表面喷涂亮漆后，外观非常靓丽。由于具有抗冲击、不易变形、不易断裂、耐候性好（-40℃～+80℃）且环保无公害等诸多优点，PU 汽车大包围已成为国际汽车装饰业界公认最适合做汽车装饰板的原材料。同时 PU 大包围由钢模做成产品，规格标准；安装非常容易，两名工人约 10 分钟可以安装一台车（为汽车厂家节约大量的安装费用及时间）。但是 PU 材料价格极高，一般消费者很难承受。

3. ABS 塑料

ABS 塑料大包围因为是以真空吸塑成形，厚度较薄，强度较差，所以此类材料不能作保险杠款的包围，只能制作唇款的包围。

4. ADP 合成树脂材料

ADP 合成树脂材料收缩性较小，韧性较好，耐热不变形，所以制作出的产品表面光滑，同时抗扭力较强，密合度较高；但其价格相对也较高。

大包围的价格按照档次不同也有较大的差异，一般在400～2 000元，可以按照车主的需要进行选择。

2.1.3 选择合适的大包围

对于车主来说，选择一款合适的大包围件意味着爱车拥有更"给力"的外形，更出色的性能以及对安全性没有太大的影响。如何选择一款合适的大包围进行改装，我们提供以下几点的建议。

（1）前包围对于车辆外观的改观作用最大，但选择前包围要注意不能损害车辆原有的安全性和散热，不能影响车辆的通过性。

（2）大包围能够减小空气阻力，但是只有在高速行驶的情况下才有效果，如果平时都是以中低速行驶为主的话，大包围只能算是多余的重量。

（3）注意大包围件可能会使爱车离地面过近，增加蹭底的可能性。

2.1.4 大包围的制作和安装

1. 大包围制作

本书以传统的玻璃钢大包围为例，简单介绍大包围的制作工艺。

首先用玻璃钢做成大包围的形状，称为主模；然后在主模的内部喷涂胶衣，它是大包围的表面，其性状决定着大包围的表面性状；等胶衣干后，把预先裁好的纤维往主模上铺，一般要铺3～5层，等待1～4小时玻璃钢干透后即可脱模；最后将毛坯进行打磨处理，喷涂专用的FRP（玻璃钢）底漆，再经过喷面漆和烤漆之后，大包围的制作就完成了。

2. 大包围的安装

大包围的安装过程相对来说比较简单，前包围、后包围、侧包围的安装步骤基本相同，现介绍如下。

（1）准备好安装所需的工具和材料。一般常用的工具有手电钻、锤子、螺丝刀、活动扳手、钳子等，准备好大包围及其附属零件并按照安装说明做好各种处理工作。

（2）将大包围的安装部位进行擦拭和清洗，去除油污和污垢，使之清洁、干燥。

（3）在车身安装大包围的相应部位上贴上保护用的皱纹纸，防止在安装过程中碰坏车身油漆，如图2-3所示。

（4）将大包围在车身上相应位置试放一下，观察两者的贴合程度。注意安装侧包围时应该把车门打开，安装后包围时注意排气管，如图2-4所示。

（5）取下大包围，按照试放的效果对大包围进行修整，将大包围修边角和去毛刺，按照安装要求在车身下端钻好安装孔，并去掉孔周围的毛刺，如图2-5所示。

（6）安装大包围，施力时应注意技巧，避免用力过猛损坏车身或者大包围，使两者达到紧密的贴合，必要时可以在大包围内侧与车身贴合的位置涂上专用的胶水，如图2-6所示。

第 2 章　汽车外部装饰

图 2-3　贴保护纸

图 2-4　试放

图 2-5　修整大包围

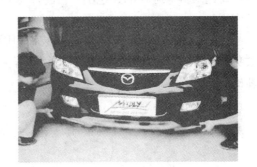

图 2-6　安装

（7）拧上固定螺钉，最好在螺帽上涂上油漆，使之与车身颜色协调。至此，大包围的安装过程基本完成。安装后的效果如图 2-7 所示。

图 2-7　安装包围件后的状态

2.1.5　安装大包围的注意事项

对车主来说，加装汽车大包围应注意以下事项。

（1）汽车是否加装大包围，要根据使用的实际情况决定，只有完全在平坦良好的道路上行驶才能加装大包围。

（2）应选用高质量的产品，因为高质量的大包围，无论是坚固程度还是外观效果都远远强于一般产品。

（3）最好不要选用需要拆掉原车保险杠才能安装的大包围，因为非原厂的大包围件的抗撞击能力较差，所以选用将原保险杠包裹其中的大包围不会影响车辆的牢固性。但如果一定要选用拆保险杠的大包围，可将原保险杠中的缓冲区移植到玻璃钢包围中，以起到保护作用。

（4）应该到有经验的改装店加装大包围，因为这些改装店有制作玻璃钢的能力，大都会免费为车主修复不慎碰坏的包围，令车主不必为包围的一点小损伤就得花钱去换一个新的。

2.2　汽车外部安全装饰

汽车外部安全装饰是指在汽车上加装或改装保险杠、导流板和扰流板、电动后视镜以及车灯等装置，以提高汽车行驶的安全性。

2.2.1　汽车保险杠装饰

保险杠是汽车车身的一个重要组成部分，是吸收缓和外界冲击力，防护车身前后部的安全装置。保险杠的作用主要有四方面：

（1）当汽车与其他车辆或障碍物发生低速碰撞（通常小于 10 km/h）时，保护翼子板、散热器、发动机罩和灯具等部件；

（2）当汽车与行人发生碰撞时，最大限度的保护行人；

（3）满足车身空气动力性的要求；

（4）装饰和美化车身。各种保险杠的示意图如图 2-8 所示。

1．汽车保险杠的种类

（1）按保险杠所用材料分。

按所用材料不同，保险杠可分为钢板保险杠、塑料保险杠、铝合金保险杠和镜钢保险杠等。

① 钢板保险杠。20 年前，轿车前后保险杠是以金属材料为主，用厚度为 3 mm 以上的钢板冲压成 U 形槽钢，表面处理镀铬，与车架纵梁铆接或焊接在一起，与车身有一段较大的间隙，好像是一件附加上去的部件，此即钢板保险杠。现在钢板保险杠主要用于货车上。

② 塑料保险杠。塑料保险杠不但具有固有的保护功能，而且还能与车体保持和谐、统一，使车身轻量化。这种保险杠具有很好的强度、刚性和装饰性。从安全上看，汽车发生碰撞事故时此类保险杠能起到缓冲作用，保护前后车体；从外观上看，此类保险杠可以很自然地与车体结合在一块，浑然一体，具有很好的装饰性，成为装饰轿车外形的重要部件。塑料保险杠多用于轿车。

③ 铝合金保险杠。铝合金保险杠是由铝合金构成的管状保险杠，这种保险杠具有造型多、美观、气派等特点，多用于越野汽车和小型客车。

④ 镜钢保险杠。镜钢保险杠由钢管制成，并经电镀处理，具有美观、庄重等特点，多用于小型客车。

图 2-8　各种保险杠

（2）按安装位置不同分。

按安装位置不同，保险杠可分为前保险杠、后保险杠和车门保险杠等。

前、后保险杠是防护车身前、后部的安全装置，在现代汽车上不可缺少。安装车门保险杠是汽车防侧撞所采取的安全措施。

汽车设计者从交通事故中发现，汽车发生侧面碰撞的案例比较多，尤其是路面湿滑或车速较快的情况下，因各种原因造成汽车拦腰碰撞的可能性大大增加。轿车上实行防侧撞的安全措施有两种常见方法：一种是从设计上改进轿车车厢的结构，使其能起到分散侧撞冲击力的作用；另一种是安装车门保险杠，增强车门的防撞冲击力。后一种方法实用、简单，对车身结构的改动不大，已经普遍推广使用。

安装车门保险杠，就是在每扇车门的门板内横置或斜置数条高强度的钢梁，与车前、车后保险杠具有相同的作用，做到整部轿车前后左右都有保险杠保护，使得轿车乘员有一个最大限度的安全区域。

2. 汽车保险杠的结构及功能

常见的汽车保险杠系统通常由外盖板、内衬、横梁、支架等部分组成，其中内衬和支架都可作为缓冲吸能元件。

（1）普通式保险杠。

普通式保险杠也称为自身吸能式保险杠。这种保险杠结构比较简单，它主要通过内衬和支架的变形吸收能量。大部分轿车都是使用这种形式的保险杠。由于支架需要有一定的强度，因此其通常使用金属材料；而内衬的材料则多种多样，包括各种塑料、泡沫状金属材料、树脂等复合材料和蜂窝状材料。这种保险杠的缓冲性能通常由缓冲材料的特性决定。

① 塑料保险杠。塑料保险杠是一种普通式保险杠，由外板、缓冲材料和横梁等三部分组成。其中外板和缓冲材料用塑料制成，横梁用厚度为 1.5 mm 左右的冷轧薄板冲压成 U 形槽；外板和缓冲材料附着在横梁上，横梁与车架纵梁螺钉连接，可以随时拆卸下来。这种塑料保险杠使用的塑料，大体上使用聚酯系和聚丙烯系两种材料，采用注射成型法制成。国外还有一种称为聚碳酯系的塑料，渗进合金成分，采用合金注射成型的方法，加工出来的保险杠不但具有高强度的刚性，还具有可以焊接的优点，而且涂装性能好，在轿车上的用量越来越多。

② 泡沫垫吸能保险杠。泡沫垫吸能保险杠同样是一种普通式保险杠，它是在冲击杆和塑料面杆或盖之间，采用厚氨基甲酸乙酯泡沫垫。

（2）特殊式吸能保险杠。

特殊式吸能保险杠的主要组成部分为吸能器。吸能器在碰撞过程中起着主要的吸能缓冲作用。吸能器有三种，分别为液压式吸能器、弹簧式吸能器和隔离式吸能器。

① 液压式吸能器。液压式吸能器有一个充满液压流体的气缸，受冲击时，充满惰性气体的活塞管被压入气缸，液压流体在压力下经小孔流入活塞管，受压的液压流体吸收冲击所产生的能量并推动活塞管中的浮动活塞，从而压缩惰性气体。当释放冲击力时，压缩气体的压力促使液压流体从活塞管返回气缸，这种作用使得保险杠回到原来的位置。

② 弹簧式吸能器。当汽车受到冲击时，流体从储存器经过量阀进入外气缸。当冲击力释放时，吸能器的回动弹簧使得保险杠回到原来的位置。

③ 隔离式吸能器。隔离式吸能保险杠在隔离式吸能器和车架之间装有橡胶垫，当受冲击时，隔离式吸能器因冲击力而动，使橡胶垫伸展，橡胶的变形吸收冲击能量。当冲击力释放时，橡胶恢复原形，从而使保险杠回到原来的位置。

（3）安全气袋式保险杠。

这是一种专门为了保护行人而设计的保险杠。简单地说，就是把安全气囊装入保险杠内。在行人触及保险杠的瞬间，保险杠内藏推板迅速落下，阻止行人被撞倒在车底下；与此同时，保险杠前方和两侧的气囊迅速充气，将被撞行人托起。这种保险杠可以有效地保证被撞行人的安全，但目前尚处于研究和试验阶段。

3. 保险杠的选择和安装

目前在售后市场上，汽车用品生产厂家针对不同款式的车型量身定做了多种保险杠，车主可以根据自己的喜好进行选择。值得注意的是，这类专用车型保险杠不可在不同车型之间套用，如陆风的保险杠就不宜用在帕拉丁上。保险杠应该与整车协调，不能改变车辆原有的配置，切实起到防撞的作用。一些塑胶防撞架往往只是一个好看但并不实用的摆设，不仅不能有效"防撞"，而且一般都不装在汽车大梁或主结构架上，而仅以塑胶螺钉固定在原来的保险杠上，减少了接近角和离去角等。所以，它们根本不符合防撞架的要求。

保险杠的安装过程中应注意保持它与翼板和前隔栅的距离相等，两边对称；如果需要，可以在保险杠和装配托架之间加设填隙片以调整保险杠对准；拧紧螺钉，检查用力摇动时是否牢固，此时振动是越小越好。

4. 保险杠划痕的修复

在汽车零部件中，最容易受伤的便是保险杠。如果保险杠被撞得变了形就只能更换；但是一般情况下，如果保险杠只是被轻轻地擦伤，虽然并无大碍，但满是伤痕很是难看，必须想办法将它修补好。此外，为了避免保险杠多次被撞伤，平时应注意掌握一些保护方法，只有这样，才能让保险杠永远保持光鲜的容颜。

选用专用化学合成剂修补保险杠是一个好方法，且操作起来非常简单，任何人都可以进行修补。虽然修补后很难恢复到新车时的模样，但可以做到不仔细看很难分辨出来的程度。具体操作步骤如下。

（1）将保险杠上面的毛刺削去，最好用小刀削，将整体整理平滑，这样便于修补。坑洼部分涂上油灰使之平滑。

（2）保险杠伤痕周围通常粘有很多污垢，为使油灰粘得较牢，应先将其清洗干净。

（3）如果保险杠上沾有油污，油灰就很不容易粘牢，所以最好用涂料稀释液使修补部分脱漆。

（4）准备各种颜色的油灰，最好选择较接近的颜色。

（5）混合保险杠用油灰，把灰主剂、硬化剂均挤出相同长度，根据产品使用说明进行。

（6）混合好后，用刮刀涂好油灰，窍门是嵌入伤痕部分。

（7）经过2~3小时，油灰坚固后，用1000号左右的水砂纸打磨，经过一周后再喷漆。

2.2.2 扰流板和导流板装饰

漫步都市街头，人们会发现越来越多新的轿车在其尾部行李箱盖外端都装有一块像是倒装的飞机机翼，使原本就拥有华丽迷人外观的轿车又平添许多妩媚和生气。许多人都以为这新颖美丽的汽车尾翼是厂家为了好看才给轿车安装的装饰件，其实其作用不仅仅在此。

1. 扰流板和导流板的概念

"汽车导流板"是指轿车前部保险杠下方的抛物线形风罩；而"汽车尾翼"是指安装在轿车后箱盖上形似鸭尾的突起物，国外一些人根据它的形状形象地称它为"雪橇板"，国内也有人称它为"鸭尾"，比较科学的叫法应为"汽车扰流器"或"汽车扰流翼"（如

图2-9所示）。

图2-9 各种类型的扰流器

早在20世纪30年代，各大车厂就已经开始致力于降低气流阻力的研究；而对于浮升力的研究，各车厂大致到了60年代才开始关注。法拉利的赛车手Richie Cinther于1961年发明了能产生下压力的车尾扰流器，他也因此闻名于世。而第一部使用前扰流器（俗称气霸）的汽车应该是大名鼎鼎的FORD GT40。

2. 扰流板和导流板的工作原理和作用

根据气体动力学原理分析，我们知道汽车在行驶过程中会遇到空气阻力，这种阻力可分为纵向、侧向和垂向等三个方面的作用力，并且空气阻力与车速平方成正比，所以车速越快，空气阻力就越大。一般情况，当车速超过60 km/h时，空气阻力对汽车的影响表现得就非常明显了。

因为车身上表面的侧面投影的边界线长度较底盘面长很多，空气流过汽车时会产生升力，从而减小了路面附着力。升力也是空气阻力，称之为诱导阻力。在汽车高速行驶时，这种升力影响汽车性能和行车安全。为了减少轿车在高速行驶时所产生的升力，汽车设计师除了在轿车外形方面做了改进（如将车身整体向前下方倾斜而在前轮上产生向下的压力；又如将车尾改为短平，减少从车顶向后部作用的负气压而防止后轮飘浮）外，还在轿车前端的保险杠下方装上向下倾斜的导流板，它与车身前裙板连成一体，中间开有合适的进风口加大气流度，减小车底气压，在轿车行李箱盖上后端做成如同鸭尾一样的扰流板，将从车顶冲下来的气流阻滞一下，形成向下的作用力，增加汽车后轮的附着负荷，抵消一部分升力，控制汽车上浮，使汽车能紧贴着道路行驶，从而提高行驶的稳定性。

近几年，随着我国高速公路、高架路和高等级道路的建设及投入使用，车速有了较大的提高，汽车尾翼的作用显得越来越重要。以排气量为1.8升的轿车为例，如果装上尾翼,空气阻力系数降低20%,在一般道路上行驶,耗油量减少或许不明显;但如果在高速公路上以120 km/h的时速行驶,则能省油14%,此时汽车尾翼的作用就很明显了。

与此同时,有些旅行轿车或者两厢车的顶盖后缘安装扰流板,使顶盖上一部分气流被引导流过后窗表面。这样既可使后窗后部的升力降低,也可引导气流将后窗表面浮尘消除,避免尘污附着而影响汽车后视野。

目前大多数汽车尾翼都是用玻璃纤维或碳素纤维制成的,也有一些是由铝合金制成的,既轻巧又坚韧,并且它的形状尺寸是经过设计师精确计算确定的,不宜过大也不宜过小。过小的尾翼可能达不到安装的期望,而过大的尾翼可能往往因为车速不够而无法发挥效能,并且增加车重。除此以外,安装尾翼可能导致无法通过年检,所以选择安装时必须注意。

轿车前端在气流作用下,无导流板时受力状态如图2-10所示;安装有导流板后其受力状态如图2-11所示。无扰流板时,轿车后端气流和受力状况如图2-12所示;安装扰流板后,轿车后端气流和受力状况如图2-13所示。

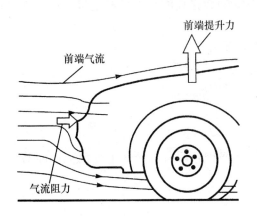

图 2-10 轿车前部受力状态(无导流板)

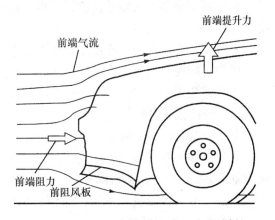

图 2-11 轿车前部受力状态(有导流板)

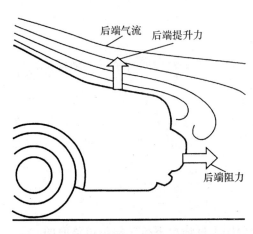

图 2-12 轿车后端受力状态(无扰流板)

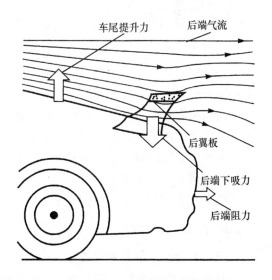

图 2-13 轿车后端受力状态(有扰流板)

3. 扰流板和导流板的安装

（1）扰流板的安装。

精心雕琢的后扰流板提高了空气的低风阻性能，使操纵控制性更优良。如果出厂车辆没有安装而想加装扰流板时，车主应注意以下要点。

① 选择合适的扰流板，考虑因素包括颜色、型号是否与车辆匹配。

② 选择合适扰流板的安装位置，要和扰流板类型和整车布置相匹配。

③ 选择合适的扰流板材料，不同材料的性能、外观和价格可能悬殊。一般来说扰流板的材质有玻璃纤维、碳纤维和合金材料等。

④ 扰流板的尺寸、长度要适中，宽度不可超过车宽，否则有安全隐患。

⑤ 扰流板有粘贴式或螺钉固定式，前者可避免破坏行李箱盖，不会漏水；而后者固定牢固，但因有钻孔会破坏行李箱盖的面貌，且安装不好时会发生漏水现象。

⑥ 在行李箱盖上找到适合位置，再与扰流板上的螺钉孔配合，做好记号，在行李箱盖上钻贯穿孔。

⑦ 先在钻孔位置与扰流板接合处注上硅胶以防漏水。

⑧ 将固定螺钉由行李箱内侧往外再固定锁紧。

⑨ 为避免漏水，应在固定后在固定架周围注入透明硅胶。

（2）导流板的安装。

① 拆下前保险杠下的车身板件。

② 在前保险杠下面装上导流板，并与两个轮罩对中，同时应该保证导流板前面的上缘在前保险杠的里边，调整位置，使之协调。

③ 在车身和导流板上确定安装孔的位置。

④ 钻孔，拧紧紧固件。

2.2.3 车灯装饰

车灯包括照明和标识两类。在一段时间里，汽车的照明系统只包括法律上要求的前照灯、尾灯和牌照灯。现在为了方便汽车的夜间行驶，提供舒适和安全的驾驶环境，一般轿车都安装有15～25个外部照明灯和约40个内部照明灯。

按照功能分类，汽车上主要有夜行灯、信号灯、雾灯、夜行照明灯等，各种灯光具有不同的用途，使用很有讲究，既不可乱用也不可不用。

对车灯进行装饰，其作用主要有两个：

（1）使汽车更加美观；

（2）提高照明质量，保证行车安全。

1. 前照灯（大灯）

（1）对前照灯的基本要求。

前照灯又叫前大灯，装于汽车头部的两侧，为照明不良情况下行车提供道路照明。一般来说，前照灯有两灯制和四灯制的区别。

由于前照灯对于夜间行车安全有决定性影响，各国的交通管理部门对于汽车前照灯都有严格的标准，其基本要求如下。

① 前照灯应保证车前有明亮而均匀的照明，使驾驶员能辨明车前 150 m 以内路面上的任何障碍物。随着汽车行驶速度的提高，汽车前照灯的照明距离也相应要求越来越远。

② 前照灯应该具有防止炫目的装置，以免夜间行车车辆迎面相遇时使对方驾驶员炫目而造成交通事故。

（2）前照灯的结构。

前照灯的光学系统包括灯泡、反射镜和配光镜三部分。

目前，汽车前照灯灯泡主要有四种。

① 充气灯泡。其灯丝是用钨丝制成的。由于钨丝受热后会蒸发，从而缩短灯泡的寿命，因此，制造时将玻璃灯泡内的空气抽出，然后充入约 86% 的氩气和 14% 的氮气的混合惰性气体。随着技术的进步，充气灯泡已经非常少见了。

② 卤钨灯泡。传动钨丝灯泡在使用一段时间后就会发黑，这是因为钨丝在高温发光的过程中会自然蒸发成钨蒸气，钨蒸气在灯泡玻璃表面沉淀就出现了灯泡发黑的现象。这种现象即使是在抽出灯泡内空气的真空灯泡，或者是在使用惰性气体的充气灯泡上，依然不可避免地发生。而卤钨灯泡则可以大大地避免这一现象的出现。因为卤钨灯泡是利用卤钨再生循环反应的原理制成。其再生过程是：从灯丝上蒸发出来的气态钨与卤素反应生成了一种挥发性的卤化钨，它扩散到灯丝附近的高温区又受热分解，使钨重新回到灯丝上去，被释放出来的卤素（指碘、溴、氯、氟等元素）继续参加下一次循环，从而防止了钨的蒸发和灯泡变黑的现象。

卤钨灯泡尺寸小，泡壳的机械强度高，耐高温性强，所充入的惰性气体压力较高，因而工作温度高，钨的蒸发也受到工作气压的抑制。

③ 发光二极管大灯（LED）。发光二极管是一种可以自身发光的包含 PN 结的固体半导体组件。LED 与白炽灯比较有显著的优点：一是寿命长，一般可达几万乃至十万小时；二是非常节能，比同等亮度的白炽灯起码节电一半以上；三是光线质量高，基本上无辐射，属于"绿色"光源；四是 LED 的结构简单，内部支架结构，四周用透明的环氧树脂密封，抗震性能好；五是无须热启动时间，亮灯响应速度快（纳秒级）；六是适用电压低，仅为 6～12 伏，适合汽车使用；七是 LED 占用体积小，设计者可以随意变换灯具模式，令汽车造型多样化。

不过就目前的市场情况来说，LED 灯的应用主要集中在转向灯、雾灯和汽车内部照明灯等。但其应用会越来越广，LED 灯是汽车市场的发展方向。

④ 氙气大灯（HID）。HID 全称为 High Intensity Discharged，即高强度放电灯，它曾是只有奔驰等高档车才有的配置。随着一汽大众在升级版奥迪 A6 上使用氙气大灯，改装市场上越来越多的改装氙气灯冒了出来，许多车主都十分好奇究竟氙气大灯与一般的灯泡有什么不同呢？

HID 灯有很多优点，它与市面上常见的卤钨灯泡不同，它没有灯丝，是通过充满玻璃灯泡的介质氙气和一个电极放电而发光。所以 HID 产生的光亮可说是达到一个新的等级，它的色调非常完美，是仿制太阳光那样的真实色调。HID 灯具有几大优点让车主对其爱不释手：一是亮度，使用同样功率的 HID，亮度大约是钨丝灯的 2～3 倍；二是高效，HID 的效率是卤素灯的 3 倍，对于提升夜间及雾中驾驶视线清晰度有着明显的功效；三是节能，与钨丝灯相比，HID 能够节约一半电能；四是寿命：由于 HID 没有灯丝，所以它不存在灯丝断裂问题，使用寿命大约可以达 2 000 h；五是亮度、舒适度：氙气大灯可以制造出 4 000 K 左右的色温光，这是由白略微开始转蓝的色温，也最接近正午日光的颜色，人眼的接受度及舒适度更高。这样的灯光用在车辆的夜间照明上，可以有效减少驾驶员的视觉疲劳，对于驾车安全性也间接有所助益。此外，由于氙气分子活动能力会随着使用时间的加长而活泼，因此气体放电灯泡会越用越亮。普通大灯与 HID 大灯的比较参见表 2-1。

表 2-1　普通大灯与 HID 大灯的比较

	普通大灯（卤素）	HID 大灯
耗　电	50～100 W	约 35 W
亮　度	1 330 流明	3 500 流明
寿　命	350 h	2 000～3 000 小时
照明光	白色	纯白
色　温	2 400 K	5 000～8 000 K
燃烧方式	燃烧钨丝发光	高压击穿气体电弧发光

与一般卤素灯对比，氙气灯的一大缺陷是其价格过高，一般售价达到 1 500～5 000 元。如图 2-14 所示是普通车灯和氙气车灯的对比效果图。

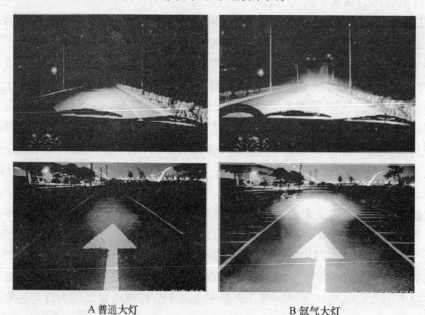

A 普通大灯　　　　　　　　　　　B 氙气大灯

图 2-14　普通大灯与氙气大灯的对比效果图

由于前照灯发出的光线光度有限，如果没有反射镜，那么只能照亮汽车灯前 6m 左右的路面。反射镜的作用，就是将灯泡的光线聚合并导向前方。经过反射镜反射后的平面光束，光度增强几百倍至上千倍，达到 20 000～40 000 cd 以上，从而将车前 150 m 甚至 400 m 内的路面照得足够清楚。

配光镜又称散光玻璃。它是用透明玻璃压制而成，是很多块特殊的棱镜和透镜的组合，其几何形状比较复杂，外形一般为圆形和矩形。配光镜的作用是将反射镜反射出来的平行光束进行折射，使车前路面和路缘具有良好而均匀的照明。

前照灯按照反射镜的结构可分为可拆卸式、半封闭式和封闭式三种。

（3）前照灯的防炫。

为了避免前照灯的炫目，并保持良好的路面照明，在现代汽车上，前照灯灯泡一般有两根灯丝。一根灯丝作为远光，光度较强，灯丝放在反射镜的焦点上；另一根灯丝为近光，光度较弱，位于焦点的上方和前方。当夜行无迎面来车时可接通远光灯丝，使光束射向远方，便于提高车速。当两车相遇时，接通近光灯丝，使光束倾向路面，从而避免迎面来车驾驶员的炫目，并使车前 50 m 以内的路面比较清晰。

但是氙气大灯没有灯丝，调节远近光一般有两种办法。一种是远卤近氙，即远光灯依然使用卤素灯泡，只是较为常用的近光灯使用氙气大灯，这样做成本比较低。另一种方法在中高级汽车上常见，就是只使用氙气大灯，但是通过调节遮光板和车灯透镜的位置和角度实现远近光可调。

（4）车灯亮度的提高。

车辆的灯光是汽车厂设计好的，但是如果感觉不够亮是可以通过一些简单的办法来提高。通常如果车灯打开后灯光暗淡可以从以下几个方面去解决。

① 检查蓄电池的工作状况，可能是蓄电池的老化导致输出电压不足。

② 检查连接线是否有接触不良，是否有锈蚀或松动。如有，用砂纸打磨并重新安装好，或直接更换。

③ 使用质量更好的线材。

④ 大灯内可能有污垢遮挡，必要时需要拆开清洗。

⑤ 如果灯丝不在反射镜焦点上，或者使用常见方法无法解决问题，应更换灯泡。

（5）车灯的更换和安装。

不少车主认为只有那些"发烧友"才会想尽法子，收集各种车灯，将车扮酷，其实关注车灯不只是扮酷那么简单，改装车灯应注重其实用性，不应该只是车迷的事，它与每位车主都是密切相关的。因为一般国产车的原厂车灯出厂时的色温为 3 000 K，经过一年使用会降到 2 500 K，甚至 2 000 K，这时如果继续使用，会明显影响照明质量，易引发交通事故。

选配汽车灯时，不要只看产品的价格，一般情况下应尽量选用飞利浦、欧司朗等大型正规灯泡生产厂商的产品，不要购买三无产品。同时，购买灯泡时要注意灯泡型号，如 H1、H2、H3、H4 等多种型号，如果型号不对，是无法安装的。汽车灯具产品外观应无不良缺陷，手感光滑，无毛刺；灯泡应为国标规定的汽车产品灯泡；对于汽车前照灯产品，消费者在选购时可以查看其光形的明暗截止线是否清晰、整齐。

在车灯的安装过程中，要注意以下几点。

① 不要直接用手接触灯泡玻璃，以免人手本身分泌的油质沾在玻璃管上，造成玻璃表面热胀不同而导致破碎。如果车主万一让脏物沾在玻璃管上，要用布或纸巾擦拭干净。

② 更换灯泡应该在干燥的室内完成，注意灯罩防水衬套的严密安装，防止水汽进入。

③ 更换灯泡时应该关掉电源，灯泡工作时温度很高，不要用手直接接触，以免烫伤。

④ 在卤素灯的基础上改装 HID 氙气大灯时，要把高压包及安定器放置在比较通风的位置，以方便散热。禁止把高压包、安定器放在发动机等发热较大的地方。如果两灯共用一根保险丝，该保险丝必须使用 25～30A；如果两灯独立使用保险丝，则必须使用 10～15A 的保险丝，安装时要特别注意电源正负极和接地极。

2. 辅助型车灯和探射灯

与白天开车相比，车主不喜欢黑夜行车，因为夜晚行车会有诸多不便，其中有一个很大的问题便是车灯的照射范围有限，尤其遇到下雨、有雪或大雾的恶劣天气时，大多数车主会觉得车灯不够亮、穿透力弱且射程近。其实这种时候只要为车安装一种辅助型车灯，就可以行车无碍了。

辅助型车灯又叫竞技型车灯，它既可以作为装饰来扮靓爱车，又是提高能见度的有力工具。安装后，无论天气如何变化，车主都能轻松地应对。目前，这些辅助灯提供选择的功能较多，有超白光型，也有聚光型、雪雨雾灯型等。车主可以根据自己行车时常处的环境来选择不同功能的辅助型车灯。

探射灯其实也可以归类于辅助型车灯，不过由于它的用户定位较窄，一般车主不太用得着，所以在这里将它专门"拎出来"，为一些特殊车主服务。探射灯的射程极远，安装在车顶上，能 360 度旋转，它的光线能够从一个山头照到另一个山头，主要用于越野车和一些工程车。

3. 其他车灯

（1）夜行示宽灯。

夜行示宽灯俗称"小灯"。此灯是用来在夜间显示车身宽度和长度的。司机平时进行例行保养时要经常检查，有的司机认为小灯不起照明作用，对其不够重视，这是非常错误的。

（2）制动灯和尾灯。

制动灯亮度较强，用来告知后车：前车要减速或停车。制动灯如使用不当极易造成追尾事故。另外，更换制动灯泡要注意：我国生产的车辆尾灯一般都是"一泡二用"，灯泡内有两个灯丝，较弱的为小灯，较强的为刹车灯。有的厂家将其设计为高低脚插入式，使用起来非常方便。更换时一定要注意不要接反。

尾灯最安全的为转角三色尾灯，同时提供后方及侧方的安全信息。一般制动安装在与尾灯相同或接近的位置，而最近出现的安装在玻璃窗等处的高位制动灯，因距尾灯较远、位置又较高，因此驾驶员踩刹车时其信号更易被后面车辆发现，刹车状态显示的效果更为理想。

（3）转向灯。

转向灯是在车辆转向时开启，断续闪亮，以提示前后左右的车辆和行人注意。转向灯的开启时间要掌握好，应在距转弯路口 30～100m 左右时打开。开得过早会给后车造成"忘关转向灯"的错觉，开得过晚会使后面尾随车辆、行人毫无思想准备，往往忙中出错。

（4）雾灯。

雾灯可以帮助驾驶员在雾天驾驶时提高能见度，并能保证对面来车及时发现己方车辆，以采取措施，安全交会。所以，雾天驾车时司机一定要开雾灯，不能用小灯取而代之。非雾天气如果打开后雾灯，对后车司机会非常刺眼。

（5）倒车灯。

倒车灯提供了倒车时的照明，较好地消除车主的后视盲点，是倒车安全的实用工具。

（6）内部照明灯。

现代汽车的内部安装了各种各样的照明灯，用于一般照明和指示，其发光强度一般不超过 2cd。公共汽车、旅行车均采用低压日光灯作为内部照明，提高了光的亮度且光线柔和均匀。

一般来说，以上 6 种车灯，尤其是示宽灯、转向灯等越来越多地应用了 LED 灯。

2.2.4 后视镜装饰

1. 后视镜概述

后视镜俗称倒车镜，是汽安全装置，用来观察汽车两侧和后方的情况，被驾驶员形象地称为"眼睛"。汽车后视镜属于重要部件，它的镜面、外形和操纵都颇有讲究。后视镜的质量及安装都有相应的行业标准，不能随意更改。

（1）后视镜的分类。

以安装位置划分，后视镜有外后视镜、下后视镜（卡车或客车上更常见，它们都是用组合后视镜，其中就包括下后视镜；普通轿车因为体积较小，一个后视镜就足够了）和内后视镜三种。就用途而言，外后视镜反映汽车侧后方，下后视镜反映汽车前下方，内后视镜反映汽车后方及车内情况。用途不一样，镜面结构也会有所不同。一般后视镜镜面主要有三种。一种是平面镜，顾名思义镜面是平的，用术语表述就是"表面曲率半 R 无穷大"；它与一般家庭用镜一样，可得到与目视大小相同的映像。平面镜常用做内后视镜。一种是凸面镜，镜面呈球面状，具有大小不同的曲率半径；它的映像比目视小，但视野范围大，好像相机"广角镜"的作用，这种凸面镜常用作外后视镜和下后视镜。另外还有一种菱形镜，菱形镜的镜表面平坦，但其横截面为菱形，通常用作防炫目型的内后视镜。按照镜面角度的调节方式，后视镜又可以分为手动后视镜和电动后视镜，前者的调节需要人工完成，后者内部装有驱动部件，驾驶员可以在车内操纵按钮以调整后视镜的角度。

（2）后视镜的一些指标。

① 视界：指镜面所能够反映的范围。视界三要素即驾驶者眼睛与后视镜的距离、后视镜的尺寸大小和后视镜的曲率半径。这三要素之间具有一定的关系，当后视镜的距离和尺寸相同时，镜面的曲率半径越小，镜面反映的视界越大。当镜面的曲率半径相同时，镜面的尺寸越大，镜面反映的视界越大。但是，事物总有两重性，虽然镜面的曲率半径越小视野范围越大，但同时镜面反映的物体变形程度也越大。从行车安全的角度出

发，存在一个映像失真率的问题。行业标准规定，平面镜的失真率不得大于3%，凸面镜的失真率不得大于7%，要求不能反映有歪曲变形的实物图像。因此，镜面的曲率半径就有一个限制范围，行业标准规定外后视镜的曲率半径为 $R1\,200$，内后视镜的曲率半径为无限大（平面镜）。

② 反射率：反射率越大，镜面反映的图像越清晰。反射率的大小与镜内表面反射膜材料有关。汽车后视镜反射膜一般用银和铝为材料，它们的最小反射率为80%。高反射率在一些场合会有副作用，例如夜间行车在后面汽车前大灯的照射下，经内后视镜的反射会使驾驶员产生炫目感，影响安全。因此内后视镜一般采用菱形镜，虽然镜面也是平的，但其截面形状是菱形，它利用菱形镜的表面反射率与里面反射率不一样的特点，达到无炫目要求。

③ 驾驶员眼睛与后视镜的距离：也就是后视镜的安装位置，此参数直接影响后视镜的视界、清晰程度和汽车轮廓尺寸，对行车安全很重要。因此，后视镜的安装位置要求达到行业标准的视界要求；后视镜应尽可能靠近驾驶员的眼睛，应方便驾驶员观察，头部及眼球转动尽量小；后视镜应安装在车身上下振动最小的位置上。

④ 外后视镜外形轮廓：其不但影响车身的外观，也影响车身尺寸。行业标准有轿车外后视镜的安装位置不得超出汽车最外侧250mm的规定。同时，由于一般轿车的速度提高，风阻和噪声是设计者要考虑的重要问题，因此外后视镜外形轮廓要符合空气动力学，用圆滑的线条尽量减少风阻及风噪。

（3）后视镜的调节。

正确的后视镜位置和角度，可以保证最大的后视范围，减小后视盲区，提高行车安全。那么，怎么调节后视镜呢？

① 中央后视镜：左、右位置调整到镜面的左侧边缘正好切至驾驶员在镜中影像的右耳际，这表示，在一般的驾驶情况下，从中央后视镜里是看不到自己的，而上、下位置则是把远处的地平线置于镜面中央即可，如图2-15所示。

② 左侧后视镜：上、下位置是把远处的地平线置于中央，左、右位置则调整至车身占据镜面范围的1/4，如图2-16所示。

图2-15　中央后视镜的调节

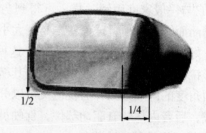

图2-16　左侧后视镜的调节

③ 右侧后视镜：因为驾驶座位于左侧，因此驾驶员对车身右侧的掌握不是那么容易，加之路边停车的需要，右侧后视镜在调整上、下位置时要使地面面积较大，约占镜面的2/3，而左、右位置则同样调整到车身占1/4面积即可，如图2-17所示。

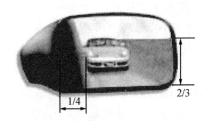

图 2-17　右侧后视镜的调节

2. 电动后视镜

驾驶员在行车前或行车过程中通过后视镜观察车侧和车后情况时，有时需调节镜面以便获得最佳视野。对镜面与镜框固定的固定式后视镜，在调节视角时，操作者用手直接调节镜框来完成，镜框与支架连接是可调节的。这种调节方式费时费力，很难方便地一次完成视角的调节；且驾驶员需用手伸出车窗外调节，在行车、雨天等情况下调节很不方便。对直接调节镜面后视镜，驾驶员在调节镜面时，需用手来按住镜面直接调节视角。与固定式后视镜比较而言，此类后视镜的优点在于不必大动干戈来扳动整个后视镜镜框，也不至于破坏整车造型的美观，但依然不方便。对拉索在车内操作转动部件来调节镜面的后视镜，驾驶员在车内通过后视镜转动部件上的拉索来调节镜面的视角，在行车时调节或雨天调节均比较安全方便，但自动化程度不高。

电动调节式后视镜为驾驶员提供更便捷、更舒适的操作条件，它是目前中、高档轿车普遍采用的标准装备。驾驶员在车内通过按钮用电气装置控制转动部件来调节镜面达到所需视角，这样的操作轻松、快捷、方便、正确，还解决了拉索后视镜在调节右侧外后视镜时因驾驶员远离按钮而产生的操作不便的问题。经过不断完善，电动后视镜上可能出现的松动问题、电磁干扰问题已基本解决。电动后视镜的布置示意图如2-18 所示。

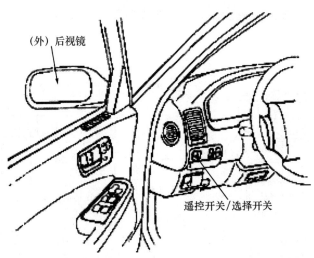

图 2-18　电动后视镜

（1）电动后视镜的基本结构和工作原理。

电动后视镜总成结构如图2-19所示，后视镜总成由2个可逆电动机、减速齿轮、蜗轮、螺旋枢轴、折叠机构等部件组成。带有螺旋的枢轴与安装在蜗轮上的夹箍啮合，当施加于后视镜一侧的力量很大时，枢轴的螺旋便使夹箍扩张并脱开，使大力量不至于传递到后视镜上。万一电动机出现故障时，后视镜也能用手动进行调整。工作时，动力从电动机—螺旋枢轴—蜗轮（夹箍）—减速齿轮—蜗轮（轮齿）进行传递。由于螺旋枢轴的末端被嵌入后视镜的基座里（如图2-20所示），所以它不转动，只能随蜗轮的旋转在其上面作前或后的移动。这种移动经枢轴传送给后视镜基座，使后视镜绕其中心轴旋转，从而作垂直或水平方向的调整。如图2-21所示即为后视镜遥控开关及其选择开关的外形及电路图。

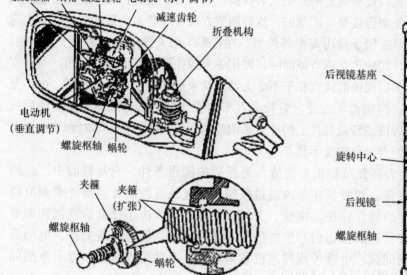

图2-19 电动后视镜总成结构图

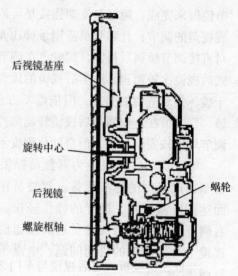

图2-20 电动后视镜安装示意图

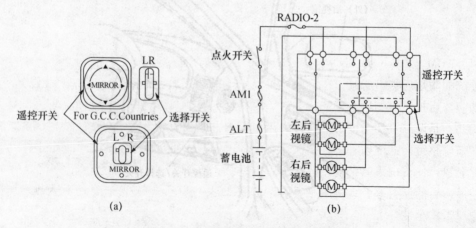

图2-21 后视镜遥控开关及选择开关

（a）外形；（b）开关控制电路

遥控开关具有上、下、左、右4个位置,选择开关装于遥控开关内部,专供选择后视镜所处的理想位置,并可加以调节(左或右);在空挡位置上设有标记,在此位置时遥控开关不起作用,也即后视镜不向任何方向移动。

(2) 电动后视镜的特殊功能。

① 记忆储存式后视镜。此类后视镜的镜面调节设计与驾驶员坐椅、转向盘、内视镜构成一个调节系统,每个驾驶员可根据个人身高与驾驶习惯的不同来调节后视镜的最佳视角、坐椅、转向盘最佳舒适性,然后进行记忆储存。当其他人驾驶汽车后或被他人调整已记忆的视角,驾驶员就可以非常轻松地开启其记忆储存,所有内在设施就可恢复到其最佳的设定状态。

② 加热除霜功能。当驾驶员在雾天或雨天行驶时,由于雾气造成的后视镜镜面的积雾、冬天积霜或雨水侵袭会造成驾驶员对侧后方的视线不清,影响行车安全。因此,为了功能上的完备,驾驶的安全性及操作的方便性,设计采用加热除霜装置,例如采用电加热除霜镜片,当产生上述情况时,驾驶员就可方便地开启加热除霜按钮,解除不必要的后顾之忧。

③ 后视镜自动折叠功能。当汽车进入较小区域,如弄堂、停车泊位时,由于后视镜镜框是车身最宽部位,这时为防擦伤及缩小停车泊位空间,保证在后视安全性上把损害程度降低到最小限度,就需将镜框折叠。通常做法是用手伸出窗外或人到车外将镜框折拢,但这样在行车时就很不方便,因此,在折叠上设计了电动折叠功能,驾驶员在车内就可方便地调节,解决了许多操作上的不便。折叠机构的设计既要有保证缓冲及缩小车位的作用,又要保证后视功能的正常使用。

(3) 电动后视镜的更换。

车外后视镜一般都是安装在车门玻璃旁或前方发动机盖旁的翼子板上,现以车门玻璃旁的后视镜安装为例来介绍车外后视镜的更换步骤:

① 使用工具从车内将塑胶板固定螺钉拆下;
② 取下塑胶板,将后视镜与车门之间的固定螺钉卸下;
③ 将新后视镜从窗外装入,连接好电源线;
④ 拧紧车门固定螺钉,装上塑胶板并锁紧其安装螺钉。

3. 特殊功能后视镜

(1) ADM (Automatically Dipping Mirror) 自动防炫后视镜。

传统的防炫后视镜必须以手动的方式,调整室内后视镜的镜面角度来产生防炫作用;而自动防炫后视镜可随后方来光反射的刺眼程度,自动调整后视镜的镜面反射率,其调整的方式并不是调整镜面角度,而是透过后视镜内电解液的电子回路,按照不同的后方光线的照度来调整镜面的反射率。在白天不刺眼的情形下,通常镜面反射率会固定于约75%的固定反射率,使得白天时仍能维持好的后方视野;但到了晚上则会随着刺眼程度大小,随时调整最适合的反射率,愈刺眼则反射率愈低,反之则反射率较高,从而大大地增加夜间行车的视野安全性。

(2) 广角室外后视镜。

广角室外后视镜在镜面的外缘设置了曲率半径逐渐变小的非球状辅助镜,可以使行车的侧方视野加大许多。例如与相同大小的旧型固定曲率的后视镜相比,大约增大有 1.5 ~ 2 倍的视野范围,可以轻松地辨识 10 m 以内的交通状况,尤其是在变换车道或高速公路上,由于车速较高,故而必须有更宽广的后方视野以增进行车安全。

(3) 摄像后视系统。

通过车辆两侧和车尾的摄像装置及红外线装置,将摄到的图像在后视显示屏上显示出来。其作用除了能够帮助驾驶员确保行驶安全外,还能用来扩展信息和收集图像。整个仪表板是一个显示屏,显示了汽车后面及两侧的图像,取代了后视镜的作用。不过由于其系统复杂性以及价格比较高,目前只安装在概念车和一些高档车型上。

2.3 天窗装饰

现代人追求的是时尚、潮流,车主们当然也少不了要追求车的品位。带天窗的轿车往往给人浪漫的色调,越来越多的人选择购买带天窗的车辆,也有很多人选择改装天窗。在美国每年有数万辆家用轿车在购买后被加装天窗,在韩国也有万辆以上轿车加装天窗。汽车天窗在国外已经有一百多年的发展历史,已经成为汽车文化的一部分。我国轿车安装天窗起步相对较晚,但是发展很快,各大汽车制造商纷纷推出带天窗的轿车,绝大部分轿车都有天窗版可以选购。然而现在依然有很多车型没有天窗版可供选择,也有很多车主选择了非天窗版的车辆。随着双天窗、超大天窗的出现和流行,一些老车型的车主也会"眼馋",这就为天窗改装市场提供了契机。如图 2-22 所示为部分轿车安装天窗后的效果图。

2.3.1 汽车天窗的作用

1. 通风换气

天窗的主要功能是负压换气。汽车在正常行驶时,正面的气流越过天窗形成负压,将车内污浊的空气抽出,换气时不会卷入尘土,达到换气的目的。行驶中若打开侧窗,会产生涡旋气流,同时产生极大的风噪,且驾驶者直接受强风吹,增加疲惫感觉;而且在高速行驶中打开侧窗后,极大地增加空气阻力,增加油耗。汽车天窗利用空气动力学设计,开启时几乎没有通风噪声,用自然风以负压原理对车辆内部进行换气,从而提供清爽和湿润感,减轻驾驶疲劳,保持头脑清醒,确保行车安全。在潮湿的天气和寒冷的季节,车辆启动时车内外往往由于温差而产生很多雾气,挡住了司机的视线,若这时打开天窗,车内很快就会变的干净透彻。

2. 开阔视野,增加采光

汽车天窗可以使驾乘人员视野开阔,亲近自然,沐浴阳光,驱除被封在车厢内的压抑感。特别是长时间在高速公路行驶时,风噪声使人心烦意乱,这时打开汽车的天窗可以让人心情舒适,远离噪声干扰。越来越多的车主采用更大面积的全景天窗,或者更多的天窗,其开阔视野和采光效果更佳,从而使车内乘员获得与众不同的驾乘体验。

3. 经济性和实用性

利用天窗可把冬季室内憋闷的空气转换成轻松、舒适的自然空气；炎热的夏季，天窗作为空调的辅助装置能感受多倍的清爽，自然空气的循环可预防因使用空调引起的头痛和冷房病；停车时利用天窗排出车内热气，防止温度上升。在夏天，经过曝晒的汽车温度可达60℃，这时打开天窗可以迅速降温，比开空调降温速度快2～3倍，而且不易产生空调病，同时还可节约油耗三成左右。

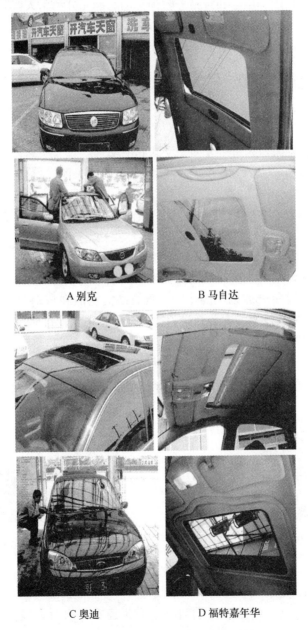

A 别克　　　　　　B 马自达

C 奥迪　　　　　　D 福特嘉年华

图2-22　部分轿车安装天窗后的效果图

4. 美化汽车

安装天窗，不仅提高汽车档次，使汽车更加美观；而且驾车时打开遮阳板，可以欣赏到更多的风景，增添驾乘的乐趣。

5. 其他

（1）天窗是车辆发生事故时的紧急出口窗。
（2）在野外进行拍照、摄像和狩猎等时尚活动时能充分利用天窗。
（3）车辆报废后，天窗依然可以使用，可以节约车主开支。
（4）天窗是车辆保值增值的有利条件。

2.3.2 天窗的分类和组成

1. 分类

（1）按动力形式分类，天窗可分为手动式和电动式。

① 手动式天窗没有动力装置，要靠人手动推开或者关闭，价格比较低，一般用在经济型轿车上。

② 电动式开窗带有电力驱动机构，只需操作开关即可自动开启和关闭，多用于商务车、高档车。

（2）按结构形式分类，天窗可分为以下四类。

① 内藏式天窗：开启时天窗有不同的弧度。安装工艺较为复杂、材质用料较为讲究，可阻隔99.9%的紫外线和96%以上的热能，具有防夹功能和自动关闭功能，配有独立的内藏式太阳挡板。它能与汽车的内装饰融为一体，看起来比较自然，犹如原装天窗，如图2-23所示。

② 外倾式天窗：开启时向外向后倾斜，大小有不同的尺寸，此类天窗结构比较简单，如图2-24所示。

图 2-23　内藏式天窗

图 2-24　外倾式天窗

③ 上掀外滑式天窗：一般是手动式，先推起然后滑动至天窗全部打开；关闭时，先滑动到原位置，然后拉下关闭，如图2-25所示。

④ 敞篷式天窗：开启时天窗完全打开。这种天窗在开启时分段折叠在一起，敞开的空间大，结构紧凑，如图2-26所示。

图 2-25　上掀外滑式天窗

图 2-26　敞篷式天窗

从理论上讲，一部车可以安装任何一款天窗，专业天窗安装店会根据汽车的售价和车内空间、车顶尺寸帮助车主选择天窗。不同种类的天窗价格相差很大，目前加装天窗的价格在 1 800～14 000 元之间。手动天窗的价格一般在 3 000 元以下，电动内藏式天窗的价格在 10 000 元以上，而电动外滑式天窗的价格在 4 000～7 000 元之间。进口天窗一般比国产天窗价格要高一些。

2. 组成

电动天窗主要由驱动机构、滑动机构、控制系统和开关等部分组成。

（1）驱动机构。驱动机构主要包括电动机、传动机构、滑动螺杆等，电动机用以提供动力，必须能够通过改变电流的方向而改变旋转方向，实现天窗的开/闭。

（2）滑动机构。滑动机构主要由导向销、导向块、连杆、托架和前、后枕座等构成。

（3）控制系统。控制系统主要包括一个 ECU，用来接收开关输入的信息，通过运算和判断，控制天窗的开闭。

（4）开关。电动天窗的开关由控制开关和限位开关组成，前者产生控制信号，后者用来检测天窗所处的位置。

2.3.3　天窗的选择和安装

目前市面上的天窗质量参差不齐，有的甚至带有"先天缺陷"，所以车主在资金充裕的前提下应尽量选用进口天窗。世界各国的天窗市场基本由五个品牌占据，包括德国/荷兰生产的韦巴斯特豪华牌、德国的美驰、荷兰的伊纳帕、意大利的奥泰克以及美国的 ASC。同时，在天窗规格和款式的选择上，应与汽车相匹配，建议选择比较大一点的，这样天窗安装后边框比较接近纵梁，安全性得到了提高，不会在行驶颠簸中形成"打鼓"现象。

选择了过硬的产品之后，一定要找专业化的公司来安装。天窗是相对较为专业的改装项目，各个汽车装饰美容店的经验、工具、用料、手法良莠不齐，车主应尽量选择正规、专业的天窗改装店。首先，改装店应该有封闭车间。安装汽车天窗是一项非常精细的工作，安装过程中绝对不能受到任何外界干扰。其次，检查店家是否有天窗厂家授权的安装证书，因为安装天窗需要的专业技术性非常强。第三，选择有专业工具的店家，如果天窗切口处理不好会直接影响汽车今后的防水问题。第四，要选择服务信誉好的店家，这样安装后的保修、保养及零配件更换能够得到保障。天窗不仅要有精细的安装，还要有定期的保养，应定期对天窗的密封机构、滑动机构、泄水机构、驱动机构进行有效的保养，这一点都是由专业的天窗安装公司来完成的。第五，要在天窗安装完毕后看看店家是否做淋水试验。第六，一定要向店家索要保修单，天窗的保修期应该是1年到3年不等。

有的车主担心把车顶割开后加装天窗会不会影响车身的强度，带来危险。其实，大家大可放心，车顶盖横梁一般是两根，有的车有三根。前风挡、举升门、横梁同侧框一起组成了车顶的框架，顶盖只不过是在上面蒙了一层薄钢板。车顶的横梁多安置在立柱上。天窗一般是开在顶盖的横梁之间，也就是在薄钢板上开天窗，与车顶框架都没有任何关系，所以不会影响车身的强度。电动内藏式天窗柱柱相连，就等于是在前风挡横梁不破坏的前提下又加了一根横梁，增加了车身的安全强度。但是，如果开天窗的时候将车顶横梁切断，则会对车身的强度造成一定的影响。另外，天窗使用的轻质合金材料也已经充分考虑到克服变形的问题。如果天窗距离车顶板两侧的纵梁比较远，不能依靠纵梁的支撑，则会在颠簸中造成车顶的变形。

不少车主还担心，后安装的天窗会不会漏水呢？其实，欧美自20世纪50年代起就有天窗产品推出，至今产品技术已经非常成熟，天窗和车顶之间用特制的胶水和紧固件连接，只要安装得当、保养得法是不会产生漏水问题的。但是，天窗的电机、滑动机构、泄水机构在正常的使用中会有磨损。所以，每年都应该对天窗进行一定的保养，例如进入暴晒期之前应喷一些橡塑保护剂；进入冬季前，对机件进行必要的润滑，避免砂粒沉积。

吉普车、跑车等特殊的车型不适合后加天窗。由于吉普车和跑车的车顶有相对复杂的钣金结构，有的汽车车顶还有空调管路、电路、灯具等设备，所以这些车辆一般不具备后加天窗的条件。

天窗的安装步骤和方法一般在说明书上会有明确的说明，应严格按照这些规定进行安装施工。下面仅就一般安装过程简单说明。

（1）洗车。

（2）开大灯、音响等电器进行检查，并让车主确认检查结果。

（3）定位。利用胶带将施工图固定在准备开天窗的位置。开天窗的位置与前挡风玻璃最好相距25公分，这样才能照顾到前后排乘客的需要。

（4）画线开孔。用刀片将车子内饰板切割下来，再用电剪将天窗位置剪出来。

（5）切口打磨、涂防锈油。

（6）拆开仪表台，布线安装电机。

（7）加装天窗。

2.3.4　天窗的使用和保养

很多车主以为装上天窗就一劳永逸了，其实天窗也同样需要车主的精心保养与呵护。一般来讲，天窗的寿命很长，有的甚至在车辆报废后仍然可以使用。但随着时间的推移，风、尘土和阳光会对天窗产生腐蚀，如果不及时保养，则会对天窗的密封性产生很大的威胁。车主在使用天窗时应当注意以下几点。

（1）春季在北方风沙较大的地区，天窗的滑轨、缝隙中一般会有不少砂粒沉积，如不定期清理，则会磨损天窗各部件。应经常清理滑轨四周，避免砂粒沉积，延长天窗密封圈的使用寿命。一般在使用2～3个月的时候，把密封胶条或滑轨用纱布蘸着清洗水清洗一下，待擦干净后涂抹少许机油或黄油就可以了。

（2）开启天窗前应注意车顶是否有阻碍玻璃面板运行的障碍物。天窗面板的设计有隔绝热能和防紫外线的功能，须用软布和清洁剂清洗，切勿用黏性清洗剂清洗。

（3）使用天窗最大的顾虑就是漏雨、漏水，天窗的正确使用和保养能有效避免漏水。在进入雨季之前，除了清理滑轨、密封条缝隙里的沙尘，还应在密封条等塑料部件上喷涂少许塑料防护剂或滑石粉。

（4）冬季在雪后或者洗车后，天窗玻璃与密封胶框可能被冻住，这时如果强行打开天窗，易使天窗电机及橡胶密封条损坏。正确的做法是，在雪后或者洗车后，将天窗打开，擦干边缘残留的水分。

（5）在极为颠簸的道路上最好不要完全打开天窗，否则可能因天窗和滑轨之间振动太大而引起相关部件变形甚至使电机损坏。此外，下雨或清洗车辆时严禁开启天窗。

（6）在使用电动天窗时，一定要特别注意旋钮的使用，因为很多天窗的故障都是由于旋钮的旋转方向拧错导致。

2.4 车窗玻璃装饰

车窗的美观与否关乎汽车的整体效果，所以车窗绝不仅仅是车门上的一块玻璃而已。自从近百年前汽车开始采用封闭的乘员舱室结构之后，车窗就成为汽车不可缺少的一部分。随着近几年汽车贴膜的兴起，车窗的装饰越来越受到车主们的欢迎。

2.4.1 车窗玻璃

1. 传统玻璃和新型玻璃

车窗为驾驶员及乘员提供清晰的视野，挡风并防止异物侵入，保护乘客的安全。

尽管汽车业与玻璃业是属于两个不同领域的行业，但从汽车的发展历程来看，两者的关系越来越密切。玻璃技术已经完全渗入汽车行业之中，成为汽车技术领域中不可缺少的一员。汽车玻璃以前挡风玻璃为主。早在20世纪20年代，玻璃已装在美国福特汽车厂出产的T型车上，当时是用平板玻璃装在车厢的前端，使驾车者免除风吹雨打之苦。

汽车安全玻璃是汽车被动安全设施之一，应满足GB9656—2003《汽车安全玻璃》的要求。汽车玻璃必须满足以下安全因素：良好的视线、足够的强度、意外事故时对乘员起到保护作用。常见的汽车玻璃有以下几种：调质（钢化）玻璃、局部调质（钢化）玻璃、层压玻璃。

调质玻璃是将普通玻璃板加热与淬火而成，使其内部存有内应力，这种内应力使玻璃具有很高的抵抗物理冲击的能力，调质玻璃的抗力比普通玻璃高出4倍。当受到强大冲击时，调质玻璃将碎成粒状，不致对人产生伤害。此外，由于经过了热处理，其耐温度变化的能力增强。一块5 mm厚的普通玻璃，温度变化大于70℃就会破裂；而调质玻璃约能承受170℃的温度变化。局部调质玻璃是调质玻璃的一种，与调质玻璃一样坚固。层压玻璃是由两块普通玻璃胶合而成，中间夹有一层薄膜，经强力胶压制而成。当它破裂时，会形成特殊形状和大小的碎片，中间夹薄膜可以防止石块或其他飞掷物件穿透，亦能防止碎玻璃飞溅。层压玻璃可以保证驾驶所需之最小能见度。

汽车挡风玻璃一般都做成整体一幅式的大曲面形，上下左右都有一定的弧度。采用曲面玻璃，首先从空气动力学的角度出发。因为现代轿车的正常时速大都超过100 km/h，迎面气流流过曲面玻璃能减少涡流和紊流，从而减少空气阻力。加上窗框边缘与车身表面平滑过渡，玻璃与车身浑然成一体，既可以从视觉上感到整体的协调和美观，又可以降低整车的风阻系数。另外，曲面玻璃具有较高的强度，可以采用较薄的玻璃，对轿车轻量化有一定的意义。现代轿车的曲面挡风玻璃要做到弯曲拐角处的平整度要高，不能出现光学上的畸变，从驾驶座上的任何角度观看外面的物体均不变形，不炫目。以前轿车玻璃通常用整齐的条带沿玻璃边缘修饰或保护，现在轿车上的玻璃都采用陶瓷釉，即所谓"黑边框"。

传统的汽车玻璃具有良好的光学和机械性能，随着科学技术的进步以及汽车玻璃工业的发展，各种新型玻璃不断涌现，除了具有上述的功能以外，汽车玻璃还能够满足许多特殊的要求。现举例介绍如下。

（1）阳光控制镀膜玻璃与低辐射镀膜玻璃。

这种玻璃的一面涂有一层膜。可根据不同的功能要求，涂以不同的镀膜，这也产生了两大类：一类是阳光控制镀膜玻璃，另一类是低辐射镀膜玻璃。

阳光控制镀膜玻璃的镀膜层以硅或金属钛为主。这种玻璃有很好的反射作用，对可见光有一定吸收能力。此特性使得这种玻璃产生了神奇的阻挡夏天酷热的本领。使用这种玻璃，室内空调至少节能50%以上，很多高楼的幕墙玻璃也就使用这种玻璃。低辐射镀膜玻璃表层涂了以二氧化锡为主的涂层，这种涂层能隔热，阻挡人体发射出来的一定波长的红外线，热量就不会散发出去。把隔热和防冷的镀膜通过一定技术一起涂上玻璃，普通玻璃马上脱胎换骨，在夏天能抗热，在冬天能抗冷，成了地地道道的"聪明玻璃"。

（2）防污玻璃。

在玻璃表面涂敷氧化钛薄膜，通过太阳光中的紫外线激发，氧化钛中产生电子和空穴，使水和氧能通过，将玻璃表面上的有机污物分解。

（3）防紫外线玻璃。

阳光中的紫外线，对人体造成伤害的同时还会降低天然材料制成的汽车内饰件的性能。近年来，随着大气臭氧层空洞的扩大，辐射到地面的紫外线强度越来越大。为此科研人员开发了这种玻璃。目前抗紫外线玻璃主要包括两种类型。

① 紫外线吸收剂涂敷型。在汽车玻璃表面涂敷一层紫外线吸收剂，例如氧化铈、氧化锌，氧化钛等。

② 紫外线吸收剂本体型。将紫外线吸收剂（例如铁、钛离子，卤族元素化合物结晶等）融化在玻璃基体中，这类玻璃可将400 nm以下的紫外光和1 100 nm附近的红外光大幅

阻断。

(4) 电热风窗玻璃。

在玻璃内侧表面涂敷透明的导电膜，通电后对玻璃加热，使玻璃上的冰霜融化，防止玻璃模糊。

(5) 热反射玻璃。

热反射玻璃应用在汽车车窗或前、后挡风玻璃上，车主就不需要额外购买隔热膜。热反射玻璃是有较高的热反射能力而又保持良好透光性的平板玻璃，热反射玻璃也称镜面玻璃，有金色、茶色、灰色、紫色、褐色、青铜色和浅蓝等各色。

2. 车窗玻璃的保养、修补和安装

汽车玻璃好比汽车的眼睛，要时刻保持明亮干净，才能确保行车安全。但汽车玻璃却极易受到伤害，容易产生各种油膜、划痕和裂纹，影响汽车美观和司机的视线，从而带来很多安全隐患。

(1) 去油膜和抛光。

前挡风玻璃是否有油膜存在，雨天时最容易测试出来。若前挡风玻璃上面的雨水结成水珠且不规则，则表示有油膜存在。通常较干净的玻璃，雨水会形成一层非常均匀的水膜，平均地附着在玻璃的表面。若油膜污染严重，雨天或夜间行驶时，会严重影响驾驶视野，需要进行清洗。

如果玻璃只是轻微的污迹，则可以不用车身清洁剂，只需用毛巾使劲擦，可以立刻擦干净，同时去除油膜。若普通的方法难以清除，则可用清除油膜专用的化学合成剂来擦拭。将脏物完全清除干净后，再涂上防止玻璃表面附着脏物、油膜的车窗保护剂。保护剂涂上吹干后会变白，这时，只要用柔软的布将它拭去即可。一般来说，涂上保护剂后，玻璃的透视性会有很大的改观，这些保护剂除了能完全清除玻璃油膜外，还能填补玻璃上的细孔，使玻璃更光滑，形成一层保护膜，使油膜不易附着在前挡风玻璃上，而且能让雨刷更轻易地扫除玻璃上的水。

据了解，一般车辆如果行驶达到5万公里或以上时，汽车玻璃受到的损伤较为严重，最好能进行汽车玻璃抛光修复。不过，只有在划痕比较浅的情况下可以进行抛光处理，大面积深度伤痕通过手工操作一般无法研磨达到精密的效果，这种情况建议更换新的玻璃。

在进行抛光处理时，尽量使用高精度的仪器。因为若使用精密度不高的抛光机，在高温的研磨下容易出现歪歪扭扭的面，操作不好也容易造成更加严重的损伤。抛光处理可以修整粗糙的玻璃表面的划痕，通过去掉油膜，排除用肉眼不易发现的微细划痕，磨平玻璃毛孔无任何痕迹。最后用抛光机和含氟的抛光剂进行研磨，玻璃会变得崭新如初。

(2) 车窗玻璃的修补。

不少车主在日常使用汽车的过程中，可能因为误操作或其他原因而让雨刷器在挡风玻璃没有水的情况下工作。次数一多，前挡风玻璃上就会留下细小的划痕。这样的划痕对视线影响不大，但是非常影响车主的情绪。一般来说，修补这样的轻微划痕，只要到专门的汽车美容店，使用高精度抛光机对划痕区域进行抛光即可。但是如果划痕很严重，面积也很大，那就必须进行修补了。在高速行车时，挡风玻璃常会被石子或其他硬物弹裂。遇到这种情况,如果为了一个小裂痕就换掉整块玻璃,不仅浪费,而且实在是不值;如果置之不理,风压又会让裂缝越扩越大,不仅影响美观,而且会对安全造成威胁。

汽车玻璃的修补主要是在裂缝中填补液态胶质,消除缝隙。填补玻璃所用的材料是一种透明度很高的液态胶质,靠紫外线加热可迅速凝固,强度可达原玻璃的 90% 以上。施工过程也不是很复杂,主要工具是一支类似针管构造的真空注射器,功能是将玻璃伤口内的空气抽掉,然后填以玻璃修补剂(液态胶质)。经过反复几次抽、压后,修补的空间至少会有 90% 盛满了修补液,这时再用紫外线灯上下左右各照射 2 分钟,让修补液凝固。机器移开后,伤口的中心点还会有一个小缺口,这时再滴入浓度较高的修补剂,盖上玻璃片,同样用紫外线灯照射烘干后,用刀片将表面刮平,涂上打光剂,用布磨光即可。

通常,一个圆形的伤口在修补完成以后只会剩下一个小小的圆形痕迹或蛛丝状的裂纹;长条裂痕只会留下一条隐隐约约的线,而且只有在某个反光的角度,才看得到修补的痕迹,一般看到的仍是一块"天衣无缝"的好玻璃。而且修补处的强度可以保证,硬化后的胶质玻璃强度可达到原玻璃的 90% 以上。不过修补不是任何破损都可以做的,一旦玻璃已经断裂分离,或是破成碎片,则都是不可修复的。

(3)车窗玻璃的安装。

镶嵌式车窗玻璃安装的操作步骤如下:

① 在密封胶条唇口的槽内穿一条 3～4 mm 的尼龙绳,绳头伸出 400 mm 左右;

② 将胶条镶在风窗玻璃上;

③ 在胶条和窗框止口处涂上一层肥皂水,将镶上胶条的玻璃放在车窗前面,对准密封胶条和窗框止口之间的位置;

④ 从车内抽出绳子,使胶条唇口翘起压在窗框止口上,再从车外推压靠近胶条处的玻璃表面,这样胶条就镶嵌在窗框架上了,注意应从玻璃下端中央开始向两边扩展;

⑤ 装好后在车外用掌心敲打玻璃,使之与车身牢固贴合;

⑥ 沿在窗框和玻璃贴一层胶纸,然后在密封胶条与窗框及玻璃之间加注黏结剂,等黏结剂干后揭去胶纸,清除泄漏的黏结剂,装上外镶条。

黏结式车窗玻璃安装的操作步骤如下:

① 清理窗框上残留的聚氨酯胶以及灰尘,使用玻璃清洁剂清理玻璃边缘;

② 在玻璃边缘涂抹透明的聚氨酯底;

③ 将密封材料安装在窗框上,在窗框上涂上聚氨酯玻璃胶,其高度应高于密封材料以保证密封程度;

④ 将车窗玻璃放在正确的位置,压至适当的高度;

⑤ 如有必要,应改用除胶剂除去多余的粘胶。

2.4.2 车窗贴膜

1. 车用贴膜的分类及其作用

汽车贴膜发展到今天,已经不是简简单单的隔热或者防爆那么简单了。随着技术的不断进步,汽车贴膜承载的科技含量越来越高,实现的功能也越来越多:不仅有汽车隔热膜、汽车防爆膜，也有有效阻隔炫光的贴膜；使用深色涂布贴膜的车辆还有更加私密的车内空间。汽车贴膜能有效地阻止车内湿度的升高，而随着车内温度的升高，驾驶者可能有更高的犯错几率，且高温和强烈的阳光可能会让驾驶者晒伤，引起车内饰件的老化，甚至引发自燃。总之，进行汽车贴膜有保障驾驶安全，节约能源，炫光隔离，营造舒适驾乘环境，保护隐私以及防止晒伤驾驶者和车辆的功能。值得一提的是，现在有很多技术先进的贴膜能够在一张贴膜上实现以上全部功能。

传统的汽车贴膜可以分为两大类，一类是普通太阳膜，而另一类则是防爆膜。那么两者有何区别呢？

（1）材料：防爆膜是在基膜上电镀金属、紫外线吸收剂等，而太阳膜只是在基膜上涂了一层颜色，还有些普通防爆膜则是铝粉镀膜，所以在反光材料上有很大区别。

（2）防爆性：防爆膜能起到防爆作用。某些车主会认为和自己利害相关的前挡风玻璃已是双层结构，不需要"画蛇添足"了。但是一旦事故发生时，不少的车主仍然会被细小的玻璃碎片扎伤。由于防爆膜是多层塑料胶合而成，黏张力极强，所以能大大减少玻璃破碎的机会。而一般太阳膜多为单层结构，所以防爆性较弱。

（3）抗紫外线：目前市场上多数品牌防爆膜的抗紫外线率达到了98%以上，而普通太阳膜则对抗紫外线率极低，仅有防爆膜的十分之一。

（4）隔热率：这是车主最易感受到的防爆膜的功能，所以它成为车主鉴别防爆膜质量好坏的标准之一。一般太阳膜的隔热能力很有限，防爆膜的隔热率却达到80%。

（5）透视性：透视性高的防爆膜，能见光度高，车主安装后根本就无须为视线不佳而烦恼了。优质车膜在夜间的清晰度应在6米以上，而劣质膜清晰度差，尤其在夜间，两侧及后挡风玻璃视线不清。

（6）耐磨：在经常洗车的情况下，一般的太阳膜很容易留下刮痕，而好的防爆膜由于经过硬化处理，耐磨性强，所以不易被刮花。

（7）颜色：两种汽车贴膜因为材料的不同，所以在使用过程中有不同的表现。铝粉镀膜易氧化、变黑，而金属膜能够在较长的时间内保持颜色相对稳定。

现在出现了第三代的超红外线陶瓷纳米技术的太阳膜。纳米太空膜是如何起隔热作用的呢？

纳米太空膜对光线是有选择性的吸收，它对紫外线的阻隔率接近100%，对红外线的透过率为20%，而对可见光的透过率则达80%以上。

超红外线陶瓷纳米技术的太阳膜与众多防爆膜采用的"金属反射"的原理不同。我们知道，防爆膜是通过金属对光的反射与散射来达到隔热防晒目的，所以，像这种金属膜具有单面透光性，也就是我们通常所看到的汽车贴膜后"里面看到外面，而外面却看不到里面"的"镜面效应"。而采用纳米材料，由于它是有选择性地透过可见光，同时反射紫外线、红外线等对人体有害的光线，所以可以形象地将它比喻成"筛子"。另外，由于材料不同，纳米膜不易发生金属膜那样的褪色。

在价格方面，低档太阳膜（茶纸）一般80~150元，300~500元的大多是胶染色膜，中高档的贴膜需要1 000~2 500元，而进口高档贴膜则要3 000~5 000元。防爆膜市场假货很多，在选择时应注意区分。由于隔热防爆膜性能优异而且在市场上比较流行，故下面的介绍以这种产品为主。

2. 隔热防爆膜的结构和品牌介绍

汽车贴膜已成为广大车主的需求，真正的高档汽车隔热防爆膜的生产工艺极为复杂。以 3M 至尊汽车隔热膜为例（如图 2-27 所示）它由 8 层功能各异的汽车膜层叠组合而成，具有隔热、防爆、耐磨和美观等属性。3M 至尊汽车隔热膜由透明基材、"易施工"胶膜层、感压式粘胶层、紫外防护基层、低反光膜层、强化橡胶膜层、C.S.Film 安全隔热基材和耐磨外层组成。

紫外防护基层和安全隔热基材能够隔热，隔紫外线，防止紫外线对人体的伤害，并能节省冷气能源，保护汽车内饰不被烈日晒伤。安全基材能够防止玻璃爆裂飞散，保护驾驶者安全。耐磨外层则是超级耐磨，超长寿命，令车体始终保持美观。3M 专利技术感压式粘胶层和"易施工"胶膜层使得施工方便省时。独有的低反光膜层，确保高隔热率、透光率的同时，能降低刺眼炫光，减少内、外反光比率，使驾车更安全，更舒适。

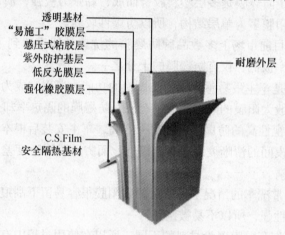

图 2-27　3M 至尊膜的结构

目前，比较受广大消费者欢迎和认可的名牌膜主要有以下几种：威固、强生、3M、优玛、雷朋、龙膜、贝尔卡特量子膜。

3. 隔热防爆膜的选用和鉴别

市面上的隔热防爆膜品种繁多，质量和性能参差不齐，优质隔热防爆膜使用寿命远远超过普通膜，当然价格也相对要高一些。与此同时，隔热防爆膜市场上假货很多，这给隔热防爆膜的选购带来了很大的困难，如何才能选择一款合格的隔热防爆膜呢？消费者可以从以下几个方面去考虑。

（1）清晰度和透明度。

不论颜色的深浅，隔热防爆膜的透明度都要很高，不能有雾蒙蒙的情况。车窗膜，尤其是前排两侧窗的膜，应选择透光度在 85% 以上较为适宜。这样，侧窗膜无须挖孔且不影响视线，夜间行车时能把后面来车大灯照射在后视镜的强烈炫光反射减弱，使眼睛非常舒服；此外，在雨夜行车、倒车、掉头时也能保证视线良好。

(2) 手感。

优质膜摸上去有厚实平滑感,而劣质膜手感薄而脆,而且比较软,容易起皱和老化。

(3) 颜色。

优质膜的颜料是熔合在车膜中,经久耐用,不易变色,在粘贴过程中经刮板涂刮也不会脱色。而劣质膜的颜色在胶中,撕开车膜的内衬后用指甲刮一下,颜色就掉了,膜片被指甲刮过的地方会变得透明;在贴膜过程中,当刮板涂刮时,有时颜色会自行脱落,这种膜当年就会变色,一年后褪色更为明显。

(4) 气泡。

当撕开车膜的塑料内衬后,再重新复合时,劣质膜会起泡,而优质膜复合后完好如初。

(5) 隔热性能。

隔热性是太阳膜的一个重要指标,而这一点仅凭肉眼和手感是很难鉴别的。可以通过一个简单的测试方法来作比较:在一个碘钨灯上放一块贴着车膜的玻璃,用手感觉不到一丝热的是优质膜;而立即有烫手感觉的则表明其隔热性能有问题,是劣质膜。

(6) 防爆性能。

这也是涉及安全的又一重要性能。一般太阳膜或劣质防爆膜的材质与真正的防爆膜不同,其膜片很薄手感发软,缺乏足够的韧性,不耐紫外线照射,易老化发脆,当遇意外碰撞或外物打击时,膜片很易断裂,不能把玻璃粘牢在一起。

(7) 紫外线阻隔率。

高质量的膜紫外线阻隔率指标一般不低于98%,最高可达99%。高紫外线阻隔率不仅能有效防止车内的人被过量的紫外线照射,灼伤皮肤,还能保护车内音响不会被晒坏。而劣质膜很多没有这项指标,或者远远低于98%的标准。

(8) 保质期。

选购隔热防爆膜时还应看其是否有质量保证卡,好的膜保质期通常为5年,长可达8年。在保质期内正常使用,隔热膜不褪色、金属层不脱落、膜层不脱胶。

4. 隔热防爆膜的安装

(1) 粘贴步骤。

① 清洁玻璃。用干净不起毛的抹布蘸上清洁液从上到下彻底地清洁玻璃,然后用干净的湿抹布再擦拭一遍,清除玻璃上的所有污物,使玻璃清洁干燥,为贴膜做好准备。

② 曲面的预定型。利用该前、后挡风玻璃的外侧面为模型,对隔热防爆膜进行加热预定型。预定型的方法是将隔热防爆膜的保护膜朝外,铺于曲面玻璃的外侧,在贴膜和玻璃之间洒上水,采用温度可调的电吹风对太阳膜进行加热,一边加热一边用塑料刮刀挤压玻璃上的气泡和水,使隔热防爆膜变形,直至与玻璃的曲面完全吻合。需要特别留意的是,加热要均匀,不要过分集中,否则温度太高有可能造成玻璃开裂。

③ 贴膜。先在清洁的玻璃的内侧喷洒清水,然后撕去隔热防爆膜的保护膜,对涂胶的表面也喷上清水,便可以将隔热防爆膜贴于玻璃上,再用塑料刮刀进行挤压,去除隔热

防爆膜内的气泡和多余的水分。对于曲面玻璃来说,如个别部位不吻合,还可用电吹风加热,使其变形,达到完全吻合,然后用干净的毛巾擦去多余的水分。待隔热防爆膜干燥后,便能牢固地黏附于玻璃上。由于隔热防爆膜上是压敏胶,刚粘上去黏度不大,所以在2周之内不要摇窗或用力擦拭。

④ 检查。仔细检查粘贴是否牢固,有没有褶皱和气泡以及划痕等。

(2) 贴膜注意事项。

① 要选择无尘贴膜工作室,因为贴膜最怕灰尘和沙砾,街头作业很难做到环境清洁。

② 观察一下膜的背面是否有防伪标志,正规品牌的背面都印有防伪标志。

③ 选膜时,要注意搭配膜与车身颜色和谐,贴前、后挡风玻璃不能开刀,一定要整张贴,否则会降低防爆性,而且影响美观。

④ 粘贴过程要防止灰尘、毛发等粘到贴膜或车窗上。

⑤ 膜面出现污渍时,不要用化学溶剂擦拭,最好用清洁的湿毛巾、纸巾沾水或棉布配合洗洁精清洗。

⑥ 车主不要为了美观而将一些吸盘或一些黏性物吸附在贴膜上,这样容易造成膜脱落。

2.5 车身的装饰

汽车车身是整车中最为醒目的地方,车身的艳丽装饰是美化汽车的一个重要途径。目前,主要的车身装饰方法有喷涂、贴装饰膜、安装镀铬件等。

2.5.1 汽车装饰贴膜

随着车主对个性化汽车需求的急剧膨胀,改变车型不仅投资巨大,而且很麻烦,所以很多车主开始用贴饰来装扮车身。贴饰的制作难度比较低,制作方案随意和简便,从一般的汽车装饰品厂家到印刷产品厂甚至是车主个人都可以制作适合各种车辆的贴花,这就导致了贴饰市场上产品质量差异比较大。一些进口贴饰产品(例如"3M"、"macfleet"等)的品质和材料都要好过一般小厂生产的产品,而且其质保可达8~10年,不过价格比较贵。一套国产贴饰的价格在100元以内,而进口的则需要300~500元;车主如果不希望整车粘贴的话还可以选择单张贴花(随意贴),价格在10~50元。

选择贴饰时除了品牌以外,还应该观察一下贴饰的印刷技术。一些色彩鲜艳的贴花寿命不太长,几个月后就会出现掉色和脱落现象,适合喜欢新鲜的车主便于更换;正规贴饰生产厂家大多拥有专业的贴花设计师,采用的是先进印刷工艺和设备,生产的贴花产品可以带来不同的视觉效果,例如有一些贴花随着角度的变化会呈现不同的颜色和花纹,如图2-28所示。

第 2 章 汽车外部装饰

图 2-28　车身贴饰的装饰效果图

除了一般的使用图案和色彩进行装饰的贴膜外，还有专门仿碳纤维车壳的贴膜，如图 2-29 所示。这样的贴膜主要是使车身外壳看上去像是碳纤维材质，以达到模仿高性能改装车的目的。仿碳纤维发动机舱盖贴膜价格一般在 200 元左右。

图 2-29　仿碳纤维发动机舱盖膜

贴饰的粘贴步骤如下。

（1）确定需要贴纸的部位。

（2）将车身需要贴纸的部位清洁干净。方法如下：将清洁剂与水的混合剂（1∶10）均匀地喷洒在车身部位，再用塑胶刮片或干净的毛巾将喷洒部位擦拭干净（若擦得不干净，贴上贴纸后会有一点一点地凸起将贴纸顶起，产生不平滑，影响美观）。

（3）用洗洁精混合剂将要贴的地方再均匀喷洒一遍，保持湿润。

(4)将贴纸背面的一层保护层揭去,贴在车身部位,先固定左侧,再固定右侧,注意不能有褶皱和气泡。

(5)车身与车门缝隙连接处,用剪刀沿着车门边剪开。注意:剪切应该整齐,并与地面垂直。

(6)以剪开处为中心,将贴纸分别往两侧反方向平移1.5~2mm的距离(避免开/关门时擦到贴纸而引起贴纸卷边)。

(7)分别以车门及车体两侧贴纸各自中心为中心,用塑胶刮片向四周均匀刮开,将水刮出来,若仍有少量沙粒,可将贴纸一角轻轻掀起,将沙粒取出后,再继续刮。

(8)全部刮好后,保持15~20分钟,使贴纸完全干后,再将贴纸表层撕去。

(9)若要贴纸快速干,可用特制风筒轻吹,注意要保持一定的距离,否则会因高温破坏贴纸,产生起泡现象。

(10)贴好后,亦可用风筒将贴纸边角四周吹干。

2.5.2 汽车镀铬件

亮闪闪的镀铬件,其抛光的亮银色和车身颜色反差巨大,能够明显地提升轿车的外在气质,给人以一种运动和高贵的感觉。很多车主都喜欢自己的车上有镀铬件,所以很多轿车在生产的时候就在车身上安装了很多镀铬件,如图2-30所示为君越车身镀铬件。但是许多车主依然不满意,喜欢自己选装更多、更有个性的镀铬件。一般来说,镀铬件包括车门把手、装饰条、中网隔栅、保险杠等。在国外,也有一些车主选择全身镀铬,但是在国内,这是禁止上路的,因为过多的镀铬件会影响周围驾驶者的视线,造成事故隐患。

图2-30 君越车身镀铬件

值得一提的是,虽然人们习惯性地统称这些零部件为镀铬件,但其实并不是所有的"镀铬件"都是电镀铬的。因为镀铬装饰件主要使用 ABS 塑料制作,所以其中也有很多是塑料喷漆工艺制作出镀铬效果。但是不论采用哪种工艺,镀铬件寿命都不是很长,而且需要车主注意保养。因为无论是电镀还是喷涂,这些零部件都不耐酸碱,所以当车子被雨淋过之后,车主需要擦拭车身上的镀铬件,防止其老化。

2.6 其他外部装饰

1. 晴雨窗罩(如图 2-31 所示)

晴雨窗罩与车身外形成一体设计,流线造型。其优点是:高速行驶时稳定性好,开窗可导入大量空气,同时又不会有太大的气流,避免窗户结雾,省油效果较好;雨天行车,车窗打开大半,雨水仍不会灌进车内;车内吸烟,可摇下车窗;热天停车,可开窗保持空气对流,降低车内温度;晴天遮阳,可防止侧面刺眼强光;安装简便,不需要特殊工具。

图 2-31 晴雨窗罩

2. 车轮饰盖(如图 2-32 所示)

人们在路上经常看到许多车辆拥有风格独特的车轮,赞叹之余,许多人会错误地称之为"轮辋"。其实这些汽车的轮辋往往还是原厂的轮辋,只是安装了独特的车轮饰盖。车轮饰盖是比较简单的改变汽车外形的方法之一,只需要将原装的车轮饰盖拆下,装上车主选择的个性的饰盖即可。

图 2-32 车轮饰盖

原厂的车轮饰盖为了降低成本，一般都是钢制的，十分沉重。而汽车美容市场上的车轮饰盖可以选择许多轻量化的材质，比如铝合金。使用轻量化材质的车轮饰盖，往往可以获得不错的节能效果，以及更加出色的外观。

车轮饰盖除了外观装饰性以外，更有其安全特性。车轮饰盖靠不锈钢卡簧和固定支夹固定在车轮轮圈上，合格产品须经过制造商的拆卸力测试，以确保产品安全性。在选购时要注意饰盖的装配性，如果卡口不紧、弹簧材料不过关，则容易导致饰盖脱落，特别是在高速行驶时，脱落的饰盖对于汽车、行人都是相当危险的。

3. 汽车货架（如图 2-33 所示）

汽车货架安装在车子的顶部或者是后部，用于放置货物。汽车货架按照放置的物品不同可以分为车顶货架、行李架以及后背式专用货架等。

汽车货架一般采用铝合金制作，表面比较光滑，安装方便，坚固耐用。安装时一般由车顶排水槽或车门框上缘来扣住货架的基座。一般来说，汽车货架常见于 SUV 等体积较大的车辆。

图 2-33 汽车货架

4. 防撞胶（如图 2-34 所示）

防撞胶是指贴在车身突出位置的一层特殊保护层，主要用于在发生轻微擦碰时保护车身，同时与车身颜色相配的防撞胶还能起到美化车身的作用。

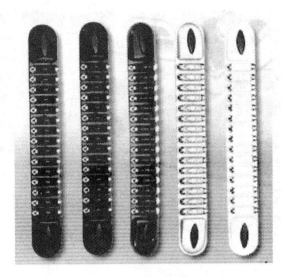

图2-34　汽车防撞胶

在粘贴前先把车身粘贴部位擦洗干净，贴上后轻压一下，等3个小时后再压一次，24小时以内避免与水和油接触。

5. 车灯眼线

眼线也称眼眉，是贴在前车灯上表面部位的装饰件，它使车灯显得很有个性，楚楚动人。

车灯眼线大多是类似彩条的不干胶制品，应选择质地好、寿命长、颜色丰满、粘贴牢固的眼眉材料。

粘贴时应该注意使左、右两个车灯对称，粘贴前先将粘贴位置清洁干净，粘上去后应避免有皱纹和气泡的缺陷。

6. 发动机舱盖（如图2-35所示）

从正面看过去，发动机舱盖无疑是最显眼的一个部件。但是这个面积巨大的地方往往因为太没有个性，仅仅是千篇一律的大空白，而让人兴味索然。除此以外，发动机舱盖一般来说都是由钢板制造，重量很大，强度也是一般。

某些有个性的车主会选择在发动机舱盖上贴一些印花，但是这仅仅是解决了外观的问题，并没有让发动机舱盖"沉重"的身躯有任何的改观。

现在越来越多的车主选择换装碳纤维发动机舱盖。碳纤维材料重量轻，强度高，不易变形；而且碳纤维发动机舱盖相对于原厂舱盖来说，往往有独特的造型和细密的纹路（材料本身原因导致碳纤维引擎盖必然有纹路），以及其所暗示的性能上的提升，这些都可让车主的座驾卓尔不群。

图 2-35 本田思域的碳纤维发动机舱盖

7. 排气管

在很多喜爱改装的车主看来，排气管的改装应该属于性能改装的范畴；而许多普通车主则认为，排气管对于外观的影响微乎其微。其实不然，排气管的改装能够提升排气效能，同时它对于外观的改善也不可小觑。

很多车辆都装备了个性化的排气系统，其一大特征就是尾部会出现不止一根的排气管。尤其是对于使用涡轮增压发动机的汽车来说，这样的车辆往往使用两根甚至更多的排气管。大名鼎鼎的意大利"帕加尼"跑车的标志性设计就是把四根排气管以 2×2 的形式布置在车尾上。

很多改装车选择了更大、更突出、颜色更丰富的排气管，配合独特的排气声浪，想不吸引路人的关注都困难！

2.7 思 考 题

1. 简述车身大包围的制作和安装过程。
2. 天窗的作用是什么？如何分类？
3. HID 的工作原理是什么？有什么特点？
4. 防爆膜有什么作用？如何选择和安装？
5. 后视镜有哪些技术指标？如何调整？

第3章
汽车内部装饰

汽车的内部是司乘人员在汽车运行中的生活空间。营造一个温馨、舒适的车内环境对广大的司机和乘坐人员无疑都是必要和有意义的。汽车的内部包括驾驶室和轿车、客车的车厢，通过对车内棚壁、地板、控制台、仪表板、坐椅的外表面加装、更换面料及选用汽车饰品等方法来改变它们的外观，能够使汽车焕发出迷人的光彩，展现出车主的个性。一台做工优良的汽车，往往可以体现在内部装饰的工艺水平、使用的材料以及使用寿命等指标上。

3.1 车内棚壁装饰

汽车的棚壁有许多的颜色，但大多为浅色调。棚壁随着使用时间的增长往往会变色或褪色，也可能在使用过程中染上污物，污物有的可以清洗掉，但当用常规方法无法清除时就需要更换新的棚壁。此外，现代车棚壁的更新换代非常快，某些车主在觉得车的棚壁在色泽和面料上过时时，也会对棚壁进行更换。

3.1.1 汽车顶棚内衬的类型

汽车顶棚内衬也称为车顶棚或顶子等，顶棚内衬的种类、式样和颜色、面料及结构因不同的车型而异。汽车顶棚的结构基本上可分为成形型、吊装型和粘贴型三种。一般来说，成形型顶棚内衬被称为硬顶，而吊装型和粘贴型顶棚内衬被称为软顶。

（1）成形型顶棚内衬。

在汽车制造中，为了保证装配的质量，采用成形型结构的顶棚较多。随着我国汽车工业的发展，成形型顶棚内衬在轿车领域已经得到很广泛的应用。成形型顶棚内衬的结构是由基材、泡沫层和饰面重叠加工而成，如图3-1所示。基材使用的材料大多为浸树脂的再生棉或玻璃纤维、聚氯乙烯泡沫板，泡沫层一般选用聚氨酯或聚烯烃树脂发泡体，饰面主要是PVC片材。聚氨酯材料可以实现泡沫层和饰面的二合一。目前，纺织品材料也越来越多地作为表皮材料。

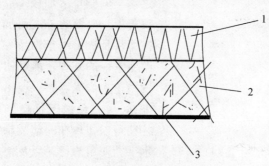

图3-1 成形型顶棚内衬结构
1—基材；2—填充材料；3—表皮材

（2）吊装型顶棚内衬。

吊装型顶棚内衬是用铁丝网吊起来的一种结构。表皮材料为PVC片材或PVC人造革或纺织品材料。为了隔热和隔声，把绝缘材料放在顶板和衬层之间，其结构如图3-2所示。

（3）粘贴型顶棚内衬。

粘贴型顶棚内衬是把填充材料和表层材料压成型之后直接粘贴在顶棚上，填充材料主要是聚氨酯发泡体、PVC发泡体，表层材料主要是PVC片材或纺织物。

成形型顶棚内衬应用广泛，特别是在轿车等小型车上。成形型顶棚内衬主要起装饰作用，在平常的使用时，并不承受除自重以外的载荷。但是因为成形型顶棚内衬的跨度较大，故依然需要其具有很好的刚度；又因为其面积大，包裹住车身，所以其隔热和隔声效果对整车有很大的影响。泡沫塑料、蜂窝结构基材具有重量轻、比强度高、导热系数低等优点，将会成为发展方向；而以聚丙烯为代表的热塑性材料，因其价格低、性能优和环保优势，将得到更多的应用。

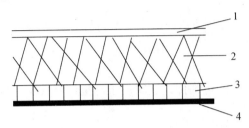

图 3-2　吊装型顶棚内衬结构

1－汽车顶盖板；2－隔热隔声层；3－铁丝网；4－内衬表材

软顶顶棚内衬的优点是质量小，成本低，一般用在大中型客车和旅行车上，但是生产的批量不大，手工安装量较大。

3.1.2　汽车顶棚内衬的装饰原则

汽车顶棚内衬是车厢内部面积最大的部分，对于整车的形象有很大的影响。选用优质的顶棚内衬能够有效提升车辆内饰的水平，提升汽车的形象。所以进行汽车顶棚内衬的装饰时，要遵循以下几项原则。

（1）装饰风格的统一。

一款汽车车型是经过厂商长时间的讨论、设计才能生产出来的，面市时汽车的内外饰已经是经过千锤百炼，其内外饰的风格也是统一的。对顶棚内衬件的装饰和改装一定不能破坏原车的整体协调感。因此进行顶棚内饰件的装饰时，应尽量坚持原车的风格，仅对局部重要位置进行改进。

（2）装饰与原车的兼容。

由于不同车型之间的顶棚内饰件的安装方法不同，因此在装饰件的选择上要有针对性。不能选择与原车不相匹配的顶棚内衬件进行装饰，否则即使能够安装上去，顶棚内饰件的安装质量也无法保证。

（3）保证装饰施工质量。

由于顶棚内衬与车内乘员密切相关，所以对其施工过程进行管理是很有必要的。只有控制好施工质量，才能保证安装的顶棚内衬是合格并能经受时间考验的。

3.1.3　汽车顶棚内衬的装饰方法

选择合适的汽车顶棚内衬后，安装方法也十分重要。要改变内衬的结构和装饰不是一件容易的事，需要大型且复杂的成型设备和加工手段。一般情况下，汽车的内衬不易受到损坏（撞车事故除外）。汽车顶棚的内衬表面在使用一段时间后，表皮会有些变色、老化，或因擦洗不当而产生划痕，这时就需要对内衬表皮材料进行更换和装饰。由于批量小，最好用手工粘贴法进行维修装饰，这样可以节省成本，是最可行的方法。新款车更换顶棚内衬较为简单，老款车则比较复杂。

1. 新款车顶棚内衬装饰方法

新款车顶棚内衬为抛压式顶棚内衬，更换时可按如下步骤进行：
（1）在汽车装饰店选择合适的新顶棚内衬；
（2）拆卸顶灯；
（3）移除顶棚内衬周围的边饰件，这时由于定位件被移除，顶棚内衬自动脱落；
（4）安装新顶棚内衬；
（5）连接好顶灯；
（6）安装边饰件；
（7）检查是否安装正确。

2. 老款车顶棚内衬装饰方法

（1）拆卸旧的顶棚内衬。

根据老车顶棚的具体结构，选用合适的工具，把顶棚内饰上有关的零部件，如顶灯、空调器、支承架等拆下并放置好。具体参考步骤如下。

① 拆下遮阳板、风窗玻璃、后窗四周的装饰条（如果有三角窗，三角窗周围的装饰条也要拆下）。

② 拆卸车顶灯。

③ 拆下密封条（如果车门用的是撤压式密封条，则直接拆下；如果是老式密封条，可用刀沿靠近门框周围贴近密封条处把顶棚内衬切开，这样可看到带有锯齿的卡板）。

④ 拆卸卡板。

⑤ 拆下顶棚内衬。

⑥ 拆下拱型架。

（2）检查内衬及顶棚。

当拆下内衬后，要认真检查顶棚的内衬是何种材料？结构形式是否有损坏，及损坏程度如何？能否修复？这些内容都是重新装饰时所需要的参考材料，可为制定新的装饰工艺提供依据，同时也为重新装饰提供质量保证。

（3）成形型顶棚内衬的装饰。

成形型顶棚内衬的装饰步骤如下：

① 对内衬表层进行重新装饰；

② 对顶棚护板内表面进行清洗，除去表面上的污垢、异物，使之清洁干燥；

③ 把装饰后的内衬进行必要的清洗处理，主要是对内衬的贴附面（与顶棚内表面相贴附表面）进行清洗；

④ 按原顶棚与内衬的结构形式和安装方法，把装饰好的内衬安装在顶棚上；

⑤ 将原拆下的零部件经过清洗干燥后，按原方法安装复原；

⑥ 将安装后的顶棚进行全面清洗，去除安装过程中造成的尘垢或污物并喷涂内饰护理剂。

第一步中，对内衬表层进行重新装饰可采用两种方法。

① 将内衬表层材料（以 PVC 片材为例）采用合适的方法拆下，然后选用同类的质量优良的 PVC 片材，经适当的剪裁加工，用粘接法粘贴上，形成新的表层内衬。

② 若原内衬表层材料是纺织品材料，表层材料只有老化、褪色，没有其他破损，而且与填充层贴合都很结实牢固时，可按其形状尺寸，将新内衬表层材料经适当的裁剪和缝制，使之成为一个整体的内衬表层；然后用胶粘法，把新的内衬表层直接粘贴在旧的内衬表层上，使整个顶盖总成的厚度略有增加，自然其隔热和隔声效果也有所提高。此法比前一种方法节省时间，即省去了拆下原内衬表层材料的工序。

（4）吊装型顶棚内衬的装饰。

吊装型顶棚内衬的装饰，其基本过程与成形型顶棚内衬的装饰方法类似。也可采用简便方法来进行装饰，以顶棚护面没有腐蚀、锈蚀和划伤的情况为例，其步骤如下。

① 拆下顶棚内衬上的所有零件，包括顶灯、空调等，并将这些部件清洗，擦干。

② 将裁剪好的新内衬表层的人造革（PVC）和旧内衬表层的人造革（PVC）用清洗剂清洗干净并擦干。

③ 将新、旧内衬表皮缝制成一体，留足周边黏结后的裁剪余量。

④ 选用通用黏结剂 GH-20 进行粘接，先在旧内衬表层的人造革上均匀地涂上薄薄的一层胶液，稍晾干一下，再把新内衬表层粘贴在上面。

⑤ 按拆卸的反向步骤，把清洗并干燥后的顶灯、空调系统零部件及其他压条等装饰件安装好。在安装周边压条时，把内衬表层周边的粘贴余量用刀片或剪刀裁掉后再安装好压条。

⑥ 清洗护理。在内衬表层装饰的最后，对表层进行处理，即将仪表板清洁剂喷涂到内衬的表面上，然后用柔软的拭布进行擦拭，使人造革表面光泽明亮。

其中，第四步较为关键，一般要从顶棚内衬的中部开始，分别向前、向后粘贴。粘贴时应注意平整，逐渐向前或向后展开；注意压平、压实，粘贴层中不要留有空隙、气泡，不得有褶皱。如有气泡时，可用柔软而有弹性的压板从中部往边缘赶压，把气泡排出，注意只能向一个方向赶压，不能往复进行。同理，对空隙和褶皱也用压板赶压，使之消除，最终达到光滑、平整、牢固等要求。

（5）粘贴型顶棚内衬的装饰。

粘贴型顶棚内衬实际上可看作是把填充层和表层材料用粘贴的方法逐一粘贴到护面内侧上。如果顶棚护面没有锈蚀和损伤，其内衬的填充层一般也无损坏。粘贴型顶棚内衬的装饰参见表 3-1。

表 3-1 粘贴型顶棚内衬的装饰步骤

序 号	内 容
1	拆除内衬表层的 PVC 人造革
2	制作新的 PVC 人造革表皮
3	粘贴内衬表层
4	将原来拆下来的顶灯、空调系统零部件和装饰件等清洗干燥后，按拆卸时的反向工作安装好
5	清洗护理

第一步可采用热空气枪把PVC人造革边缘加热,使粘胶软化,然后用钳子夹着人造革边缘并拉出人造革黏合的周边。当拉出部分人造革周边后,继续向内部加热,使粘胶软化,把人造革整片从填充层上拆下。

第二步中,新的优质PVC人造革颜色、花样应与旧的一样或相似,以达到装饰的效果。第三、四、五步的要求与前面吊装型顶棚内衬装饰相关部分完全一样。

3.1.4 车门衬板的更换

1. 拆卸车门内衬板

首先拆掉所有的紧固件,然后把衬板从车门上拆下。用螺丝刀把锯齿形塑料螺钉撬起,注意螺丝刀要顶住塑料螺钉的颈部后再撬起。千万不要撬到螺丝钉的纤维板盖上,以免撬坏。

2. 拿下旧的面罩

衬板上的面罩是热压在纤维上的,周边用胶粘在板的背面。先把面罩的周边从板子的背面揭起,再用剪子把它剪掉,然后小心地把面罩从板子上撕下来。老型号车上有的面罩边缘是用U形钉钉住的,有的边上用不锈钢装饰条;不锈钢条通过上面的舌片卡在纤维板上,穿过纤维板在板的背面压弯。拆卸时把舌片扳直后就能从衬板上取下装饰条。

3. 新面罩制作

揭下衬板上的旧面罩,但不要损坏纤维板,这样可以用旧面罩作为新面罩的模板剪裁新面罩。要特别注意车门扶手周围曲线的凹痕,在新衬板上也照原样进行制作。

在13 mm厚的泡沫上粘贴一层尼龙,然后在上面规划出13 mm的褶痕。为精确地定位曲线,可把前面制作的模板放置在新衬板上,对齐褶痕,便可确定曲线的位置。用粉笔沿它的轮廓画线,就可以在褶痕和曲线划出的标线处缝制出一条明线缝。对于复杂一些的衬板,通常将衬板和面罩分开制作。

把面料与毯子缝制在一起的时候可能会在接缝处产生鼓包,毯子的底部也可能会鼓起。这时不要把毯子的周边都缝上,只在毯子的顶边进行缝制,留下另一边不缝,把毯子粘在衬板的下部,把没有缝的那一边包住衬板,用胶或者U形钉固定在衬板的背面,盖住纤维板的边缘,使外形整洁漂亮。

4. 新衬板面罩的安装

安装新面罩时,纤维板与面罩之间的相对位置一定要对好,只有这样门边扶手和车门把手才能对应在面罩合适的位置上。在确信对正后,在它们的背面涂上少量的胶,粘在一起。面罩上衬板以外的泡沫应剪掉,以免把泡沫包裹在衬板的边缘上,导致边缘处膨胀。同时还应在纤维板的拐角处剪一些V形窗口,这是为了达到同样目的。最后把面罩的边缘修剪好,把面罩粘贴在衬板上。

5. 新衬板安装

首先把衬板安装在车门上,把两三个塑料紧固件半插入定位孔中,观察一下车门把手和车窗摇柄在面罩上顶起的位置,然后在那里小心地切开缝。切缝比开口好,因为如果孔开大了，盖板不可能把开大的孔盖住。

为豪华车制作车门内衬板时一定注意在为柱、柄或孔开口时要尽量的小，还要确保所有电器能够正常工作，必须在黏合板之前进行检查。

当所有的孔位都定准后，仔细把孔边缘修好，把所有塑料紧固件安装固定好，最后安装车窗摇柄、门边把手和车门把手的盖板。

3.2 仪表板的装饰

汽车仪表板是汽车内部最大、最复杂的总成之一，它是一种薄壁大体积的、上面开有很多空洞的复杂零部件，驾驶者通过安装在仪表板上的各种仪表，获取汽车的相关信息并对汽车进行操作。由于人们对汽车的性能要求越来越高，使用的各种仪表也越来越多，造成仪表板越来越复杂，要求越来越高。如今，仪表板不但要满足承载各种仪表的安装及驾驶汽车安全运行的需要，而且也成为车内最主要、最引人注目、最重要的装饰件。因此，对仪表板的装饰十分重要。

3.2.1 汽车仪表板的性能要求

汽车仪表板有多方面的性能要求，其基本要求及方法简介参见表3-2。值得指出的是，汽车仪表板是汽车内部最重要的功能性和装饰性总成，它直接影响汽车的使用价值和汽车的身价，也是市场竞争的一个亮点。世界各国的汽车生产厂家用尽心计和手段来使仪表板满足各方面的性能要求。汽车仪表板从设计、制造、使用和维修的全过程都要考虑成本因素。进行仪表板设计时，首先要考虑简化仪表板的结构，方便仪表板的制造，有利于仪表的安装和驾车使用。一个好的设计应该是已考虑仪表板的工艺性能，能用最通用的设备和简便的方法生产出来。其次，为了使汽车具有良好的经济性，必须在设计汽车的各总成时都尽量地减轻总成的重量。最后，仪表板的做工和工艺水平体现出企业的水平，拥有出色做工的汽车往往拥有高品质。因此汽车仪表板总成的设计制造中也要考虑这一因素。

仪表板主要包括以下特征：

（1）有足够的强度刚度，能承受仪表、管路和杂物等的负荷，能抵抗一定的冲击；

表3-2 汽车仪表板性能要求及方法简介

要 求	方 法
低成本	简化设计，优化制造过程，降低仪表板的重量
高安全性能	采用新材料和先进制作工艺，保证车辆受到撞击后，能最大限度地吸收撞击力，并传递给车架，以降低对驾驶员的伤害
良好的耐热性能	选用耐高温的材料来制作仪表板，保证仪表板在100～120℃时能不变形，不失效，不影响仪表精度，不产生有害气体
降低噪声	采用热塑性材料的仪表板，可有效降低噪声和振动
装饰效果好	从各生产厂家精心挑选与汽车其他部分内饰相匹配的仪表板，可有效提高汽车的身价

（2）有良好的尺寸稳定性，在太阳光辐射和发动机余热的高温下不变形，不失效，不影响各仪表的精确度；

（3）有适当的装饰性，格调优雅，反光度低，给人以宁静舒适的感觉；

（4）具有耐久性，耐冷热，耐冲击，耐光照，使用寿命10年以上；

（5）制造仪表板的主要原料与辅助材料均不得含镉等对人体有害的物质；

（6）不允许产生使窗玻璃模糊的挥发物，应有适当的装饰性，反光度低；

（7）软质表皮在常温下破损时，应韧性断裂，不应脆性断裂，即要求制品破损时不允许出现尖状锐角；

（8）耐汽油、柴油和汗液的腐蚀。

总之，高性能、低成本、质量轻、安全可靠、美观实用，这是对仪表板的重要要求，也是各大厂家竞争的焦点和市场的卖点。

3.2.2 仪表板的结构类型

现代市场上的仪表板种类繁多，每种车型都有多种规格的仪表板。车型越多，自然仪表板也越多。仪表板基本上可分为硬质和软饰仪表板两大类。硬质仪表板结构简单，主题部分为同一种材料构成，多用于载重汽车及客车，一般不需要表层材料，采用直接注射成形。软饰仪表板包括表层、缓冲层和骨架三部分，使用多种材料构成，常用材料有PU、PP、ABS/PVC合金等，多用于轿车。此外还有金属质地的仪表板。

1. 金属仪表板

金属仪表板主要是用薄的钢板和铝合金板冲压而成。按总成的方式可分为整体式和组合式两种。

整体式仪表板的面积不大，基本上属于中型或小型，且形状较为简单，采用冲压技术制造。冲压完成后，还要对主体进行防锈、防腐蚀喷涂处理，以提高其装饰性。大部分的整体式仪表板表面粘贴了一层皮革或纺织物，有的还用真皮来装饰，从而提高装饰的效果。

组合式仪表板比整体式仪表板要大，有的形状也比较复杂。它是从加工的角度考虑，把整个仪表板分块生产，然后再把各部分焊接成一体。在表面处理方面，组合式仪表板基本上与整体式仪表板一样。

2. 塑料仪表板

塑料仪表板的材料是塑料。按总成的方式塑料仪表板也可分为整体式和组合式两种。

就整体式塑料仪表板而言，由于塑料比金属具有更加良好的成型性，故可用吸塑法制造出形状复杂且表面有花纹的形式，其装饰效果良好。

组合式塑料仪表板也是从生产的角度来考虑，把整体尺寸比较大的塑料仪表板分成几部分来分块制作，然后再用塑料焊接或胶粘法把各部分焊接起来，成为一个整体。

3. 复合材料仪表板

汽车上常常使用复合材料的零部件，包括仪表板、门护板、顶棚内护板等。复合材料基本上是由表皮层（塑料、编织物、地毯等）、隔声减振层（泡沫或纤维材料）和骨架等部分组成。由这种材料制成的零件除了能够满足一定的使用功能外，还能使人感觉舒适美观；此外，复合材料生产工艺简单，原材料价格便宜，因而其发展很快，是汽车内部装饰用材的发展方向之一。

硬质仪表板中常用的塑料有 PP、PPO、增强型 AS（增强玻璃纤维）、超耐热 ABS 和 ABS/PC 等。软饰仪表板多采用 ABS 和改性 PVC 片材，它具有良好的回弹性，并能吸收 50%～70% 的冲击能量，安全性高，耐寒，耐热，坚固耐用。

3.2.3 仪表板的装饰

仪表板的装饰与汽车的车型、使用情况以及车主的个人爱好有关，有些车型的仪表板凸显简朴特色；有的采用真皮装饰，有的用桃木装饰；还有的用各种色彩来装饰仪表板。

装饰仪表板时应注意以下事项。

（1）装饰风格要和车辆定位相匹配，应避免低档车豪华装饰和高档车低水平装饰。

（2）应注意与车辆整体内外饰风格相统一。

（3）装饰方法和仪表的选择都要慎重，应根据车辆的实际情况来选择合适的装饰方法并选用合适的仪表。由于汽车的各种仪表具有特定的功能和使用条件，只有具有相当技能的人员才能正确地选用和改装汽车仪表的布置安装调试，否则不但达不到装饰的目的，还可能造成故障，或影响行车安全。

（4）装饰过程中要选用合适的黏结剂。应仔细地阅读各种黏结剂的使用说明书，然后根据实际需要选用满足使用条件的黏结剂。如不能把握，可先用少量的黏结剂来试用一下，看其是否满足要求；当发现确实能够满足使用要求时再使用它。使用质量差的黏结剂，或者黏结剂使用不当时，往往会造成车辆仪表板黏结不牢，或者气味刺鼻，甚至会发生腐蚀仪表板的情况。

（5）对仪表板进行改装装饰时，不能影响驾驶者的视线和判断，要方便驾驶者采取各种操作。

下面选择真皮和桃木两种仪表板来对装饰方法加以简要地介绍。

1. 用真皮装饰仪表板

当今的市场上，采用真皮来装饰仪表板属于高级装饰。真皮仪表板装饰如图 3-3 和图 3-4 所示。

图 3-3　真皮仪表板及方向盘

图 3-4　真皮仪表板示例

用真皮装饰仪表板的方法如下。

首先，拆下原来的仪表板表皮。根据原仪表板的情况和车型，选择合适的方法把原仪表板表皮拆下。以原表皮是粘贴式为例，先用热喷枪对表板边缘处进行加热，使粘胶软化；然后用通用尖嘴钳拉出人造革边，逐步向中间加热，并不断地拉起旧的人造革，直到把旧的人造革全部拆下。此外，在拆下仪表板之前，还应该把仪表板上各种仪表和装饰拆下，并对其进行必要的清洗，以备安装时使用。

其次，缝制仪表板真皮。一般来说，缝制一张新的仪表板大体分三步。第一步是选择合适的表皮材料，通常根据原来的表皮材料来完成，选择与原表皮材料相同的同类型规格的材料即可。若车主要求提高车的档次，可选用高级的材料。第二步，裁剪并缝制新表皮。这时也要参照原表皮的尺寸。如要把表皮裁剪好，还需要裁剪师具有相当的经验。第三步，在完成新表皮的裁剪和制作后，必须进行检查。检查的方法就是把新表皮进行试贴，看其是否能够很好地贴合。

再次，粘贴仪表板表皮。粘贴仪表板时，要注意选择合适的黏结剂，常选用汽车用841黏结剂进行粘贴。那么如何粘贴呢？先在仪表板的填充层表面均匀地涂一层841黏结剂，等到用手触摸黏结剂表面不粘手时，便可将仪表板的表皮对准，从中部开始向两边逐一展开，一手拉着表皮，一手轻压表皮与填充层表面接触，贴服无差异时，再用手压表皮与填充层表面，压实填平，并把边缘转折到内侧粘贴牢固。要达到表皮粘贴位置正确、无气泡、无皱纹、表面光滑、平整无划痕的要求时，才算粘贴成功完毕。

最后，安装仪表板。当粘贴后的仪表板完全固化后，按拆下时的反向工序，把仪表板固定在车身上，然后装上各种仪表和其他附件、装饰件等，完成安装。安装完成后还要进行清洗护理，清洗护理的方法与汽车美容部分完全一样。

至此，一个面貌一新的仪表板总成就呈现在面前了。

2. 用桃木装饰仪表板

桃木优美的花纹具有特殊的装饰效果，其特点是美观、高雅、豪华，主要用于汽车内室控制台、方向盘及变速杆等部位的装饰。桃木在轿车内饰中的应用具有悠久的历史。桃木装饰诞生于半个世纪前的英国劳斯莱斯汽车公司，当时的英国汽车内饰工艺师们以手工制作桃木和真皮内饰件，设计出了一辆具有皇室气派的高级轿车，为世界首屈一指的豪华轿车锦上添花。其后，世界其他著名车厂，如宾利、奔驰、宝马等纷纷效仿，都采用桃木精工细雕，与真皮或丝绒内饰搭配，色调和谐，风格统一，尽显富贵典雅的气质。目前，在一些新推出的高档豪华轿车上，桃木配饰仍是轿车内饰的点睛之笔，如宝马新系列、美洲豹、奔驰系列、雷克萨斯等车型。复苏后重新生产并限量发售的顶级豪华轿车"迈巴赫"，更是大量采用了桃木配饰，除仪表板、中控台外，中央扶手、门内板、后扶手、调控板、后冰箱、杂物箱等，更是超乎寻常地大面积采用了雅致的桃木配饰，使整体内饰透出华丽富贵之气。可见，各大汽车厂家均认定进行车内豪华装饰是提高档次及增加竞争力的必然选择。人们常把桃木配饰的多寡与车的豪华程度联系起来。

进行桃木装饰最好选用原厂标准件安装。原厂标准件是桃木片与原装置的标准塑料或金属件复合为一体的部件，其表面经过非常严格的亮漆处理，面漆经过硬度、耐光性、高温、低温等长时间循环试验。采用原厂标准件安装，不需用胶水或其他黏结剂。桃木装饰的仪表板示例如图 3-5 和图 3-6 所示。

图 3-5　蓝鸟桃木装饰的仪表板

图 3-6　捷达桃木装饰的仪表板

3.3　汽车坐椅装饰

乘坐人员与车辆接触面积最大的部分，无疑就是汽车坐椅了。汽车坐椅不仅仅是为车内乘员提供一个可供乘坐的位置，它还可以影响车辆的平顺性和驾驶舒适性，影响车辆的安全性和整体美观。因此对汽车坐椅进行装饰不仅要考虑美观，还要注重其实用性。

3.3.1　坐椅的结构

汽车坐椅的设计与材料必须符合 GB11550—1995《汽车坐椅头枕性能要求和试验方法》、GB15083—2006《汽车坐椅、坐椅固定装置及头枕强度要求和试验方法》、GB14166—2003《机动车成年乘员用安全带和约束系统》、GB14167—2006《汽车安全带安装固定点》、GB/T3920—1997《纺织品　色牢度试验　耐摩擦色牢度》、GB8410—2006《汽车内饰材料的燃烧特性》等标准。汽车坐椅的结构是与汽车的车型和用途分不开的。

1. 轿车坐椅的典型结构

目前，轿车坐椅的典型结构为复合型结构，由骨架、填充层和表皮三大部分组成。

（1）骨架：坐椅的骨架主要用金属材料制作。其主体是金属焊接结构，起到坐椅的定型和支撑人体的作用；靠背和坐垫处的基本形体，有的是用薄钢板冲压而成，根据人体工程学的原理设计，以乘客乘坐时可以获得最舒适的形体要求为准则。

（2）填充层：为了增加人们乘坐时的舒适感，在坐椅的骨架上增加填充物。以前多用棉花等植物纤维来充当填充物，但它易变形，造型不佳，而且对人体躯干支撑不足，人体工程性能很差。现在塑料工业得到很大的发展，人们使用发泡塑料制作定型的填充物，具有柔软舒适、不易变形、造型美观、弹性良好等优点。

（3）表皮层：轿车坐椅的表皮层是坐椅质量和装饰的亮点所在，特别是轿车的坐椅，是设计师们考虑的重点部位。表皮层使用的材料主要是纺织布料、人造革材料和优质的真皮材料等。外形与填充层的形状相贴服。表皮层在制作工艺上很讲究，要求裁剪精确，缝制精细，贴服平整合体，以显示坐椅的精美外形。

2. 客车的坐椅结构

由于对一般客车和高级豪华客车的要求不同，故各自坐椅的结构也有所不同。

（1）一般客车坐椅。一般客车的坐椅结构简单，主要是满足乘员的最起码乘坐要求，在造型和舒适性方面考虑较少。目前，市场上主要的塑料坐椅是用SMC塑料制成的坐椅，固定在坐椅支撑架上，构成单人椅或多人椅。

（2）豪华客车的坐椅。客车因为要考虑长途旅行的乘客的需要，故强调坐椅的舒适性；又因为客车的定位要高于公交车等，故其对坐椅的外形和功能也有一定的要求。普通的客车坐椅结构上一般来说和一般客车坐椅没有太大区别，高档客车的坐椅则可以提供前、后、左、右的坐椅方向和靠背角度的调节，而且乘坐更加舒适。客车坐椅质量一般介于普通客车坐椅和轿车坐椅之间，如XC/ZY、XC/JZ系列豪华坐椅，造型新颖，美观大方，符合人体工程学的原理；XC/ZY600型可拆卸式乘客坐椅，以及ZY650、ZY610型乘客坐椅，具有曲线流畅、柔度适中、乘坐舒适等特点（如图3-7所示）。

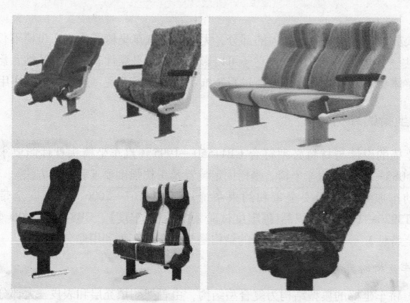

图3-7 乘员坐椅示图

3.3.2 坐椅的分类

以轿车为例，按其使用功能来分类，可将坐椅分为驾驶员坐椅、乘客坐椅和儿童坐椅三种。

1. 驾驶员坐椅

驾驶员坐椅安装在驾驶员的座位处。由于驾驶员在开车时必须集中精力，始终注视前方，灵活机动地处理各种交通路况。为了有利于驾驶员的驾车，对坐椅的舒适性、方位（高低、前后、左右）的可调性要求高。所以，驾驶员坐椅总成的机构复杂，性能可靠，调整使用灵活（如图 3-8 所示）。

2. 乘员坐椅

轿车的乘员坐椅要求保证舒适性。一般来说，轿车的副驾驶座位也是可调的，而后排座位则没有调节功能。现在市场上很多轿车的后排坐椅可以放平，以增加后备箱的容积。

3. 儿童坐椅

随着生活水平的提高，人们的安全理念也与时俱进，儿童坐椅越来越受到人们的关注。在很多国家，儿童坐椅是法规要求必须强制性配备的。在瑞典，在 1982 年制定了法规，对 7 岁以下的儿童乘车，车上应有保护儿童的安全装置。1996 年时，瑞典 0～15 岁的儿童 95%乘车时备有安全保护装置，3 岁以下的儿童坐在面向后面的专用坐椅上，这是儿童在撞车中受伤低的主要原因。在儿童专用坐椅上也专门设置了安全带，可使轻度受伤的可能性降低 96%。儿童坐椅有不同的型号，这是因为在不同的成长期儿童身体的状况不同。

儿童坐椅的结构和安装方法也是经过研究和试验来确定的：3 岁以下的儿童头部的周长占人身长的 60%，因此头部受力比较大；8 岁以下的儿童脊椎尚不成熟，不能承受和成人相同的安全带强作用力。由上可知，保护儿童在车内不受伤，关键是保护儿童的头部。经研究试验确定，面向后部的儿童专用坐椅，能将冲击的力分散到背部，抑制头部的运动，这是目前最好的解决方案。儿童专用坐椅如图 3-9 所示。

图 3-8　驾驶员坐椅

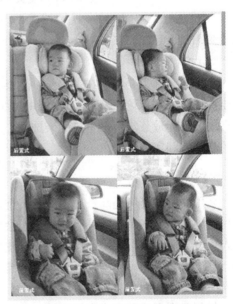

图 3-9　前置式和后置式儿童坐椅

如图 3-10 所示为瑞典艾贝科技（亚洲）有限公司生产的"艾贝"（ABBY）汽车儿童安全坐椅。其中 AB-4001 主要适合于 1～11 岁儿童使用，RB-8001 型的坐椅适合于 0～4 岁儿童使用。

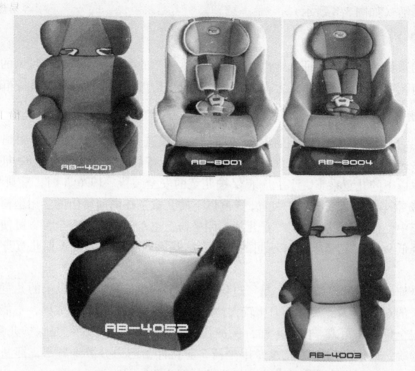

图3-10 "艾贝"（ABBY）汽车儿童安全坐椅

3.3.3 坐椅的装饰

坐椅的装饰主要集中在表皮层，主要是对表皮层材料的选用和加工制作。表皮层材料主要有棉纺织物、化纤及混纺等纺织物和皮革等。目前，以化纤混纺织物和皮革最广泛，以真皮装饰为最豪华。在坐椅的装饰中，还可以通过功能扩展、加装精品等方式来提高坐椅的装饰性和实用性。

1. 真皮装饰

采用真皮坐椅可提高汽车内部的装饰档次，而且真皮不像绒布、纺织品装饰坐椅那样容易污染，多是灰尘落在其表面，而不会堆积在坐椅深处。在夏天，真皮的散热性好，能给人比较舒适的乘车环境。但是使用真皮坐椅时要小心，要防止尖锐物划伤真皮表面。此外，真皮坐椅受热后易出现老化现象，需及时护理，护理不当也会导致过早老化，表面失去光泽，甚至开裂。

如何鉴别真皮和真皮坐椅呢？一般可以通过下面的几种方法来鉴别。

（1）按压法鉴别。用食指按压坐椅表面，压住不放，看是否有许多的皮纹向按压处伸去，如有这种现象则说明坐椅是真皮做的，如无此现象则说明是人造革做的。

（2）延展性法鉴别。定做装饰时，可找制作时的一小块边角材料进行检查，拉一下材料看其是否有较好的延展性和回弹性。如较好，说明是人造革制作，因为真皮的延展性和回弹性都较差。

(3）燃烧鉴别法。真皮不易燃烧，特别是牛皮更难燃烧，而人造革很容易燃烧。

(4）断面形状鉴别法。真皮材料的表层结构紧密，可见毛孔；内层较粗糙一些，可见一些纤维状层纹，纤维不易拉出。而人造革的表面层光滑细密，无毛孔；内层也粗糙，可见整齐切割状的断面，纤维比真皮粗而长。

装饰真皮坐椅总的来说有两种方法。第一种是传统方式装饰坐椅，就是先把原坐椅表层的绒布或化纤织品拆除，然后照原样缝制一层真皮的坐椅表皮并固定在坐椅上。第二种方法是选择座套式皮椅，就是选购装饰厂家已经做好的皮坐椅套，只需将它买来往车中的坐椅一套就好。第一种方法不仅可以保持原设计的线条，还可确保在长久使用情况下，椅面不至于变形和移位，是首选方案；第二种方案拆装自如，价格便宜，但使用时间稍长则易发生变形和移位。当然，若采用坐套粘胶法来安装，可收到比较好的效果。

2. 汽车坐垫和靠枕装饰

为了使乘员乘坐车辆时感到更加的舒适，装饰厂家想尽办法，制造出各种汽车精品饰件。

(1）汽车坐垫（如图3-11所示）。

图3-11　坐垫示例图

如果按照材质划分，夏季使用的汽车凉垫有用竹藤编织的，也有用冰丝、玉石、蔺草编织的，甚至是用大理石串联的。它们有的装饰性强，有的舒适，有的耐用，人们可以根据个人需求和购买能力来决定取舍。但选购时不要只以价格做衡量标准，而要从外观、材质、做工、衬布及舒适性、实用性来全方位考虑。

蔺草古称"灯心草"。草芯是天然植物海绵体，富有弹性、透气、顺畅，表面细腻滑润、触感滑爽，具有冬暖夏凉的功效；此外，草芯海绵体空腔结合草表毛细孔能吸附空气中异味、废气、烟气，迅速吸收人类体肤汗水。亚麻钢架坐垫夏季使用有立竿见影的功效，坐下数秒就能感受到清凉舒适的效果，对消除疲劳、清醒头目、集中注意力有良好效果。冰丝坐垫清爽柔软，无汗贴身，天然抑菌，平衡静电。

冬季使用的暖坐垫，从材质上可划分为普通的绒垫、人造毛坐垫以及高档的羊毛坐垫。

普通绒垫档次较低，容易掉毛，而且冬天穿毛衣容易与之产生静电。不过其价格低廉。人造毛坐垫价格在百元左右，大部分车主都能接受，适合普通家庭轿车使用。比较高档的羊毛坐垫又分平绒、高低绒和长毛绒三种。平绒即羊剪绒,适合中高档汽车使用,其特点是手感好,毛茸茸的,一看就觉得有股暖意。这种平绒坐垫上面大部分都有温馨的图案,可供选择的花色也很多,比较适合家庭汽车使用。高低绒坐垫的中间是平绒,两边是长毛,因此得名。高低绒坐垫比平绒坐垫华贵,适合那些车内空间较小、又追求豪华体面的车主使用。因为中间凹下去的平绒使得整个坐垫不那么臃肿,装饰后,车内空间也不那么狭窄。长毛绒坐垫最为豪华、庄重,宛如贵妇人穿的裘皮大衣。在寒冷的冬天这种长毛绒最能派上用场,长长的绒毛,能给人温暖如春的感觉。

此外,还有可使用车载电源的调温坐垫、保健坐垫等。

(2)靠垫(如图3-12所示)。

按使用目的不同,靠垫的种类也不同。夏季气候炎热,为了使人们免受炎热之苦,对没有空调的汽车常常可以在坐椅的结构和装饰上想办法,这就有了降温靠垫。此外,还有具备磁疗和护腰两大功能的护腰靠垫。

 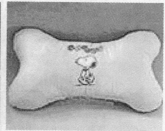

图3-12 靠垫示例图

(3)特种功能的坐椅(如图3-13所示)。

就坐椅的功能来说,驾驶员坐椅一般都可以调节坐椅方位,现在很多厂商都推出了带有记忆功能的电动调节坐椅。

除此以外,越来越多的改装坐椅出现在市场上,最常见的改装坐椅是桶式坐椅,其舒适性、包裹性、支撑性和人体工程性能更好,对乘员的保护也更充分,而坐椅本身的质量却更轻。

在豪华轿车上,还有可以加热和连接空调的高级坐椅。在一些商务车上,中排的坐椅是转椅,可以改变面朝的方向。也有一些高级轿车或商务车的前排坐椅背面带有液晶屏,可以为后排乘客提供多媒体娱乐服务。许多豪华轿车的乘客坐椅带有按摩功能。在日产天籁轿车上,后排乘客坐椅甚至和飞机商务舱坐椅一样,可以提供带电动按摩的腿撑。

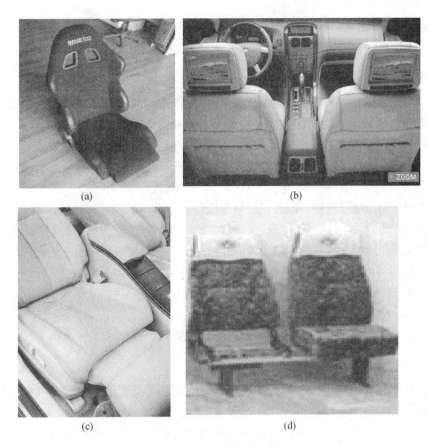

图 3-13　特种汽车坐椅
（a）桶式坐椅；（b）装有可视 DVD 液晶音响娱乐型坐椅；（c）"天籁"的按摩坐椅；（d）空调坐椅

3.4　地板的装饰

汽车的地板在底盘的上部，是车厢的基础部分，支撑车内的设施和人员，故要求有可靠的安全性，能稳固地起到支撑功能。同时，地板又是车厢与地面之间的隔离层，故要求其具有保温、隔热、防湿、防潮、防尘、防止外部噪声进入车内等性能。

3.4.1　地毯装饰

20 世纪 60 年代以前生产的汽车内饰地毯，都是经过测量、裁剪和缝制成与汽车地板各式各样的凸起和凹坑相匹配的形状。如今所有生产厂和零配件市场的地毯都是成型的地毯，其形状与汽车地板形状相匹配。地毯装饰的步骤如下。

1. 拆除旧地毯

大多数车辆的地毯很好拆除，只需从车门框上拆下防磨板，拉出地毯就行了。但也有的车辆须拆下坐椅、安全带和松开脚踏板后才能拆下地毯。

拆除地毯时须注意，不管地毯与何处相连都不要硬拽，应先拆下连接件，然后再想办法拆下旧地毯，可视具体情况而定。

2. 加衬垫

一般车用地毯下面都有衬垫，生产厂商和零配件市场的成型地毯背面多自带衬垫。对于不带衬垫的地毯必须另行制作衬垫，然后把它粘到地板上。

地板的衬垫主要有三种：黄麻纤维毡、泡沫和再生材料产品。黄麻板隔离性能好，但价格高；13 mm厚的泡沫塑料板也很好用，它能形成双向曲面而不会出现折痕；再生材料是环保型产品。

用泡沫塑料制作地毯衬垫，应首先测量地板横向和纵向的尺寸；然后在每个方向上增加20%的余量，按此结果进行剪裁。剪裁完毕后，把泡沫铺好，剪去多余的材料。粘贴时，只要在泡沫的背面和地板上喷些胶，然后按下并粘贴；另一侧也用同样的方法进行处理。

用黄麻板和再生材料板制作地板的衬垫，需分几片来做。一片用于曲面的凸起部，两片用在两侧的地板上。对地板表面不平有较大的深坑时，每一个深坑部分需单独进行处理。

在把衬垫平整地与地板贴牢后，就可以测量、剪裁、调整和缝纫地毯了。

3. 地毯的调整与安装

剪裁、调整和安装地毯的工作通常从变速器的隆起部分开始，然后分别向驾驶员一侧和乘客一侧进行。

首先测量变速器隆起处的面积。纵向尺寸从驾驶室前隔板量到后面坐椅的底部，横向尺寸从一侧量到另一侧，并在测量结果上加上152 mm。测量驾驶员和乘客侧的地板面积时，前后距离也是前到隔板、后到坐椅底部。大多数车的坐椅不能完全遮住车门之间的地板，所以此处地毯要一直铺到坐椅的后面；或另用一小块地毯铺到此处。

从地毯卷上剪下三块面料，一定要保证地毯的绒毛倒向一致。首先，将一块地毯放在变速杆的前方，留出足够盖在驾驶室前隔板的余量，使地毯位于中央位置；地毯盖过隆起后，还分别在驾驶员和乘客侧各留有76 mm的余量。然后，把紧靠变速杆前方处的地毯对折，用刀片剪开一个开口，大小能使变速杆手柄刚好通过。把地毯套过变速杆后，在原开口的基础上切出放射型开口，使其能套过变速杆的护套。最后剪掉多余的地毯，并把毛边压到护套的下方。

安装离合器外壳凸起部分的地毯要一直延续到仪表板。安装时把地毯在凸起处向右折出一个折痕，从乘客处的底部到驾驶员侧的底部标记出一条折痕。然后，用刀片沿这条线进行切割。

把整块地毯放在缝纫机上，在切口边缘缝制一条镶边（但前面的毛边不要缝制）。当对一切都满意后，便可粘牢地毯，并把其他的侧片地毯放置好，在前边画一条线；沿45°角一直剪到凸起处接缝的开始端，把地毯折起，沿凸起边缘画线；在切口前把地毯片折起，在背面画出一条线直到地板的前边缘。然后，把地毯取出，沿画出的线修剪地毯的边缘，并进行缝合。缝完后再粘贴上地毯。在粘贴前，一定要对坐椅架和坐椅安全带固定架处进行开口。如果没有开口就进行粘贴，则很难精确地切割出孔的位置。

最后，铺驾驶员处的地毯。驾驶员侧地毯的裁剪缝制和调整安装与乘客侧地毯的裁剪缝制和调整安装几乎相同。只是在一些老式的汽车上，操纵踏板（如加速踏板、离合器踏板、制动踏板）与地板相连或从地板孔中穿过，这些地方应当对齐并调整好。拆下加速踏板后，在地毯上切出一个和操纵杆相同的小孔，让操纵杆穿过地毯，把踏板安装在地板上。如果踏板穿过地板，则必须在每个踏板前面各切出一条长缝。然后，用包边材料把这些切缝边包起来。在拐弯地方应裁剪出剪口，缓解张力。

3.4.2 脚垫的装饰

中、高档轿车上都铺有地毯，一旦有脏物、污垢留在上面，则难以清理。此时选择一种防水、易擦洗的脚垫就显得十分方便。

1. 脚垫的种类

脚垫分为手工和成型脚垫两种。手工脚垫能够有效地防止灰尘和脏物的渗入，但其防水能力较差；成型脚垫是一次性压制而成，中间无缝，防漏性好，且价格低廉，但如果原车的地板不平、凹凸较大，则难以达到满意的外观效果。大多的脚垫是橡胶制品，有些气味，颜色较少，用在高档车上显得档次较低。车主也可在车铺购买小块的家用地毯作为脚垫，感觉也很不错，既显档次，又不算贵。

2. 手工脚垫的制作

首先调整好地毯，把脚垫处的地毯铺平；然后用粉笔画出需要脚垫保护的区域的边缘。把脚垫和地毯一起拿到缝纫机上，在画出的区域把脚垫缝制到地毯上；也可从地毯上裁剪一块大小合适的小块地毯，经常更换，便于清洗。

3.5 车内饰品和车用香品

车内饰品既能美化车内环境，又能给车主带来几分愉悦，配合车用香品的合理使用，便可以营造出温馨舒适的车内环境。

3.5.1 车内饰品

车内饰品的种类繁多，按功能可分为观赏类饰品和实用类饰品两种。观赏类饰品按照与车体的连接形式又可分为挂饰、贴饰和摆饰三种。

1. 观赏类饰品

挂饰是通过链等连接件挂在车顶的一种装饰。常见的挂饰有画像（如伟人照、佛像等）、徽章（如国徽、会徽等）和玩具（如布娃娃及卡通小动物等），还有物品如风铃、灯笼、千纸鹤等饰品。

贴饰是将图案和标语等贴在车内的装饰。贴饰种类也较多，按内容不同可分为三类，即商标类、图片类、公益广告类。

摆饰是将饰品放置于汽车的控制台或坐椅上的一种装饰，主要有展示品类和布偶类（如图3-14所示）。展示品类主要有名车模型、地球仪、水平仪、国旗、指南针及精美的珍藏品等，大多摆放在汽车的控制台上；布偶类摆饰样式新颖，充满童趣，特别适合于经常有小孩乘坐的私家车装饰。一般私家车的前面都是夫妻两人乘坐，后面是小孩乘坐，有几个布偶小孩乘车时会比较快乐。当然，精美的布偶饰品也颇受年轻人特别是女性的喜爱。

图3-14　精美布偶图

2．实用类饰品

实用类饰品的样式很多，根据用途不同而各不相同。示例如下。

（1）汽车眼镜架：用于放置眼镜，如图3-15所示。

（2）饮料手机架：可方便地放置饮料或手机，如图3-16所示。

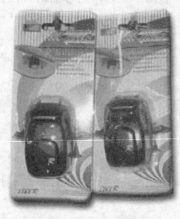

图3-15　汽车眼镜架　　　　　　　　　图3-16　汽车饮料手机架

(3) 汽车时钟：用于显示时间，如图 3-17 所示。

图 3-17　汽车时钟

（4）汽车转向盘套：安装在转向盘上，高档牛皮制作的转向盘套可以防滑。高档牛皮透气性能良好，富有弹性，握感好，吸汗性强。

（5）纸巾盒套：用于放置纸巾，其外观精美，如图 3-18 所示。

图 3-18　汽车纸巾盒套

实用类饰品很多，车主应根据需要选用合适的饰品。

3. 选购车内饰品的原则

选购车内饰品时应遵循一些基本原则。

（1）安全原则：汽车内的任何饰品必须保证不能对汽车的安全构成威胁。

（2）协调性原则：协调就是要求所有饰品都不能破坏车内的整体美感，它们必须配合一致，创造一个适合车主身份和爱好的车内环境。

（3）美观原则：车内饰品必须能够给驾驶员和乘客带来美感，要做到这个要求，必须结合车的造型和车内所有的物品状况来选用饰品，并合理放置。

3.5.2 车用香品

1. 车用香品的功能

（1）净化车内空气，清除车内异味，杀灭细菌，从而使车内空气清新。

（2）营造温馨舒适的乘车环境。车用香品可散发出怡人的芳香，使车内充满浪漫情趣。

（3）提高驾驶安全性。车用香品可使驾驶员保持清醒，心情愉快，从而减少事故的发生率，提高驾驶安全性。

2. 车用香品的种类

现今市场上的车用香品种类繁多，按形态可分为气雾型、液体型和固体型三种。

气雾型车用香品主要由香精或溶剂组成，可分为干雾型、湿雾型等多种。这种香水里的除臭剂可以覆盖车内某些异味，比如行李箱味、烟草味、鱼腥味和小动物体味等，但挥发速度极快。

液体型车用香品也称车用香水，由香精与挥发性溶剂混合而成，比固体香膏香味要浓，持续时间久，散发慢，常盛放在各种具有艺术造型的容器中，香味可持续2～3个月。液体型车用香品在车内用得比较广泛，具有气味浓香、使用便利等优点，但其使用周期短，需不断地给予补充。

固体型车用香品主要是将香精与一些材料混合，然后加压成型，可用2个月左右，具有香味清淡、无须补充等特点，也是常用的香品。

3. 车用香品的选择

一般来说，车用香品如果是黄色为柠檬香，草绿色为青苹果香，粉红色为草莓香，嫩绿色为松木香，紫色为葡萄香，乳白色为茉莉香，淡蓝色或淡绿色为薄荷香，橘红为樱桃香。

不同车主要选用适合自己的香品。如男士常常喜欢外形古朴的香品，如淡雅的古龙香、玻璃香等；而女士常常选用清甜的水果香、淡雅的花香等。

选用车用香品时，应注意以下方面：味道不要太浓烈；夏天香水散发快，故可选择清淡的气味，以免更具刺激性；冬季时，可选择提神醒目的香型；如果车内经常开空调，则需要选用具有较强挥发性的车用香品，以便及时有效地去除空调机带来的异味。

目前，市场上车用香品分进口和国产两类。两者在价格和质量上都有很大的差异。一般而言，进口产品价格偏高，但制作精良、香味持久，还能杀灭细菌、清除异味；国产车用香品较便宜，但劣质品很快就会闻不到香味，而且在气味上也无法与好产品相比。

需要注意的是，一些化学合成的高档香料比天然合成的香料价格更贵，但其成分对人体器官（特别是呼吸系统）均有不同程度的刺激。如果买到的是劣质香水，那么对身体的危害就更大，有可能造成车内的二次污染。所以消费者应该尽量使用纯度较高的安全的天然香料合成的制品。

3.6 其他内部装饰

汽车的内部装饰还包括很多，如转向盘的装饰、操纵杆的装饰等，现简要介绍如下。

转向盘的形式最初都是非常简单的，就是一个简单的圆圈加上盘辐，盘辐也是简单的四辐式，其功能就是控制汽车的行驶方向。而今转向盘变化很大，功能很多，凸显个性。如图 3-19 所示为几种样式的转向盘。

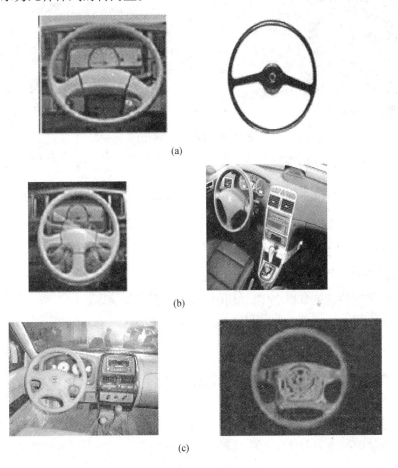

图 3-19 转向盘示例图
（a）两辐式转向盘；（b）三辐式转向盘；（c）四辐式转向盘

变速器操纵机构应保证驾驶员能准确可靠地使变速器挂入所需要的任一挡位工作，并可随时使之退回到空挡。大多数汽车的变速器布置在驾驶员座位附近，变速杆由驾驶室底板伸出，驾驶员可直接操纵。

如图 3-20 所示为操纵杆示例图,其中(a)、(b)、(c)为上海通用汽车公司汽车上的产品,(d)为国产长安奥拓车上的操纵杆。

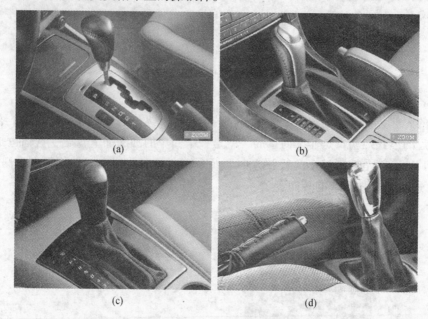

图 3-20　操纵杆示例图

(a) Buick HRV 操纵杆;(b) Buick 御荣操纵杆;(c) Caddillac CTS 操纵杆;(d) 奥拓金属镀铬换挡操纵杆

3.7　思　考　题

1. 汽车顶棚内衬分哪几类,各有何特点?
2. 新、旧顶棚的装饰有何不同,应怎样对新顶棚和旧顶棚进行装饰。
3. 汽车仪表板的功能有哪些?对仪表板的性能要求有哪些?如何实现?
4. 比较真皮装饰仪表板与桃木装饰仪表板有何异同?并观察国内新款车的仪表板装饰有何特点。
5. 驾驶员坐椅与普通乘客坐椅有何不同?为何要为儿童专门安装儿童坐椅?儿童坐椅如何安装?
6. 真皮与真皮坐椅如何鉴别?
7. 车内饰品的种类有哪些?请收集精美的汽车饰品,提高自己的鉴赏力。

第4章
车载电器与信息设备装饰

车载电器包括汽车音响系统和空调系统等，通过它们可以使驾驶员和乘客获得更多的快乐，并提高汽车的乘坐舒适性。汽车信息系统可以显示汽车的运行状况，帮助驾驶员更好地控制车辆的运行，从而提高汽车的安全性。

4.1 汽车影音设备装饰

汽车影音设备在现代汽车总体价格中的比重越来越大,已成为评价汽车好坏的重要组成部分,主要包括声音和图像两部分的设备。

4.1.1 汽车音响设备装饰

汽车音响已由最初的汽车收音机演变为卡座式收放机、CD、MP3,现代汽车音响正向大功率多路输出、多喇叭环回音响、多碟式镭射 CD 等方向发展,成为汽车上不可或缺的组成部分。今天,世界音响制造商也将汽车音响开辟为一个专门的生产领域,针对汽车的特殊环境,充分考虑车厢的音响效果,采用高新技术制造汽车音响设备,其音响效果完全能与家用音响相媲美。

汽车音响分原装音响和改装音响两大类,原装音响是为汽车生产厂配套定制的产品,安装稳固,功能简单,价格低廉。汽车用户为了欣赏更好听的音乐,增加音响功能,往往喜欢对原车音响进行改装。改装音响成本相对较高,大多采用品牌产品,式样多,能够显示爱车的个性,但受到汽车预留尺寸的影响。由于汽车音响安装技术对音响的质量起着非常关键的作用,所以最好的音响如果没有完美可靠的安装技术,也很难得到良好的收听效果,甚至会破坏原来的外观、效果比原装音响还差,同时也对音响本身的寿命造成影响。

1. 汽车音响的特点

(1) 结构紧凑。

由于汽车音响系统安装受到汽车仪表板面积的限制,所以体积较小。在有限的体积中,汽车音响多是用高密度贴片式元器件,采用多层立体装配结构方式。

(2) 使用环境恶劣。

由于汽车在各种路面上行驶,汽车音响系统经常要受到震动和冲击,所以磁带放音部分多采用横向放置的方式,上下卡紧以保证稳定放音。CD 机一般采用多极减震措施,同时可以将 CD 机所播放的信息提前一段时间存入芯片,CD 机受到强烈震动时激光头要进行自我保护而停止工作,这时候芯片存储的信息放出。另外,要求汽车音响系统中元器件焊接应该足够牢固,且能承受温度变化和防潮。

(3) 电源要求高。

汽车音响系统采用低压直流供电,大型客车、载货汽车音响系统多为 24 伏电压供电,小客车多采用 12 伏供电。电压变化将直接影响系统的输出功率,这就要求供电用线的阻抗值非常小。因此,蓄电池电源接柱多采用优质导电材料制造,并采用低阻抗的喇叭以获得更大的功率。功率放大器采用开关电源升压方法,这样在电压波动时可以保证输出功率的稳定,同时要求系统的功放大电流线性好、饱和压降小、效率高,并且具有过热、过流、短路保护措施。

(4) 抗干扰能力强。

汽车发动机以及各种用电设备共用一个蓄电池,会通过电源线和其他线路对音响系统产生干扰。对于电源线的干扰,采用扼流线圈串联在电源与系统之间进行滤波;对于空间辐射干扰,采用金属外壳密封屏蔽隔离。在一些高档音响系统之中还装有专门用于抗干扰的集成电路和组件,以降低外来噪声干扰。

(5) 灵敏度高,动态范围大。

汽车在道路上行驶,既有方向变化,又有外界环境影响,要保证收音正常,就要求收音部分灵敏度、选择性、信噪比都比较高,对自动增益控制和自动频率控制要求也很高。收音部分多采用调感方式,以增强抗震和调谐的稳定性,高端音响系统已使用数码合成调谐器。

2. 汽车音响的组成

汽车音响一般包括主机、功放、扬声器(喇叭)和天线等部分,系统组成的结构如图4-1 所示。

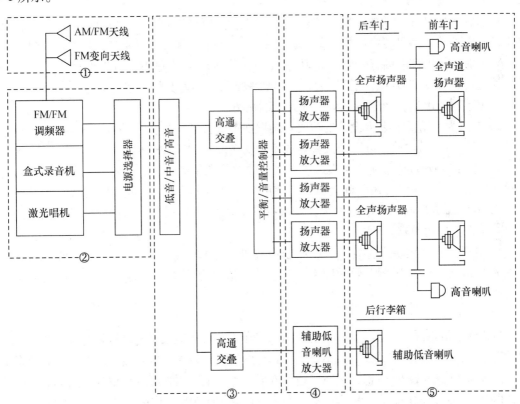

图 4-1 汽车音响系统的结构

①-天线;②-接收装置;③-声场修正;④-可听频率增幅;⑤-扬声器

(1) 主机。

低档主机比如 FM/AM 收音机、卡带式放音机等模拟主机,其频响窄,噪声大;中高档主机有 CD、VCD、DVD、MP3、MD、FD 等数字主机。车载 CD 唱机一般采用弹簧、气囊双重避震方式或电子避震方式来提高汽车音响的收听效果。

CD 唱机分成两大类：一类是单片唱机，能与原车音响位置相吻合，但抗震性差；另一类是多片 CD 唱机，一次可放 6～12 个碟片，通常安装在后备厢内，抗震性好，操作简便。

判断一台主机的好坏，最直观的就是看它的技术指标。主机的技术指标主要包括以下几个。

① 输出功率：现在主机上标注的功率绝大多数为音乐输出的峰值功率，在 40～60W 之间，功率越大越好。

② 频率响应：人耳所能听到的频率范围在 20～20 000 Hz 之间，因此该指标最少要达到这个数值，而且越宽越好，下限频率越小，上限频率越大越好。

③ 信噪比：指的是音乐信号与噪声的比例，单位为分贝（dB）。该数值越大越好，一般高档的产品都在 100 分贝以上，声音干净，清晰度高。

④ 谐波失真 THD：该指标体现声音再现的还原度，数值越小表示还原度越高。

（2）功率放大器。

功率放大器（简称功放）将主机输出的声音进行功率放大，用来驱动喇叭。它一方面将主机输出的数字信号转换成模拟信号；另一方面具有分频功能，使音乐具有层次感、音域感。一般主机内都有内置功放，但功率较小，信号动态范围小，所以性能不如外置功放。外置功放可使信号动态范围增大，输出功率增大，同时其抗干扰能力强。

按照不同的用途，功放大致可以分为以下几类。

① 专门为驱动低音喇叭设计的功放：内置次声滤波器，省去了外接滤波器。

② 带均衡器的功放：可因个人喜好或不同的车厢空间调校音色。

③ 5 声道功放：通常使用 2 声道或 4 声道的功放来驱动前、后喇叭，低音喇叭则由另一只功放来推动，这样占用空间太大；而使用 5 声道功放只要一个就能解决问题了。

④ 多片 X 卡功放：独特的 X 卡为功放提供了多种分音选择，包括高通、低通、带通，甚至是超音频的滤波器。

⑤ 电子分音器模块式功放：这些控制模块可让用户选定某一种信号到功放以及其到功放的 RCA 输出，选定所需要的频率及分音点。通过更换模块，可以使一个功放变成多样化的功放使用。

（3）喇叭。

喇叭将功放输出的声音还原，音响音质的好坏直接由喇叭来表现。最好的主机和功放如果没有品质良好的喇叭与其配套就不可能得到良好的收听效果。喇叭按照作用可分为全音喇叭、高音喇叭、中音喇叭、低音喇叭、超低音喇叭等。全音喇叭可以重放各个频率范围的声音，但效果不是很好；高音、中音、低音喇叭只重放相应频率范围的声音，但效果好。

（4）其他设备。

为得到更好的音质，可以在汽车音响中加装均衡器、声音处理器、电子分频器等，同时对音响线路加装电源分配器、保险装置。此外，高品质线材对音响的效果也至关重要，应尽量选用 4AWG 的线材。

3. 汽车音响系统的选用

（1）音源的选用。

若想达到高质量的音响效果，首先要从音源入手。磁带机频响窄、噪声大，所以不必考虑使用。VCD 机音质不如 CD 好，所以 CD 机或 MD 机是首选的对象。选择 CD 机时应注意选用对信号无任何修饰的机型，即通常所说的"原汁原味"，因为做了修饰的信号不是原来的信号，而是已经产生畸变的，所以播放出的信号会理想化。有些人在选择汽车音响方面有误区，即喜欢带有曲线和彩色图案面板的音响，这种面板从视觉上给人一种眼花缭乱的感觉，尤其是在夜晚很容易影响视线，况且也破坏了仪表板的整体美观，所以最好不要选择这种汽车音响。主机最好选用前置输出电平高的，一般选用 2～4 V，这样可提高信噪比。此外，主机的频率特性要宽，收音灵敏度要高，且选择性要好。

(2) 功率放大器的运用。

音响系统中要加入功率放大器。目前音响主机输出功率在 4×25 W 至 4×40 W 之间，小轿车多采用 12 V 直流电压供电。在低电压供电的条件下，交流信号动态范围小，因此输出大信号时易产生削波失真，这种情况表现出来的现象就是扬声器的声音发硬、底气不足。为功放供电还可以采用逆变升压的方法，将 12 V 电压逆变升至 35～40 V，这样信号动态范围加大，从而功率增强，使扬声器发出的声音听起来丰满、底气足、富有弹性。使用逆变升压方法的另一个好处是当电源电压波动时，功率放大器这个电源电路就会自动调整电压，从而保证输出功率的稳定性。选购功率放大器时首先要看品牌，不能只看外观和技术参数。选择指标主要看输出功率、频率响应、输出阻抗等。现在市面上有些价格低廉的功率放大器，表面看起来体积大、标称功率高，实际上内在质量差、偷工减料，不能保证良好的音质和稳定的功率输出，所以在购买时最好找专业店和名牌产品。如果不知道功率放大器的性能，可以简单地从以下几方面考核：

① 在通电后无信号输入时，听一听功率放大器的输出是否有静态噪声；
② 电源电压在 11～14 V 时是否有稳定的功率输出；
③ 频响指标是否达到规定值；
④ 标称功率是否与实际相符合；
⑤ 自身抗干扰性能如何；
⑥ 散热是否良好。

此外，功率放大器还要与扬声器匹配才行，这主要应考虑扬声器的功率和灵敏度。同样功率的两种扬声器，用同样的功率放大器推动，效果有时不一样，这是因为扬声器灵敏度不一样。扬声器灵敏度低的，也就是说较"沉"或功率不易被推动，对于这类扬声器要用试验和试听来选定功率放大器，否则应让专家来推荐。

电路中应加入电子分频器，它的作用是把频率分割成几段，再通过功率放大器分别进行放大，每一个频率范围都有一个固定的放大器，这就在系统调整上具有很大的灵活性，就像每个喇叭电平和分频器频率能够被独立调整一样，使每一频段能充分发挥其特点。有的功率放大器在内部设计了可更换的电子模块来完成分频的作用。

(3) 扬声器的选用。

在选择扬声器时应注意与功率放大器相匹配，主要考虑的指标是：瞬间最大输入功率、频率特性、直径、阻抗、灵敏度等。在汽车前面最好选用套装（即高音、中低音分开）的方法，一般在一个 4～6 寸的中音喇叭的基础上增加一个 1～2 寸的小高音喇叭，这样方便声场定位。因为高音有指向性，所以高音安装的最佳位置应与人耳平行，后面扬声器则尽量选择直径大、低音特性好的，这样整体声音才能显得丰满。现在市面上扬声器品牌繁多，以次充好者和假冒产品不少，有些商店为了吸引客户，使用低档的产品，组成低廉的音响系统，这样很难保证质量和使用寿命。所以，要买名牌产品，它们都有产地和网址，可以先做调查确认后再购买。

扬声器的音盆材料多用聚丙烯，这是由丙烯合成的高强度热塑性树脂。聚丙烯具有优秀的抗湿性、耐油性和抗溶性，而且耐热性能极为卓越，十分强韧，即使受到功率猝发，也经得起大音量通过；同时具有高灵敏度，通过适当的阻尼效应，展现出清晰而精细的音乐神韵。扬声器的音圈多使用耐热性好的聚酰亚铵，聚酰亚铵是大功率扬声器音圈筒管的理想材料。扬声器的盆边多使用天然橡胶的皮边，能防止畸形和疲劳。

（4）超低音喇叭的选用。

汽车行驶中路面噪声以及汽车内部结构条件常常使低音效果受到削弱，安装适当的高性能超低音扬声器可以很理想地解决这个问题，从而保持自然的音调平衡，听起来富有深度、广度，并且清晰纯净。

超低音喇叭有箱式、筒式，它是利用汽车整个行李箱为围蔽，设计出能重现丰满的低音及大声压级（SPL）的。但是，不是每个人的汽车都有地方摆放音箱，一些人采用吊装方法，把后备箱作为低音箱体。适当的结构设计技术将会使音箱无缝隙，以保证低音喇叭的良好特性。

对于设计合适的超低音箱，计算是非常必要的，这里重点介绍密封式音箱。密封式音箱是把低音喇叭装在密封式箱里，空气的密度决定了喇叭的特性，音箱后部的空气强度影响着喇叭的余音，使用在密封箱里喇叭会有很远的传播距离和松散的余音，这就使喇叭的声音即使在空气密度相当紧凑的环境当中也同样能增加一定量的阻尼系数，尤其对于多种纤维或玻璃纤维绝缘材料是必须的，这将有助于使音箱内的压力和强度均匀，从低音系统来的声音在中功率转向高功率的这段尤其连贯且准确。这种设计，其音质对古典乐、爵士乐和现代音乐所起的作用是最好的。

（5）其他。

电瓶装头要采用合金制造表层镀金，电源线选用耐酸和抗氧化材料，通过的电流数值要选择符合需要的器材，信号线应使用双层屏蔽电导率高的。此外，为了车辆的安全要在电瓶电源线的输出端加装防水保险。

这样，一套音响系统就组合完成了，如果能注意上述的每个环节，相信就能选配一套理想的音响。

目前市面上的主流音响品牌包括阿尔派、索尼、松下、健伍、歌乐、JVC、MBQ。另外德国蓝宝、美国雷霆、来福、麦锦图也是较受欢迎的品牌。不能用哪种音响最好来评价各品牌，因为不同的音响有着不同的风格和特色，只能说车主喜好哪一类，或者说哪一种音响适合车主的欣赏品位。而且为市场推广考虑，这些品牌音响都预备了高、中、低三个档次和价位供消费者选择。一般来说，1 000～1 500元的音响改装算是初入门的级别，2 000～5 000元的改装则应该算是中低级别，6 000～8 000元的配置属中高级别，而8 000元以上，甚至万元以上的配置就是"发烧"级别了。花费8 000～20 000元改装音响的车主最为普遍,而2～5万元之间的音响发烧友虽不是主流却也不乏其人。

4. 汽车音响的搭配方式

(1) 主机+4喇叭(如图4-2所示)。这种方式利用主机内的内置功放,效果不是很好。

(2) 主机+四声道功放+4喇叭(如图4-3所示)。这是一种较传统的搭配方式,适合欣赏柔和的音乐。

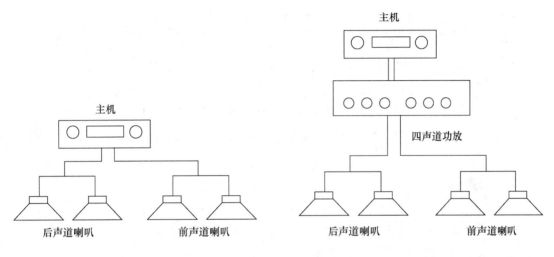

图4-2　主机+4喇叭　　　　　　　图4-3　主机+四声道功放+4喇叭

(3) 主机+四声道功放+二声道功放+4喇叭+超低音喇叭(如图4-4所示)。这是一种"发烧级"搭配方式,可以达到音质纤细、音场宽广的效果,适合于喜欢爵士乐、摇滚乐等具有震撼力音乐的人群。

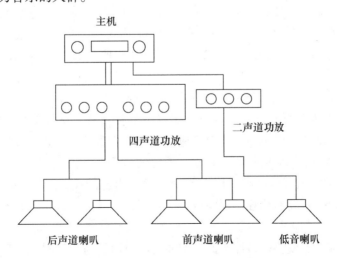

图4-4　主机+四声道功放+二声道功放+4喇叭+超低音喇叭

(4) 主机+四声道功放+4喇叭+超低音喇叭（如图4-5所示）。前场音响功放推动，辅助音响主机推动，可达到第三种搭配方式的效果，且其成本低。

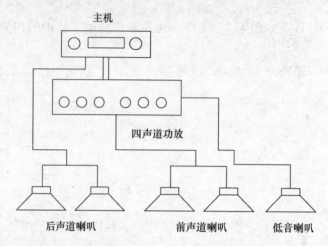

图4-5　主机+四声道功放+4喇叭+超低音喇叭

5. 安装和调试

选择好音响后就进入安装环节了，在整个音响系统改装的过程中，安装和调试是非常关键的一步。即使是一款非常优秀的音响系统，如果安装得不合理，其效果将大打折扣。通常在音响的安装过程中主要应注意以下几点。

（1）布线工艺。

① 安全性：所有线材一定要具有阻燃性。主机与功率放大器的连接信号线最好选用全屏蔽信号线。扬声器连接线应选用截面积1mm^{2}以上的专用线材。功率放大器的电源线要足够粗，以保证大电流的顺利安全通过，保证大电流时有足够小的压降。电源线要穿过铁皮时，要做双重绝缘处理；电源线在发动机旁边的部分，应套上阻燃套管，这样既好看又安全。另外，所有电器应有电源保险装置，以确保整个汽车电路的使用安全。

② 抗干扰性：扬声器所用的音响线应远离汽车喇叭线和主电源线，如不可避免离上述线路靠近时，不应与其走向相同，而应与其垂直。尤其是信号线的走向，更要讲究防干扰布线。主机与碟盒、主机与功率放大器的线路走向更应该严格一些。

③ 各种线路的连接点应连接牢固，最好采用焊接方式，这种连接方式可以将电源损失和信号损失减到最小。电源线与安装头应用30A以上的线鼻子连接。电源线、喇叭音响线与功率放大器的连接端应进行刷锡处理，或用线鼻子连接。

④ 由于汽车电源大部分都是采用12V负搭铁单电源的设计，因此汽车音响部分的电源及各个分支部分一定要有单独的保险设计。否则，一旦电源短路后果不堪设想。

（2）装饰工艺。

装饰工艺标准一般就要保持原车的一切原貌，对增加的装饰部分，要与原车的风格保持一致。例如门饰板包皮革，就要与车内的颜色相协调，其他的地方也一样。值得一提的是，美国风格的汽车音响的装饰将是另一种结果，它的音乐风格是高音和低音更强一些，也就是说重金属和低音比较强，音乐的色彩比较丰富，这也就决定了其装饰风格的多样性，色彩使用的大胆和色差的对比强烈就成为其装饰风格的特点，同时其装饰的细致程度要求很高。

（3）扬声器安装。

安装扬声器主要应该注意以下几点。

① 仪表台上的喇叭不能有太大的振动，在声压较大时在仪表台上最好没有用手可感触到的共振。

② 侧门上的喇叭安装要加密封减振垫并做一些相应的减小振动的处理。

③ 后备箱板上要安装喇叭，最好增加密度板以减小其共振。

④ 对于超重低音箱，由于其喇叭的直径都大于 200 mm，也就是 8 寸以上，因此其制作箱体的密度板应在 15 mm 的厚度以上，而且在箱体内装有适量的阻尼吸音材料，如吸音棉、海绵、泡沫塑料等。对于为各车型而制作的异型低音箱，最好在选择时观察一下在大音量时，箱体是否有比较大的振动，如果振动较大，那么建议最好还是不选择这种漂亮的箱体。

⑤ 不要将四个扬声器的方向和正/负极接错，不要将扬声器左/右声道交叉相接。

⑥ 不要将主机上的扬声器输出线与电源正极相碰，不要将扬声器接线搭铁。

（4）声音的调试。

由于目前还没有统一的标准，汽车音响安装的效果如何，只有靠个人的比较来判别。一般可以从以下几个方面来调试。

① 汽车启动后，按汽车喇叭，看一下音响扬声器是否存在干扰，如有干扰，那就需要进行调整。

② 加大油门，检查一下发动机和发电机对音响扬声器是否存在干扰，如有干扰，则需要进行调整。

③ 要检查一下大声压（也就是大音量）时，扬声器的安装是否牢固。

④ 对于音质效果，可以用专用试音盘或专用相位测试仪。真正的好音响应该是音量大时也不失真，而且声音通透，层次感好，低音实而不散。由于一般音乐 CD 盘对于缺乏经验的人来讲是不容易进行判断的，故可以请专业的人士帮助进行判别。

4.1.2 车载 VCD/DVD 影音系统

1. 车载 VCD 系统

近年来，随着影碟业的迅猛发展，大众在满足听觉的同时，又有了对视觉欣赏的要求。在堵车、等人或在长途客车上，欣赏 VCD 会使时间在不知不觉中过去。然而，在汽车音响的品牌机里 VCD 很少见，一般需要在 CD 机上加入解码器使 CD 机成为 VCD 机。

CD 机的解码器过程为：CD 机的 DSP（数字处理器）只能解读 CD 的 RF 信号，在 RF 信号进入原机 DSP 前将它截取送入解码器，经 DSP 处理进入解码芯片解读，将声音和图像信号分离，再分别输出，就完成了解码过程。

解码器主要有外置解码器和内置解码器两大类。外置解码器是独立于 CD 外存在的器件，有自己的外壳，独立的电源供给设备，其性能稳定、散热性好。内置解码器是嵌入

CD 机内剩余空间的器件，电源靠 CD 机内供给，它可以和 CD 机合为一体，节省空间并且接线简单，价格也比外置解码器便宜。

2. 车载 DVD 系统

为爱车加装了影像设备，不光可以听音乐，还可以看电影、看电视、听广播，出门旅行时，可供后排的家人和朋友观看喜爱的电视，给有车生活平添了许多乐趣。车载 DVD 是安装在汽车内为车内乘坐人员提供影音娱乐的多媒体播放系统。以卡仕达的车载 DVD 为例，一般除了播放 DVD 格式影碟外，还支持 VCD／MP3／WMA／MP4／Divx／CD／CDR／CDRW／JPEG 等格式的影音文件和碟片，有的还支持 SD、USB、IPOD 等。

根据安装在车内的位置，车载 DVD 可分为挡阳板式 DVD（显示屏在车内遮阳板上）、吸顶式 DVD（悬置于车顶部）、头枕式 DVD（安装在前坐椅靠背上）和单锭双锭式 DVD 等。同时，一些车载影音设备与 GPS 导航系统、后视摄像系统、仪表显示系统等系统结合起来，功能得到了极大的扩展。如图 4-6 所示即为一种车载 DVD 系统。

图 4-6　车载 DVD 系统

（1）车载 DVD 影音系统的选择。

如果从价格和性能上选择车载 DVD 影音系统，目前中高档车载 DVD 系统几乎都被国外品牌占据，国产品牌繁杂，质量上良莠不齐。

如果以显示器性能为依据选择车载 DVD 影音系统，目前车载 DVD 系统都是使用的 LCD 液晶显示屏，它有两种类型，即伪彩和真彩，真彩模式的显示屏色彩鲜艳逼真，视角宽；相反，伪彩模式则视角窄，画面暗淡。

加装了 DVD 的车辆会给人一种"豪华"车的感觉，DVD 影音播放系统的显示屏分为折叠式、悬挂式、坐椅枕头式，每个价值几千元。

（2）车载 DVD 影音系统的安装。

一般来说，车载 DVD 影音系统在安装时有两种方法。

一是把原车的音响系统拆下，把成套的产品安装在车上，把主机和显示屏都装在原先的位置上面，这样就可以了。

另一种方法是在不改动原车音响线路的基础上加装 DVD，但播放 DVD 时要把原车的音响调节到某一个频道上；显示屏可以选装在遮阳板上，还可以加装在车顶。

4.2　汽车空调系统装饰

汽车空调是汽车现代化的重要标志，它能够调节汽车车厢内的温度和湿度，调节气流，并对空气进行净化，以使驾驶员和乘客感到舒适。另外，汽车空调还能去除车窗玻璃上的霜、雾和冰雪，给驾驶员提供清晰的视野，以确保行车安全。

1. 汽车空调的类型和基本组成

（1）汽车空调的类型。

① 按驱动方式分，汽车空调可分独立式空调、非独立式空调两类。

独立式空调使用专用空调发动机来驱动制冷压缩机，制冷性能不受汽车发动机工作状况的影响，制冷量大，工作稳定，但其成本高，体积及质量大，为此多用于大、中型客车上。

非独立式空调由汽车发动机直接驱动制冷压缩机，制冷性能受汽车发动机工作的影响，工作稳定性较差，低速时制冷量不足，高速时制冷量过量，且影响汽车发动机的动力性，为此多用于小型客车和轿车上。

② 按功能的不同，汽车空调可分为单一功能型、冷暖一体型两种。

单一功能型空调是将制冷系统、供暖系统、通风系统各自安装、单独操作，互不干涉，多用于大型客车和载货汽车上。

冷暖一体型空调是制冷、供暖和通风共用一台风机及一个风道，冷风、暖风和通风在同一控制板上进行控制。工作时又可分为冷、暖风分别工作的组合式和冷、暖风可同时工作的混合调湿式两种。混合调湿式结构紧凑，易调温，操作方便，多用于轿车上。

③ 按空调系统的控制方式不同，可将之分为手动调节、电控气动自动调节、全自动调节和微型计算机控制的全自动调节。

手动调节是依靠驾驶员按动控制板的功能键完成对温度、风向、风速的控制。

电控气动自动调节是利用真空控制系统，当选好空调功能键时，就能在预定温度内自动控制温度和风量。

全自动调节是利用计算比较电路，通过对传感器信号和预调信号的处理、计算、比较，输出不同的电信号来使控制机构工作，以调节温度和风机转速。

微型计算机控制的全自动调节是以微型计算机为控制中心，实现车内空气环境全季节、全方位、多功能的最佳调节和控制。

（2）汽车空调的基本组成。

汽车空调系统一般包括制冷系统、加热系统、通风系统和控制操纵系统，有些豪华型客车和轿车上还装有专门的空气净化装置。

① 制冷系统。目前汽车上所采用的制冷方式几乎都是蒸气压缩式，利用制冷剂蒸发时吸收热量，降低车内温度。作为冷源的蒸发器，因其温度低于空气的露点温度，因此，制冷系统还具有除湿和净化空气的作用。

② 加热系统。轿车的加热系统一般采用冷却水加热，将发动机的冷却水引入车厢内加热器中，通过鼓风机将被加热的空气吹入车内，即暖风。同时加热系统还可以对前挡风玻璃进行除霜、除雾。

③ 通风系统。通风一般分为自然通风和强制通风。自然通风是利用汽车行驶时在车外所产生的风压不同，在适当的地方开设进风口和出风口来实现通风换气。强制通风是采用鼓风机强制车外空气进入的方式，这种方式在汽车行驶时常与自然通风一起工作。在通

风系统中主要有空气处理室、送风道及风门等部件。

④ 控制操纵系统。控制操纵系统主要由电气元件、真空管路和操纵机构组成。该系统一方面用以对制冷和加热系统的温度、压力进行控制，另一方面对车内空气的温度、风量、流向进行操纵，完善空调装置的各项功能。如果在控制操纵系统中加装一些特殊的自动控制元件，可实现自动控制。

2. 汽车空调制冷系统

汽车空调制冷系统是通过制冷工作介质在系统内流动，由制冷工作介质的液态和气态转换过程来将车内的热量传递到车外，达到车内降温的目的。

（1）汽车空调制冷系统的组成。

汽车空调制冷装置由压缩机、冷凝器、储液干燥器或积累器、膨胀阀或膨胀管、蒸发器和电气控制系统等组成。

如图4-7所示是装有膨胀阀的制冷装置。压缩机是制冷装置的核心，连接蒸发器和冷凝器；膨胀阀装在液体管路上的蒸发器进口处，使用储液干燥器的系统必须把储液干燥器放在冷凝器和膨胀阀之间。高压软管用于连接压缩机和冷凝器，液体管路用于连接冷凝器和蒸发器，回气管路用于连接蒸发器和压缩机。

（2）汽车空调制冷系统的工作原理。

汽车空调制冷系统是由制冷剂和压缩机、冷凝器、膨胀阀、蒸发器四大机件来完成制冷过程的。如图4-7和图4-8所示，制冷循环由以下四个变化过程组成。

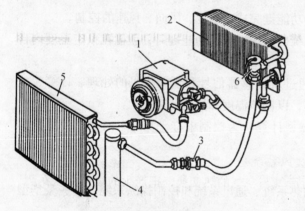

图4-7 汽车空调制冷装置
1—压缩机；2—蒸发器；3—高压阀；
4—储液干燥器；5—冷凝器；6—膨胀阀

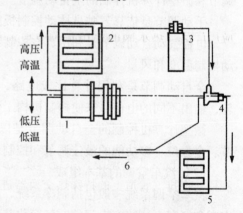

图4-8 制冷循环示意图
1—压缩机；2—冷凝器；3—储液干燥器；
4—低压开关；5—蒸发器；6—鼓风机

① 压缩过程。压缩机将蒸发器低压侧温度约为0℃、气压约0.15 MPa的低温低压气态制冷剂增压成高温约70～80℃、高压约1.5 MPa的气态制冷剂。高压高温的过热制冷剂气体被送往冷凝器冷却降温。

② 冷凝过程。过热气态制冷剂从冷凝器的入口通过冷凝器散热冷凝为液态制冷剂，使制冷剂的状态发生了变化。冷凝过程的后期，制冷剂为中温、约1.0～1.2 MPa的过冷液体。

③ 膨胀过程。冷凝后的液态制冷剂经过膨胀阀后体积变大，其压力和温度急剧下降，变成低温约-5℃、低压约0.15 MPa的湿蒸气，以便进入蒸发器中迅速吸热蒸发。在膨胀

过程中同时进行节流控制，以便供给蒸发器所需的制冷剂，从而达到控制温度的目的。

④ 蒸发过程。液态制冷剂通过膨胀阀变为低温、低压的湿蒸气，流经蒸发器不断吸热汽化转变成压力约 0.15 MPa、低温约 0℃ 的气态制冷剂，吸收车室中空气的热量。从蒸发器流出的气态制冷剂又被吸入压缩机增压后泵入冷凝器冷凝，进行制冷循环。

制冷循环就是利用有限的制冷剂在封闭的制冷系统中，反复地将制冷剂压缩、冷凝、膨胀、蒸发，不断在蒸发器处吸热汽化，从而对车内空气进行制冷降温。

制冷剂在制冷循环中通过膨胀、蒸发吸收热量，从而达到制冷的目的。为了达到良好的制冷效果，制冷剂应满足以下条件：易于汽化或蒸发；蒸发潜热大；性能稳定，不易燃，不爆炸，反复使用不变质；不腐蚀制冷系统零部件；蒸发压力高于大气压。现代的制冷剂 R-134a 已代替了含有氟利昂的 R12。

3. 汽车空调暖风系统

暖风装置是将空气送入热交换器（又称加热器），吸收某种热源的热量，以提高空气温度的装置。一般按所使用的热源可将暖风系统分为：水暖式、废气式、燃烧式和综合预热式四类。

（1）水暖式空调暖风系统。水暖式暖风系统的热源是发动机的冷却液，采暖时（如4-9 所示）冷却水通过热水阀流入暖风系统中的热交换器，然后再流回水泵；送入热交换器中的车外或车内空气，与已变为热水的发动机冷却水进行热交换，空气被加热成为暖风。这种装置经济、可靠，应用广泛。热水阀的作用是调节所需的热水流量，对热水流量进行控制可以调节通过热交换器的空气温度。这种暖风系统中进入热交换器的冷却水最大流量主要是由冷却系统的水泵转速来决定的，如果水泵由发动机驱动，则采暖能力会受到发动机转速的影响。

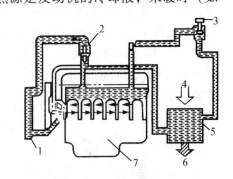

图 4-9　水暖式暖风系统
1—放水阀；2—节温器；3—感温器；4—冷空气；5—散热器；6—加热空气；7—机体水套

（2）废气式空调暖风系统。废气式暖风系统是利用装在排气管道上的特殊热交换器进行废气与空气的热交换，把产生的暖风吹入车内，供采暖与除霜之用，多用于风冷式发动机的汽车上。这种废气式暖风装置的热交换器效率很低，结构复杂，体积较大，车速及负荷的变化对采暖效果影响极为显著，因此暖风温度变化很大；又因存在对排气的阻力而影响发动机性能，并要求绝对不允许废气渗入暖风中去，因此逐渐被淘汰。

（3）燃烧式空调暖风系统。燃烧式暖风系统的采暖方式不是利用汽车发动机的废热，而是专门用汽油、煤油、柴油等做燃料在燃烧装置中燃烧产生热量，利用空气与燃烧装置进行热交换，使空气升温。此种暖风装置的优点是不受汽车使用情况的影响，而且采暖迅速；缺点是需要复杂的燃烧装置、送风管装置，还要消耗燃料。燃烧式暖风系统一般用于大型客车上或用于严寒地区只靠冷却水热量还不足以采暖的轿车上。

（4）综合预热式空调暖风系统。综合预热式暖风系统是在通常的发动机冷却液管路上并联一条装有预热器与水暖式暖风系统的管路,并在预热器入口与发动机之间的管路上装水泵,当水温升到或降到某一值时,预热器会自动中断或重新工作。综合预热式暖风系统提高了发动机的启动性,改善了发动机的冷却状况,延长了发动机的使用寿命。这种装置暖风柔和,成本较低,很有发展前途。

4.3 车载通信与导航设备

汽车通信与导航系统可以为驾驶员、乘员提供与汽车外部进行交流的通道,使驾驶员了解车辆、道路和交通等信息,从而提高了汽车的现代化和自动化程度,增强了汽车的安全性和适用性。

4.3.1 车载电话

移动电话给人们的生活带来极大便利,但司机在驾驶汽车行进过程中用手机通话会成为不安全因素。实验证明,开车接打手机会导致驾车者注意力下降20%,如果通话内容重要,则驾车者注意力甚至会下降37%。国内研究也表明,行车中用手机拨号和通话时,发生事故的概率高达27.3%,是正常行车风险的4倍。世界上不少国家制定了严禁司机驾车时用手机通话的规定,我国也有相关法律限制司机驾驶时使用手机。正因为如此,车载电话系统得到了汽车生产厂商、通信设备生产商和广大车主的重视,发展迅速。目前,国内主要汽车生产厂商已经在其生产的主要车型上部分安装了车载电话系统,例如奥迪A6全系列、宝来1.8T和豪华型、帕萨特2.8V6、君威及风神蓝鸟等。

1. 车载电话的作用

(1) 车载电话具有声控免提功能,避免了开车打手机造成的危险;

(2) 车载电话有DPS数字系统,可以过滤杂音,使语音更清晰,避免了驾车者注意力下降,从而降低了撞车危险;

(3) 车载电话的天线是放在汽车外面的,在汽车内没有电子信号辐射,对人体很安全;

(4) 由于车内无电子辐射信号,所以不会对车内的精密仪器,如ABS系统、气囊等产生干扰。

车载电话还可以延伸出很多功能,例如多方通话,语音和数据切换,若加上传真机或者电脑,就可以成为移动办公室。因此,车载电话是符合未来人类商业活动以及生活形态的产品。

2. 车载电话的分类

车载电话可以分为车载蜂窝电话和车载手机免提电话两类。

(1) 车载蜂窝电话(如图4-10所示)。

图4-10 车载蜂窝电话

车载蜂窝电话固定安装在车辆上,可以随车移动,它与交换台之间依靠无线电联系。为了有效利用无线电波,增加用户容量,必须利用相同频率的无线电波。为此,将通信区域划分为一个个小区,每个小区建立覆盖整个区域的基站,相邻小区的边缘存在重叠区。这样,当汽车行驶在这些区域时,通过信号的相互转换就可以保证通信不中断。

车载蜂窝电话的主要设备包括无线电发射/接收机、电话机和天线,一般用于高档商务车上,应用不如车载手机免提电话广泛。

(2) 车载手机免提电话。

车载手机免提电话是用手机作为通话器,配以声控系统,实现免提功能的车载电话。与车载蜂窝电话相比,其结构简单,安装方便,成本低廉,是目前汽车通信的主流。

3. 车载手机免提电话

(1) 低档的车载免提装置。

低档的车载免提装置使用点烟器直插式作为电源,采集声音信号并通过扬声器放大,安装简易。其最大的缺点是可听辨程度及音质都较差。使用者宜用快速记忆拨号,否则输入拨号极为危险。目前市场上此类车载免提装置比较多见,价格在300元左右,如图4-11所示。

(2) 车载电话系统。

车载电话系统可与驾车者自有手机匹配,装置采用固定接驳电源,一般包括外置天线、分体式麦克风,备有接驳收音机设备,当使用电话时能自动触动收音机静音。此种装置由于具有数字信号处理技术,通话质量好,具有声控功能,使用方便。还有一些先进的车载电话系统采用蓝牙技术,免提系统可以与进入车内的蓝牙手机形成小范围的无线局域网。蓝牙手机可以放在车上以免提系统为圆心的10 m范围以内的任何一个地方,只要操作免提系统即可在开车时顺利地接打电话。

图4-12是奥迪A6车载电话系统的结构示意图,该系统具有以下特点:

图4-11 车载免提装置

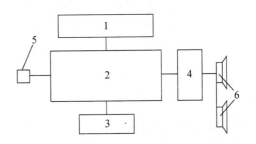

图4-12 Audi A6车载电话系统结构图

1-适配器(含螺旋导线的适配器可后装);2-电话电控单元(接口);
3-天线;4-收音机;5-电话免提麦克风;6-收音机扬声器

① 通过置于车内部的免提麦克风和收音机的扬声器实现电话的车内免提通话；

② 无论收音机是否打开或是否播放音乐，来电话则自动静音并切换至电话模式；

③ 利用车内既有的集成外接天线接口，将电磁辐射导向车外，消除了电磁辐射对人体的危害；

④ 通过接通耳机或将适配器从支架上取下，可实现私人通话模式；

⑤ 手机自动充电，自动开机，自动设置手机的通话模式。

（3）车载插卡电话。

这是同时具有普通车载电话功能和免提声控功能的高档车载电话，售价 6 000 元至 1 万元，市场上的摩托罗拉 2700 型车载电话，就属于这种。它可装两个 SIM 卡，使用户可以选择不同的使用方式，其大功率的设计，大大提高了通信范围和质量。车载插卡电话具有手机所具有的所有功能，而且操作简便，可满足不同用户的需求，真正为用户建立了一个移动的办公室。

4.3.2 车载 GPS

全球定位系统（Global Position System，简称 GPS）对于大家来说早已耳熟能详，是近年来开发的最具开创意义的高新技术之一。由于 GPS 是一种全球性、全天候、连续的卫星无线电导航系统，可提供实时的三维坐标、三维速度和高精度的时间信息，且其具有定位精度高、速度快、不受遮挡干扰等优点，故其应用几乎遍及国民经济各个领域。GPS 车载导航系统是 GPS 应用的一个主要领域，是伴随着 GPS 系统的发展而出现的。GPS 技术的成熟给车载导航系统的发展注入了活力，如图 4-13 所示是某款专业车载 GPS 的效果图。

图 4-13　某款专业车载 GPS 的效果图

我国整体经济的飞速发展加速了城市道路和城际公路网的建设，公路星罗棋布，给人们的驾车出行带来一定困难；汽车保有量的增长给城市交通带来了巨大的压力，交通拥堵成为制约城市和经济发展的瓶颈；物流运输网络的日益延伸，给驾驶员造成一定难度。导航对驾驶员来说是十分有必要的，可以避免很多弯路，在最短的时间内到达目的地，从而提高效率，降低成本。采用车载导航系统，并结合智能交通，可以对现有道路的通行能力进行最佳调配。同时，由于 GPS 系统可以对汽车进行精确定位，当汽车被盗窃、劫持时，车辆监控中心还可以对汽进行远程控制和精确定位,及时追踪和营救。车载 GPS 的工作过程如图 4-14 所示。

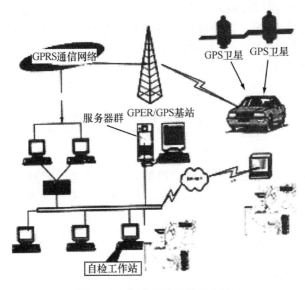

图 4-14　车载 GPS 工作示意图

由于 GPS 提供的是 3 维空间大地坐标,而导航需要 2 维平面坐标及其在地图上的相对位置,这样以数字地图、GIS 和 GPS 为基础的计算机智能导航技术便应运而生。智能导航系统以计算机信息为基础,能自动接收和处理 GPS 信息,并显示载体在电子地图上的精确位置,同时可按最佳路径引导载体航行的技术系统。由于智能导航系统以计算机为基础,吸收了 RS 快速采集数据、GPS 高定位精度、数字制图和 GIS 空间分析与查询等技术的最新成果,从而极大地提高了其自动导航能力和实用价值。

GPS 自主导航系统的组成和功能如下。

(1) 城市道路地理信息系统采用 1∶10 000 的地图作底图,进行道路矢量化和地名注记,新修道路采用 GPS 实测方法增补和更新;农村道路采用 1∶150 000 地图作底图。

(2) 2 秒钟内产生一条最佳行驶路线和次佳行驶路线。

(3) GPS 实时定位精度为 20～25 m(加地图匹配技术)。

(4) 在道路的交叉口前 20 m 左右,准确地用语言提示司机左转或右转,目的地前 20 m 左右提示司机快要到达目的地。

(5) GPS 信号中断时,采用计程仪和后车轮转速差进行位置推算定位,推算误差为 3%。

(6) 沿途可进行多种信息查询,包括单位、旅游点、交通信息等。

如图 4-15 所示为美国 Garmin 公司生产的 StreetPilot Ⅲ 车载 GPS 导航仪,安装只需将地图下载到移动存储卡内,再将该设备固定到仪表板

图 4-15　StreetPilot Ⅲ 车载导航仪

上即可。从数字地图中预置的数千个地标当中挑出想去的地方，只要按照语音提示去做就行了，Garmin 公司声称其精度在 9m 以内。

在行驶过程中，StreetPilot Ⅲ 车载导航仪不断地提醒下一个该转向的地方，如果转向错误，它还会重新计算行驶路线。驾驶员可以在液晶显示屏上看到第一个转向指示，还可以存储自己所需的路线。

4.4 车载信息显示系统

汽车信息显示系统可以对汽车和发动机的工作状况进行监测，并显示车辆的运行情况，以使驾驶员采取必要措施保证车辆行驶安全。本书只介绍汽车信息显示系统的基本组成和显示内容。

1. 汽车信息显示系统的基本组成

汽车信息显示系统主要由传感器、信号转换器、微处理器、电子仪表及显示器等组成。

汽车信息显示系统通过传感器获得汽车信息，其输出信号经信号转换器转换成数码后，由信号转换开关送往微处理器，经微处理器处理后，再以数码或开关信号的形式，经信号分离开关输出，以驱动显示装置。

电子仪表主要包括车速里程表、发动机转速表、燃油表、油压表和水温表等。

现代汽车采用的显示器可分为发光型和非发光型两种。发光型显示器自身发光，容易获得鲜艳的流行色显示；非发光型显示器依靠反射环境光显示。发光型显示器主要包括发光二极管、真空荧光管、阴极射线管、等离子显示器和电致发光显示器等，非发光型显示器包括液晶显示器和电致变色显示器等。

2. 汽车信息显示系统的显示内容

汽车信息显示的内容主要包括汽车工作信息显示和汽车安全信息显示。

（1）汽车工作信息显示。

① 车速里程显示。显示汽车行驶速度和已行驶里程。

② 发动机转速显示。显示当前发动机的转速，单位是千转/分。

③ 燃油箱油量显示。显示汽车燃油箱内燃油的剩余量。

④ 发动机润滑油压力显示。在发动机工作时，随发动机温度、转速的变化，油道中机油压力变化，但只要指针在正常范围内摆动均属正常。如果压力过低，机油故障警示灯亮起，表明发动机润滑系统发生故障。

⑤ 发动机冷却水温度显示。当水温表显示温度到达红色区域，即说明冷却水温度过高，警示灯亮起，发动机冷却系统发生故障。

⑥ 电压显示。当发动机点火开关闭合，但发动机尚未启动时，充电系统警示灯亮起，然后熄灭，告诉驾驶员该系统功能正常，此时电压表指示的电压为蓄电池的电压。发动机启动后，电压表显示充电系统的状况，如果电压表的指针处于红色警示区内或充电系统警

示灯亮,则表示充电系统发生故障。

⑦ 制动系统故障显示。大部分汽车的制动系统都采用独立式双回路制动系统,以保证一个回路发生故障时,另外一个回路仍能使汽车具有一定的制动能力,保证行车安全。制动警示灯反映制动系统的状态,若亮起,则表示制动系统出现故障。

⑧ 防抱死系统(ABS)工作情况显示。防抱死系统警示灯一般带"ABS"标志。当发动机刚启动时,该灯亮约几秒钟,然后熄灭,说明ABS系统功能正常。若该灯不熄灭或者该灯在汽车行驶过程中亮起,则说明ABS系统出现故障。

⑨ 安全气囊工作情况显示。安全气囊指示灯带"SRS"标记或"AIR-BAG"标记,正常情况下,发动机刚启动时,该灯亮几秒钟,然后熄灭,表示安全气囊系统自检正常。若该灯不熄灭或者该灯在汽车行驶过程中亮起,说明安全气囊系统故障。

(2)汽车安全信息显示。

汽车安全信息显示装置一般安装在汽车尾部,采用汉字和符号向后面的车辆显示汽车行驶过程中的制动、转弯、倒车、超车等信息,该装置对减少交通事故、保证行车安全具有很好效果。如图4-16所示为汽车安全信息显示装置的原理框图和程序框图。

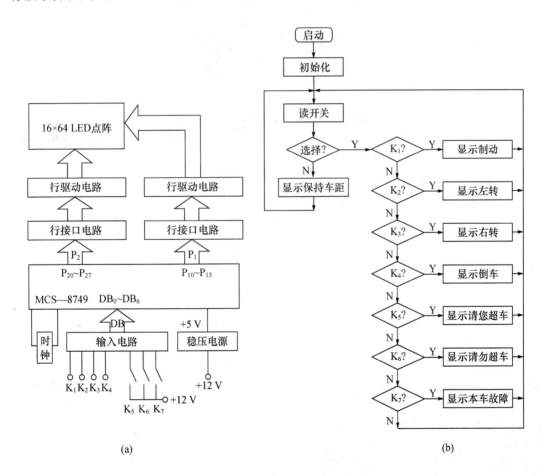

图4-16 多功能安全显示装置

(a)电路原理框图;(b)电脑程序框图

图4-16中,"K_1"为制动灯开关;"K_2"为左转向灯开关;"K_3"为右转向灯开关;"K_4"为倒车灯开关;"K_5"为超车灯开关;"K_6"为勿超车灯开关;"K_7"为故障灯开关。显示器的主要技术参数有:尺寸为 128 mm×512 mm;16×64 只 LED 排成点阵;最多显示汉字数 4 个;字高 128 mm,字宽 128 mm。显示的内容有:"请您制动"、"左转"、"右转"、"倒车"、"请您超车"、"请勿超车"、"本车故障"、"保持距离"共 8 项。

4.5 其他车载电器设备

1. 车载冰箱

车载冰箱是汽车上的一种冷藏设备,可以盛放矿泉水、可乐等饮料和水果,一般制冷的环境温度在 18 摄氏度左右,如图 4-17 所示。

图 4-17 车载冰箱

安装车载冰箱很简便,车主只需将冰箱的电源插头插在汽车的点烟器上就可以正常工作了;有的简易冰箱还不需要电源,直接用冰块就行。这些车载冰箱的市场售价最低只需七百多元,最高可达一千多元。一些冰箱还可以冷、暖两用,车主在度过了夏天后,还可以用它来热饮料。

2. 汽车氧吧

汽车氧吧(如图 4-18 所示)的工作原理是利用活性氧发生技术,运用高新技术通过高频振荡来快速生成负离子。除了消除汽车内部的空气异味外,汽车氧吧还具有消毒、杀菌、防霉和提神等功效。和传统的空气清新剂相比,汽车氧吧主要具有两个优点:一是它能彻底清除车内的有害气体,达到净化空气质量的目的;二是它产生的负离子有利于身体健康,可提高人的免疫力。

图 4-18 汽车氧吧

3. 车用饮水机

如图 4-19 所示是一种新型车用饮水机,可以提供冷/热水。其采用汽车电瓶作为电源,安装简单。欲饮热水时,轻按压敏开关,水由矿泉水瓶抽至加热箱被加热,加热完成后有声音提示,只需把水杯放到感应出水口,系统就会自动出水,使用很方便。加热后一定时间若没有放水,系统则会自动关闭,以节省能源。矿泉水瓶没有水或者系统故障时会发出警报,安全可靠。

图 4-19　车用饮水机

4.6　思　考　题

1. 汽车音响有什么特点?包含哪些部分?
2. 汽车音响有哪些搭配方式?
3. 汽车空调制冷系统的组成和工作原理是什么?
4. 车载 GPS 由哪几部分组成?它的功用是什么?

第 5 章
汽车防护、安全装饰及改装

汽车的防护、安全装饰是指在汽车行驶、倒车和停车等情况下为保护驾驶员和乘员以及车辆的安全而采取的保护措施，主要包括汽车的防盗装置、倒车雷达装置以及汽车的安全带、安全气囊装置。所谓汽车防护，就是在汽车上安装必要的防护及示警装置，通过它们最大限度地为汽车和乘员提供预防性保护。自汽车成为大众商品以来，消费者为了追求自己独特的个性以及对爱车的保护，对汽车进行防护和改装就成为必然的选择。

5.1 汽车防盗装置

随着我国改革开放的不断深入，人们生活水平的不断提高，汽车越来越成为人们生活中不可缺少的一部分。随着汽车保有量的增加，全国每年发生盗车案呈上升趋势，据统计，2009年，北京市机动车被盗案发率为万分之二点九，即一万辆车中就有将近三辆被偷。盗车事件的增加给社会带来极大的不安定因素。担心车辆被盗，成为困扰每一位车主的难题。

5.1.1 汽车防盗装置的功能和分类

汽车防盗装置主要是指汽车防盗器。汽车防盗器就是一种安装在车上，用来增加盗车难度，延长盗车时间的装置，它是汽车的保护神。将防盗器与汽车电路配接在一起，就可以实现防止车辆被盗、被侵犯，保护汽车的目的。

1. 汽车防盗器的种类

汽车防盗器有诸多类型，市面上出售的防盗器按结构大致可分为三类：机械式防盗器、电子式防盗器、网络式防盗器。这些防盗器各有其优点及不足。

（1）机械式防盗器是采用金属材料制作的各种防盗器，包括转向盘锁（又称拐杖锁）、踏板锁（离合器踏板锁、制动踏板锁）、车轮锁及排挡锁等。

所谓转向盘锁，就是大家熟悉的拐杖锁，该锁在5~10秒内基本上就可以被小偷打开，或使用液压剪、激光枪不到1秒就可以解决问题。转向盘锁是一根长杆，锁在转向盘上，使其无法转动，卸下时也应考虑车内空间。这种防盗器多用于面包车、微型车。目前成为车主最爱的是排挡锁，因为此防盗系统既简便又坚固，其材质采用特殊高硬度合金钢制造，防撬、防钻、防锯，且采用同材质镍银合金锁芯和钥匙，没有原厂配备钥匙，绝对无法打开，钥匙丢失后，可使用原厂电脑卡复制钥匙。排挡式防盗器安装在手挡部位，锁定排挡，使排挡不能移动，即使启动发动机，想开走车子也是比较困难的。

机械式防盗器的优点是价格便宜，安装简便；缺点是防盗不彻底，每次拆装麻烦，不用时还要将其找地方放置。

（2）电子式防盗器是汽车防盗的中坚力量。

"电子防盗"也称微电脑防盗装置，简而言之就是给车锁加上电子识别，开锁配钥匙都需要输入十几位密码的汽车防盗方式。它是随着电子技术的进步而迅速发展起来的一种防盗方式。按类别来分，常见的主要有插片式、按键式和遥控式三种电子防盗方式。

电子防盗两个最大的卖点就在于它的密码解锁和报警声。

密码解锁根据密码发射方式的不同分为定码式和跳码式两种。定码防盗器的特点是密码量少，工作原理主要是利用密码扫描器或解截码器，通过它们接收到的空间无线电信号截取主机密码，从而通过复制解除防盗系统。现在，因为定码防盗器密码重复的几率比较大，已经基本被淘汰。跳码防盗器的工作原理则是通过在防盗工作过程中不断变化的大量密码函来使得主机能确认由车主发出的信号。它的优点就是密码量多，不容易出现重复。

在报警声中，最主要的是不要误鸣。过去的电子式防盗器在雷声和剧烈的震动、碰撞中往往会发出恼人的叫声，不但扰民，而且耗电，同时让车主焦躁不安。现在的电子式防盗器在这方面已取得了不错的进展，比如常见的科警电子防盗器一般就只有在窃贼试图剪断防盗线路的时候才会立即动作，清静了不少。

对于中高档轿车，多数安装的是电脑控制的智能型电子遥控防盗器，具有报警、发动机远距离熄火、远距离控制中央门锁等功能。在使用时，应注意停车时挡位应置于空挡。此类电子式防盗器的主要配置为：主机或探测器部分、门控部分、喇叭等。

（3）网络式防盗系统分为卫星定位跟踪系统（简称 GPS）和利用车载台（对讲机）通过中央控制定位监控系统。

GPS 利用接收卫星发射信号与地面监控设备和 GPS 信号接收机组成全球定位系统，卫星连续不断发送动态目标的三维位置、速度和时间信息，保证车辆在地球上的任何地点、任何时刻都能收到卫星发出的信号。因此，只要每辆移动车辆上安装的 GPS 车载机能正常工作，再配上相应的信号传输链路（如 GSM 移动通讯网络和电子地图），建一个专门接收和处理各个移动目标发出的报警和位置信号的监控室，就可形成一个卫星定位的移动目标监控系统。

GPS 卫星定位汽车防盗系统属于网络式防盗器，它主要是靠锁定点火或启动来达到防盗的目的，而且同时还可通过 GPS 卫星定位系统（或其他网络系统）将报警信息和报警车辆所在位置无声地传送到报警中心。

2. 电子式防盗器的功能

随着汽车防护要求的提高，车用防盗器的功能也日趋完备。目前市场上汽车电子式防盗器主要有以下一些功能。

（1）防盗报警功能。此功能是指在车主遥控锁门后，报警器即进入警戒状态。此时如有人撬门或用钥匙开门，会立即引发防盗器鸣叫报警，吓阻窃贼行窃。这也是电子式防盗器最大的卖点和争议之处，因为它发出的"哇哇"声在震慑盗贼的同时，也存在着扰民的弊端。北京和深圳等一些城市已经对电子式防盗器中的一种俗称"哇哇叫"的防盗器亮了红牌。

（2）车门未关安全提示功能。行车前车门未关妥，警示灯会连续闪烁数秒。汽车熄火遥控锁门后，若车门未关妥，车灯会不停闪烁，喇叭鸣叫，直至车门关好为止。

（3）全自动设防。若车主忘记设防，报警器将自动进入防盗警戒状态。

（4）寻车功能。车主用遥控器寻车时，喇叭断续鸣叫，同时伴有车灯闪烁提示。

（5）遥控中央门锁。当遥控器发射正确信号时，中央门锁自动开启或关闭。

（6）二次设防。设防解除后，若 30 s 内车主未开车门，则主机自动进入防盗状态。

此外，有的防盗装置还具有以下的功能。

（1）行车状态检测及控制功能。点火后车门自动落锁，熄火后车门自动开锁，车辆使用安全、方便。

(2) 静音设防与静音解除。静音设防与解除时无噪声，适合于在夜间、医院和特殊环境下使用。

　　(3) 进场维修模式。适用于汽车进场维修，遥控器无须交给维修厂，安全方便。

　　(4) 遥控发动机启动，并可预先打开空调，创造良好的室内驾车环境。

　　(5) BP机联机呼叫。主机呼叫输出可与防盗寻呼机连接，通过BP机判断是否是自己的车辆受侵。

　　(6) 振动感应器暂时关闭。遇恶劣天气但汽车处在安全环境下，使用此功能可减少误报警和噪声。

　　(7) 密码抗扫描。电脑自动判别密码正确与否，并过滤扫描器信号，杜绝扫描密码，因而可防止盗贼用扫描器扫描报警密码盗车。

　　(8) 跳码抗拷贝。每次进行设防和解除警戒时，主机及遥控器都同时更改密码，防止盗贼用无线电截码盗车。

　　随着科学技术的进步和用户要求的进一步提高，具有各种不同功能的防盗装置不断出现，具体防盗装置的功能也在不断增加。

5.1.2　遥控式汽车防盗器简介

　　遥控式汽车防盗器是随着电子技术的进步而发展起来的，是市场上推广普及最为广泛的一种。它的特点是遥控控制防盗器的全部功能，可靠方便，可带有振动侦测、门控保护及微波或红外探头等功能。随着市场对防盗器要求的不断提高，遥控式汽车防盗器还增加了许多方便使用的附加功能，如遥控中控门锁、遥控送放冷暖风、遥控电动门窗及遥控开启行李舱等功能。

　　一套完整的遥控汽车防盗器应由下面几个部分组成。

　　(1) 主机部分：它是防盗器的核心和控制中心，相当于人的大脑。

　　(2) 感应侦测部分：它由感应器或探头组成，目前普遍使用的是振荡感应器，微波及红外探头应用极少，它们相当于人的感官系统。

　　(3) 门控部分：包括前盖开关、门开关及行李舱开关，它们相当于人的四肢。

　　(4) 报警部分：喇叭，相当于人的嘴。

　　(5) 配线部分：它相当于人的中枢神经，负责传递信息和信号。

　　(6) 其他部分：包括不干胶、螺钉、继电器等配件和使用说明书及安装配线图等。

　　下面介绍一下遥控式汽车防盗器的原理和分类。

　　同移动电话的工作原理相同，遥控式汽车防盗器的遥控器（发射机与防盗主机系统之间）除了要有相同的发射和接收频率之外，还要有密码才能相互识别。密码是防盗器的一把钥匙：一方面记载着防盗器的身份资料（身份码），区别各个防盗器的代码；另一方面又内含着防盗的功能指令资料（资料码或指令码），负责开启或关闭防盗器，控制完成防盗器的一切功能。有了这组密码，也就掌握了开启防盗器的钥匙。

　　根据密码发射方式的不同，遥控式汽车防盗器主要分为定码防盗器和跳码防盗器两种类型。早期防盗器多采用定码方式，但由于其自身缺点，现已逐渐被技术上更为先进、防盗效果更好的跳码防盗器所取代。

(1) 定码防盗器。

早期的遥控式汽车防盗器是主机与遥控器各有一组相同的密码，遥控器发射密码，主机接收密码，从而完成防盗器的各种功能。这种密码发射方式称为第一代固定码发射方式（简称定码发射方式）。定码发射方式在汽车防盗器中的应用并不普及，在防盗器应用初期，其防盗器的安全性和可靠性还有所保证，但对于一个防盗器使用已成熟的市场而言，定码方式就显得既不可靠又不安全。其原因有三个方面：

① 密码量少，容易出现重复码，即发生一个遥控器控制多部车辆的现象；

② 遥控器丢失后，若单独更换遥控器极不安全，除非连同主机一道更换，但费用过高；

③ 安全性差，密码易被复制或盗取，从而使车辆被盗。

(2) 跳码防盗器。

现在市场上的跳码防盗器通常具有以下特点。

① 遥控器的密码除身份码和指令码外，又多了一个跳码部分。跳码是密码依照一定的编码函数，每发射一次，密码随即变化一次，从而使密码不会很轻易被复制或盗取，安全性极高。

② 密码组合上亿组，根本杜绝了重复码。

③ 主机无密码，主机通过学习遥控器的密码，从而实现主机与遥控器之间的相互识别。若遥控器丢失，可安全且低成本地更换遥控器，无后顾之忧。

5.1.3 防盗器的选择和安装

1. 防盗器的选择

现在汽车防盗器品牌多，价格差距也很大，如图 5-1 所示是几种不同的汽车防盗器，各个品牌的防盗器从设计原理、元器件的选择、加工工艺及其功能设计上都有很多的不同。正是由于这些不同，决定了防盗器的寿命、性能及价位各不相同。

图 5-1 几种不同的防盗器

选择防盗器要考虑多方面的要求，可以从以下几个方面着手。

(1) 根据汽车的档次选用合适的防盗装置。

(2) 从设计和质量方面选择防盗器，主要考虑下面几点。

① 是否采用了 FR4 双面板设计。FR4 双面板设计的优点是元器件焊点牢固，防盗器的抗震性强，对于安装在每天处于震动、颠簸中的汽车防盗器来说，抗震性强可延长其使用寿命。同时该防盗器主机小，便于隐藏安装。

② 是否采用了多重电路保护系统。多重电路保护系统的优点是可适应更大范围的蓄电池电压变化，不会因蓄电池电压过低造成防盗主机电脑死机，且抗干扰能力强。

③ 采用的电脑是否记忆时间较长。

④ 是否较多地采用了贴片元器件。

⑤ 采用的元器件是否具有较好的耐温性和耐压性。

（3）根据产品品牌选用，好的品牌往往具有可靠的工艺和设计水准。

（4）考虑售后服务，选用具有良好售后服务的商家可免除后顾之忧。

综上所述，选择防盗器应主要考虑以下因素：第一，应注意结合自身需要；第二，看工艺及其功能是否安全、实用、方便且具有环保性；第三，应注意防盗产品是否通过公安部的检测（产品须经过公安部安全与警用电子产品质量检测中心检测达到我国标准，检测有效期为 4 年）。

此外，要重视高质量的安装技术和良好的售后服务。千万不要单纯追求价格低廉的产品，以免被假冒伪劣产品蒙蔽，得不到应有的售后服务保障。

2. 汽车防盗器的安装

防盗器的安装方法与防盗器质量同样重要，并且由于防盗器的安装不良而造成的损失更为惨重。因此，选择好的、有经验的安装商是十分重要和必要的，也是对汽车使用的基本保证。

首先，正确选择防盗器的安装商。

有经验的汽车防盗器安装商不仅对防盗器有全面的认识，而且对汽车电路非常熟悉和了解，他们判断汽车电路不是靠死记硬背，而是靠电路理论知识。尤其是当今时代，车的更新换代越来越快，只有靠电路知识才能正确判断汽车线路。选择防盗器的安装商时要考虑以下几点：其店是否具有防盗器的经营、安装资格，包括营业执照及公安机关的资格证书等；其销售的防盗器是否注明产地，这是防盗器今后能否得到售后服务和故障保修的基本保障；其店是否持有防盗器生产厂家的授权书，这表明此店是否对此品牌的防盗器有比较全面的了解，并得到了厂家的安装培训及认可；防盗器安装完毕后，不要忘记向厂家索要加盖安装公司公章及电话的防盗器保修卡。

其次，汽车防盗器的安装必须严格按照操作规程。其步骤如下：

（1）详细阅读产品说明书；

（2）认真阅读产品配线图；

（3）判断产品各零部件接口方式和位置；

（4）保证连接可靠，绝缘性能优良；

（5）安装完毕须进行功能测试。

5.1.4　汽车防盗小知识及品牌介绍

车主具有较多的防盗经验可减小车辆被盗的几率。一般而言，车主应注意以下几点。

（1）停车时尽可能将车头朝外，这样做会使盗车者的行为更容易引起他人的注意。另外，在停好车后，一定要检查并确认车窗、车门均关好后方可离开。

（2）在车内较明显的地方放置有关法制、公安的书刊或带有公安警察标志、形象的物品，这样会让盗窃者以为车主警惕性高或与公安系统有联系而动摇下手盗窃的念头，同时一定注意不要将金钱或贵重物品遗留在车内显眼的地方。

（3）车窗上贴几张不同品牌汽车防盗报警器的产品标志，让盗窃者一时不知车上到底安装了什么报警器，不敢轻易下手。

（4）下车时将收音机打开并把音量调大，一般盗车者只注意设法解除报警器，所以在电源接通时收音机的响声会吓得他手忙脚乱，同时也会起到一定的报警作用。

（5）长时间停车时将各缸的点火线交换一下位置，使盗窃者无法顺利发动。

（6）尽量不要将车停在第一个或最后一个停车位。

（7）随着大量进口车进入我国市场，车锁的技术含量越来越高，而且高档车的钥匙不只是一种，一般都有主、副两把钥匙。如果把车借给别人或要修理厂做保养，就交出副钥匙。

（8）选择好的车锁。目前市场上汽车锁的品牌、类型很多，车主如何鉴别、挑选一把好的车锁呢？最重要的就是它的品牌材质、锁芯结构组合及售后服务。锁的外壳，其材质一定要用高硬度合金钢来保持锁芯免遭破坏；而锁芯也如同心脏，它的结构非常重要。一把好的锁，其锁壳及钥匙都要用镍银合金制造，既耐磨又不出故障，并且有上百万的组合，它的精确度几乎达到零故障。市场上新推出的汽车排挡锁，采用了高级不锈钢材与镍银合金制造，锁芯周围以粉末冶金保护，既耐高温又抗严寒，被称为幽浮锁或秘密锁。选配一把好锁就等于给自己的轿车多上了一道保险。有的车主钥匙丢了，随便到哪配了一把就用，或者轻易找人把锁撬开，这都是很不安全的。现在大多数车型都有自己的车锁编号，每个编号代表着这辆车车锁结构的密码，只要有这个号码，到专业特许的锁店，通过查数据库，就能帮车主配一把新钥匙。

（9）对于带防盗电脑的汽车，新车买回来之后，一定要检查是否带有密码号，并收好，以备将来配钥匙。

我国市场上汽车防盗装置常见的几个品牌介绍如下：

机械式防盗器：蓝鹰锁、银狼雄风、大将军；

电子式防盗器：铁将军、鹰卫士、科警；

GPS防盗：大三通、顾高、讯晖、新天元、110护车神。

5.2　倒车雷达

随着汽车保有量的增加，驾驶员能够有效使用的空间越来越小，汽车擦碰的事故越来越多,驾驶员在倒车时,由于视线不良,很容易出现意外。驾驶员在倒车时不易判断倒车的距离,不易把握左、右、后方倒车角度,尤其在夜间或雨雾天气或者在狭窄空间倒车时,都会给倒车带来麻烦,这时候倒车雷达就显得尤为重要。

5.2.1 倒车雷达的概念、原理及组成

汽车倒车雷达全称为"倒车防撞雷达",也叫"泊车辅助装置",它是汽车泊车安全辅助装置,能以声音或者更为直观的显示告知驾驶员周围障碍物的情况,解除驾驶员泊车和启动车辆时因前、后、左、右探视所引起的困扰,并帮助驾驶员克服视野死角和视线模糊的缺陷,提高驾驶的安全性。

倒车雷达的原理与普通雷达一样,是根据蝙蝠在黑夜里高速飞行而不会与任何障碍物相撞的原理设计开发的。通过感应装置发出超声波,然后通过反射回来的超声波来判断前方是否有障碍物,以及障碍物的距离、大小、方向、形状等。安装倒车雷达通常是在车的后保险杠或前后保险杠设置雷达侦测器,用以侦测前、后方的障碍物,帮助驾驶员"看到"前、后方的障碍物,或停车时与他车的距离。此装置除了方便停车外,更可以保护车身不受刮蹭。倒车雷达是以超声波感应器来侦测出离车最近的障碍物距离,并发出警笛声来警告驾驶者。而警笛声音的控制通常分为两个阶段:当车辆的距离达到某一开始侦测的距离时,警笛声音开始以某一高频的警笛声鸣叫;而当车行至更近的某一距离时,则警笛声改以连续的警笛声来告知驾驶者。它的优点在于驾驶员可以用听觉获得有关障碍物的信息,或与他车的距离。该系统主要是协助停车的,所以当达到或超过某一车距时系统功能将会关闭。

现在的很多车已经开始使用了数字无盲区可视倒车雷达系统,如尼桑天籁就采用了倒车影像设计,做到真正无盲区探测,倒车显示屏可以显示出雷达探测的声音和图像。数字式无盲区倒车雷达的工作原理就是当挂入倒挡后,倒车雷达系统即自动启动,内嵌在车后保险杠上的4个或6个超声波传感器开始探测后方的障碍物。当距离障碍物1.5米时,报警系统就会发出"嘀嘀"声,随着障碍物地靠近,"嘀嘀"声的频率增加,当汽车与障碍物间距小于0.3米时,"嘀嘀声"将转变成连续音。

通常的倒车雷达主要由感应器(探头)、主机、显示设备等几部分组成(如图5-2所示)。感应器发出和接收超声波信号,并将接收到的信号传输到主机,再通过显示设备显示出来。感应器装在后保险杠上,以45°角辐射,上下左右搜寻目标,能探索到那些低于保险杠而驾驶员从后窗又难以看见的障碍物并报警,如花坛、蹲在车后玩耍的儿童等;显示设备装在仪表板上,提醒驾驶员汽车距后面物体还有多少距离,到危险距离时,蜂鸣器就开始鸣叫,提示驾驶员停车。

图5-2 倒车雷达组成部分关系图

5.2.2 倒车雷达的分类

根据感应器种类不同,倒车雷达可分为粘贴式、钻孔式和悬挂式三种。粘贴式感应器后有层胶,可直接粘在后保险杠上;钻孔式感应器是在保险杠上钻一个洞,然后把感应器嵌进去;悬挂式感应器主要用于载货车。

根据显示设备种类不同,倒车雷达又可分为数字式、颜色式和蜂鸣式三种。数字式显示设备是一只如传呼机大小的盒子(如图5-3所示),安装在驾驶台上,直接用数字表示汽车与后面物体的距离,并精确到1厘米,让驾驶员一目了然。

图5-3 数字式倒车雷达显示

5.2.3 倒车雷达的选择与安装使用

现在市场上各种品牌的倒车雷达众多,价格各异,鱼目混珠,使消费者无所适从,而倒车雷达的质量直接关系到其能否起到应有的作用,比如产品的灵敏度、是否存在探测盲区、是否正常工作等。

1. 倒车雷达的选择

可以通过以下几个简单的步骤来选择汽车倒车雷达。

(1) 颜色:探头的颜色是否与爱车颜色相符十分重要,两者颜色差异过大,会使爱车开在街头黯然失色。

(2) 款式:款式关系到能否体现出爱车的档次。例如:有为奥迪A6车设计的专用探头,而别克公司为其生产的别克和赛欧两款车型分别配有专用探头等。一些品牌的倒车雷达仅能提供单一款式的探头,从而使爱车失去应有的气派。款式的选择不能仅考虑探头是否一定要小,更多要考虑安装后整车的效果,是否显得大气。例如对于一些后保险杠较宽的车型,可安装"安靠泊"倒车雷达中的一款(KMI),该款探头较薄较大,安装后显得整车效果相当美观、协调,显得该车更加大气。

(3) 产品质量:产品质量直接关系到倒车雷达所应起的作用,主要包括:产品的灵敏度,是否存在盲区,产品是否正常工作。一般设计倒车雷达探测距离应为0～1.5米。一些品牌的倒车雷达因其敏感度不够,探测距离仅为0.2～0.9米,这会给司机的判断及采取措施带来一定的困难。尤其是如果存在探测盲区,将使倒车雷达失去应有的作用。产品由待机状态转换为工作状态,是否有声音提示也比较重要,声音可以提示司机倒车雷达是否正常开始工作。

(4)适应性:即倒车雷达对周围环境的适应能力。由于全球环境的转变,夏季温度普遍偏高(室外温度约40℃左右),冬季温度偏低。某些品牌的适应性较差,在高、低温的状态下,车未启动就开始报警,且雷达的寿命也因温差而受到明显的影响。

此外,还可以通过几种简单的方法来测试倒车雷达的质量。

(1)测试感应器的探测距离。自己用尺子测量车尾与障碍物间的距离,看与倒车雷达显示的数据是否一致。

(2)测试防水性能。拿几瓶矿泉水,用水冲感应器,借此了解倒车雷达的防水性能,因为它关系到雨天倒车时的安全。

(3)测试感应器的有效探测范围。车主可以将障碍物通过不同角度切入感应器的测试范围,一个感应器的正常测试范围的夹角为90°。

2. 倒车雷达的安装使用

倒车雷达安装使用中应注意以下问题。

(1)安装问题。

倒车雷达探头安装位置的高低、角度以及感应器分布的距离,应根据不同的车型而有不同的要求。一般不宜安装在铁质保险杠上,因为这样会影响探测结果。探头安装宽度和离地距离分别如图5-4和图5-5所示。

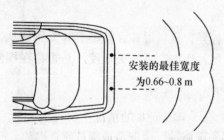 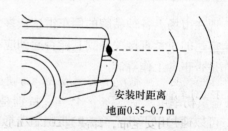

图5-4 探头安装宽度示意图　　图5-5 探头安装离地距离示意图

(2)盲区问题。

千万不要以为装了倒车雷达就万无一失了,它只能作为一种参考。因为倒车雷达的感应器也有探测盲区,装了感应器的车主,特别要注意车后中间地带。感应器要经常保持清洁,特别是雨雪天,泥水和冰雪覆盖住感应器可能会使之失灵。

(3)适应问题。

倒车雷达的使用需要一个适应过程。一般在刚开始使用时,应尽量多下车看看,以便准确了解其显示的数值与实际目测距离相差多少。由于感应器测量角度的影响,总有一些误差。

(4) 目测结合问题。

遇到光滑斜坡、光滑圆形球状物、棉絮团、花坛中伸出的小树枝时，要加以目测，因为这时感应器的探测能力大为下降，提供的数据不会非常准确。遇到天气过热或过冷、过湿、路面不平和沙地时，也不能掉以轻心，要多回头看看后面的情况。

(5) 进退问题。

听到蜂鸣器连续音时，应当及时停车，因为此时车已到危险区域。倒车时，车速一定要慢，以免车身因太大的惯性力碰到障碍物。

5.3 汽车安全带与安全气囊

在汽车发生事故时，为保护车内乘员免遭伤害或减轻伤害程度，设置约束系统等防护装置是非常重要的。20 世纪 90 年代以前，对汽车安全装置的研究主要集中在安全带上；90 年代以来，安全气囊系统的研究成为发展趋势。随着车辆运行速度的提高，人们不得不从防护装置的有关部件进行全面考虑，以求最佳的安全防护效果。

5.3.1 汽车安全带

汽车交通事故往往是意外发生的，发生时间极短，人不可能有反应时间来主动保护自己，只有靠被动安全装置来减少事故对人体的伤害。汽车安全带就是一种最有效的被动安全装置之一，目前几乎世界上所有国家都广泛使用并形成一定的安装和佩戴安全带的法规。

汽车安全带的作用是：当汽车遇到意外情况紧急制动时，它可以将驾驶员和乘客束缚在坐椅上，以免前冲，从而保护驾驶员和乘客避免二次碰撞造成的伤害。汽车安全带是重要的乘员保护约束系统设施之一，在减轻碰撞事故中乘员伤害程度方面起着重要作用。从 20 世纪 70 年代起，美、英、法、日等国相继实行强制使用汽车安全带制度。这一制度实施后，其效果是显著的，例如美国运输部对 1977～1986 年十年间实施的 37 项交通安全对策的研究表明：强制使用安全带后，驾驶员负伤率可降低 43%～52%（因车速而异），副驾驶员负伤率可降低 37%～45%，特别是在车速低于 95 km/h 的情况下，可避免死亡事故；然而不使用安全带，即使是 20 km/h 这样低的车速碰撞，也能造成乘员死亡事故。我国公安部于 1992 年 11 月 15 日颁布了通告，规定从 1993 年 7 月 1 日起，所有小客车（包括轿车、吉普车、面包车、微型车）在行驶时，驾驶员和前排乘车人员都必须使用安全带。

1. 汽车安全带的原理和分类

汽车坐椅安全带是沿用飞机坐椅安全带的形式而来，其工作原理是将人体用高强度织带固定在汽车坐椅上，以避免撞车时人体由于强大的惯性作用而甩出车外或撞到车内其他部件而造成人体的伤害。同时，安全带还可以在汽车失去平衡、倾覆或翻滚而造成的二次或多次碰撞时保护乘员。

常见的坐椅安全带按固定方式不同，可以分为两点式、三点式、四点式（全背式安全带）和自由式等。

两点式安全带（如图5-6所示）与车体或坐椅构架仅有两个固定点，软带从腰的两侧挂到腹部，形似腰带，在碰撞事故中可以防止乘员身体前移或从车内甩出。其优点是使用方便，容易解脱；缺点是乘员上体容易前倾，前座乘员头部会撞到仪表板或挡风玻璃上，所以这种安全带主要用在轿车后排座位上。

三点式安全带（如图5-7所示）是弥补两点式安全带缺点的一种安全带，它在两点式安全带的基础上增加了肩带，在靠近肩部的车体上有一个固定点，可同时防止乘员躯体前移和防止上半身前倾，增强了乘员的安全性，是目前使用最普遍的一种安全带。三点式安全带又可分为带紧急锁止机构和不带紧急锁止机构（但可以用手来调节织带的长度）两种形式。三点式安全带工作原理如图5-8所示。

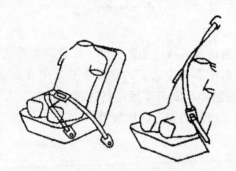

图5-6　两点式安全带

图5-7　三点式安全带

全背式安全带（四点式安全带）是一种乘员保护性能最好的安全带，其固定点多为4点。但全背式安全带（如图5-9所示）实用性方面还存在一定问题，目前多用于赛车上。

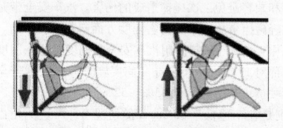

图5-8　三点式安全带工作图

图5-9　四点式安全带

安全带的主要部件包括织带、安装固定件和卷收器等。

织带是构成安全带的主体，多用尼龙、聚酯、维尼纶等合成纤维原丝纺编织成宽约50 mm，厚约1.5 mm的带子，具有足够的强度、延伸性能和吸收能量的性能。对于织带的技术性能指标，各国都有明确的规定，要符合规定才能使用。

安装固定件是与车体或坐椅构件相连接的耳片、插件和螺栓等，它们的安装位置和牢固性直接影响安全带的保护效果和乘员的舒适感。因此各国对于安装固定件的安装位置和安装标准也有明确的规定，以防意外。

卷收器是用于收卷、储存部分或全部织带，并在增加某些机构后起到特定作用的装置，这种卷收器装置使佩戴者不必随时调节织带长度。卷收器按其作用可分为三类。一是无锁式卷收器，这是一种在织带全部拉出时保持束紧力的卷收器。二是自锁式卷收器，这是一种在任意位置停止拉出织带动作时，其初止机构能在停止位置附近自动锁止同时保持束紧力的卷收器。三是紧急锁止式卷收器，这是一种应用最广泛的卷收器。在汽车正常行驶时，紧急锁止式卷收器允许织带自由伸缩，但当汽车速度急剧变化时，其锁止机构锁止并保持安全带束紧力约束乘员。这种卷收器中装有惯性敏感元件和棘轮棘爪机构或中心锁止机构，织带缠绕在卷轴上。当汽车正常行驶时，卷收器借助卷簧的作用，既能使织带随使用者身体的移动而自由伸缩，又不会使织带松弛。但当紧急制动、碰撞或车辆行驶状态急剧变化时，卷收器内的敏感元件将驱动锁止机构锁住卷轴，使织带固定在某一位置上，并承受使用者身体加给制动的载荷。

20世纪80年代末期，人们又开发出一种自动安全带（如图5-10和图5-11所示），只要乘员上车关上车门，安全带就能自动佩带在乘员身上，不需要乘员做任何动作，从而大大提高了使用的便利性。

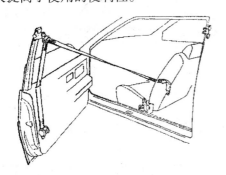
图5-10　上下端固定的自动佩戴两点式肩带

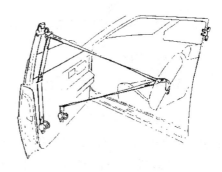
图5-11　三点固定式自动佩戴三点式肩腰

2. 汽车安全带的选用和安装

（1）安全带的选用。

选购安全带时，在确定了选择何种安全带后，主要应检查安全带的性能和质量。

① 检查织带性能。织带是安全带的最主要部件，其性能包括带的抗拉强度、宽度、宽度收缩率、伸长率、能量吸收性、耐候性、耐磨性、耐热性、耐水性、不褪色性等。

提高织带的能量吸收性能，可使乘员在碰撞时受到较低的减速度和极小的回弹。织带的能量吸收性常以单位长度伸长所吸收的功或以吸收功与储藏功的百分比来表示，称为功比率。

织带经耐热性与耐寒性试验后的抗拉强度不得低于试验前的80%，且至少要在1.47×10^4 N以上；织带经耐磨性与耐水性试验后的抗拉强度不得低于试验前的75%，至少要在1.47×10^4 N以上；织带经耐候性试验后的抗拉强度不得低于试验前的60%。

② 检查带扣。带扣装脱应容易且确实可靠，表面应平滑且无锐利的棱角。乘员用单手就可脱下，紧急时应很容易被第三者松开，其脱开力应小于137 N。

③ 检查长度调节件。长度调节件与带扣一样，若为金属件，要进行耐蚀性试验；若为塑料件，要进行耐热性试验。在规定条件下的R节力应小于49 N。

（2）安全带的安装。

为了充分发挥安全带的安全保护作用，安装安全带时应注意以下事项。

① 腰带安装。安装腰带时，应注意腰带的两个固定点应设在车身地板坐椅骨架或车身侧壁上，大多都设在地板上。固定点在地板上的位置与坐椅上就座者的臀点（如图 5-12 所示的 H 点）有关。腰带固定点与 H 点的连线和车身水平基准之间的夹角应尽可能成 45°。另外，在可调坐椅调节范围内的所有位置上，此夹角必须在 20°～75° 的范围内，如图 5-13 所示。

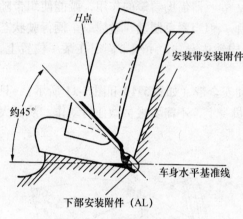

图 5-12　后座腰带固定点的位置

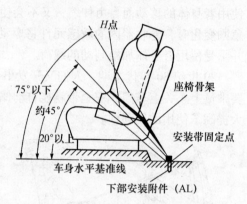

图 5-13　可调坐椅腰带固定点的位置

② 肩带安装。肩带上部固定点的位置范围在有关标准中已有规定，应依照执行。肩带固定点至座位中心线的距离不得小于 140 mm。

③ 附件安装。附件安装的位置恰当与否是决定安全带能否有效地发挥作用的重要条件之一。一般要求二点式和三点式（A 型和 B 型）安全带两个下部安装附件的横向间距不得小于 350 mm，且这两个安装附件离位置中心线的距离应尽可能相等。

5.3.2　汽车安全气囊

安全气囊是辅助安全系统（Supplemental Restraint System），简称 SRS。安全气囊对驾驶员和乘员的头部、颈部安全起着明显的保护作用，特别是在汽车正面碰撞和侧前方碰撞时，其保护作用尤为明显，而坐椅安全带对人体胸部以上的保护作用则十分有限。安全统计结果表明，汽车发生事故时，人体胸部以上受伤的几率高达 75% 以上。安全气囊主要是针对乘员上体，特别是头部和颈部在撞车发生事故时的安全而设计的。由于安全气囊在汽车出厂时就已安装在车内，无须有意识地再去完成"佩带"动作，可随时随地进行保护，故而其更容易被人们所接受。汽车安全气囊按控制类型的不同可分为机械式和电子控制式两类，现代汽车大部分都采用了电子控制式安全气囊。

1. 安全气囊的控制要求

进入 20 世纪 90 年代后，在全球汽车制造业和美国政府机构（NHATSC）的共同努力下，已经认可汽车安全气囊与安全带一起使用时，其在汽车发生前碰撞时对保护乘员生命方面是有效的。经过实际统计表明，在美国由于侧面碰撞而导致的死伤人数约为迎面碰撞的 60%。因此，提高对侧面碰撞的防护能力已成为一个不容忽视的重要问题。但要在侧面安装气囊，技术上还存在一些困难，这主要是因为车门与司机和乘员之间的距离很短，而且侧面气囊必须要在比前面气囊快三倍的时间内膨胀起来。

安全气囊是在汽车发生碰撞时（即出现危险情况时）工作的安全装置，所以它的可靠性就显得更为重要。也就是说，汽车在发生碰撞时，根据不同车速，气囊或预紧带应能可靠地动作；而在汽车紧急制动、高低路面上行驶、下大坡等情况下，汽车也会发生较大的减速度或振动，同时传给气囊系统的传感器以作用力，此时要保证气囊系统不动作。此外，电源是电子控制式气囊的动力，如果电源发生故障则气囊处于瘫痪状态。为了保证安全气囊的可靠性，一般采用双电源工作，并且在断电情况下还应有气囊电路的贮能元件（如大容量的电容器），以供短时间控制用，至少可以引燃气囊工作。在技术上，对气囊的控制要求主要有以下几个方面。

（1）可靠性高的气囊的使用年限为 7～15 年。

（2）有正确区分制动减速度和碰撞减速度的能力，这主要从传感器入手，合理设计。

（3）灵敏度要高，要在二次碰撞前正确、快速打开气囊并正确泄气，起到缓冲作用。

（4）有防误爆功能，一般采用二级门限控制。

（5）有自诊断功能，能及时发现故障并报告驾驶员。

2. 安全气囊的工作原理及结构

安全气囊的位置如图 5-14 所示。

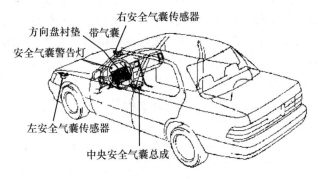

图 5-14　安全气囊的位置

安全气囊属于被动安全保护装置，它是由传感器、点火控制器、气体发生器和气囊等部分组成。当汽车发生碰撞时，传感器将电信号传给控制器，控制器进行信号处理，当判断有必要打开气囊时，立即发出点火信号，气体发生器在 30 ms 左右将大量气体充满气囊，从而保护乘员和驾驶员的安全。典型的安全气囊工作原理如图 5-15 所示。

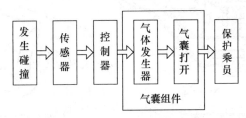

图 5-15　安全气囊工作原理图

汽车安全气囊系统（电子式）主要由传感器、电子控制器（ECU）、气囊组件和报警与诊断系统组成。

在汽车安全气囊系统中的传感器有两种，一种叫做碰撞传感器，另一种叫做安全传感器。碰撞传感器是一种闭合电器电路的装置。当探测到车辆受到碰撞达到规定强度时，碰撞传感器迅速闭合各电器的电路，由这一开关信号识别发生碰撞后的突然减速，并把此信息送入控制单元ECU。

从结构上区分，碰撞传感器有质量惯性开关型半导体应变片式和磁体质量惯性式等。质量惯性碰撞传感器（也称前方传感器）装于汽车保险杠后与挡泥板之间，用来感测低速冲撞时的信号，常见的结构为偏心锤式机械传感器。该传感器装在一个密封的防振保护盒内，汽车正常行驶时，阻力弹簧将锤动触头定在止点位置，传感器没有触发信号输出。当汽车碰撞时，在减速度和重锤质量形成的惯性力作用下，转盘克服弹簧阻力带动触桥转动，使动、静触头结合，向控制单元ECU发出接通触发信号；同时安全传感器也接通并将信号送入ECU，于是ECU发出引爆安全带预紧器和安全气囊电雷管的指令。偏心锤式低速碰撞传感器要能区分汽车碰撞和制动时的减速度，不将制动减速度力传给控制单元。

气体发生器通常可分为固体燃料式和混合式两种。固体燃料式气体发生器所产生的气体全部来自气体发生剂（即汽化剂）的燃烧。混合式气体发生器则是在储气缸中储有压缩气体和一小部分火药，工作时火药将储气缸阀门炸开，压缩气体冲出来

固体燃料式发生器由外壳、引发器或引燃器、增压剂、气体发生剂、过滤器等组成。气体发生器外壳一般由铝合金或钢板冲压成型。引发器在传感器动作时，会响应来自电源的低电平信号使气囊点火系统触发。它是靠电热丝发热的热量引燃火药，将增压剂引燃。增压剂可以促使气体发生剂快速燃烧。目前，气体发生器使用的气体发生剂主要是叠氮化钠合剂，该合剂燃烧后产生氮气。为使叠氮化钠充分燃烧，还要加入助燃剂。由于叠氮化钠是一种有毒物质，因而还有许多的无毒化合物燃料在应用。但是，一般它们的性能不够稳定，有待进一步提高。过滤器具有两方面的作用，一是冷却生成的气体，二是滤出燃烧后产生的杂质。

气囊的外形像一个降落伞，可以折叠。现在的气囊有两种设计构思，一种是传统的用涂层织物制成的气囊，通过改变其气道的尺寸来控制缓冲性能的强弱；另一种是具有一定透气性的不涂覆织物，以控制其缓冲性，但对其透气性有严格的要求。目前多采用前一种气囊，其大多是以防裂性能好的聚酰胺织物制成，里层涂有聚氯丁乙烯。安全气囊的结构及安装位置示意图如图5-16和5-17所示，图5-18和图5-19为一汽生产的Mazda6中的安全气囊。

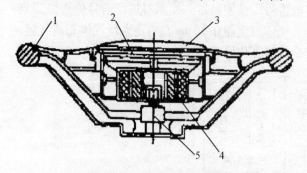

图5-16 方向盘气囊装置

1-方向盘；2-气囊；3-缓冲垫；4-充气泵；5-传感器

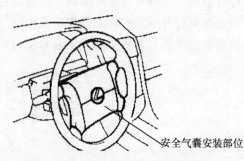

图5-17 方向盘气囊安装位置图

图 5-18　Mazda6 中的前安全气囊

图 5-19　Mazda6 中的侧安全气囊

电子控制器（ECU）又称安全气囊电脑组件，是安全气囊系统的核心部件，主要由电脑模块、信号处理电路、备用电源电路、保护电路和稳压电路等组成。电脑模块的作用是监测汽车纵向减速度或惯性力是否达到设计域值，控制气囊组件中的点火器引爆点火剂。另外，它还要对控制组件中的关键部件（如传感器电路、备用电源电路、点火电路、安全气囊指示灯及其驱动电路等）进行检测诊断，并将故障代码显示出来。信号处理电路的功用是对传感器检测的信号进行整形、放大和滤波，使之变为安全气囊电脑能够识别和处理的信号。备用电源的作用是当汽车电源与安全气囊电脑之间的电路由于某种原因断开后，在一段时间（一般为6s）内维持安全系统供电，保持安全气囊系统的正常功能。它一般由电源控制电路和几个电容器组成，可依靠电容储存的能量来维持气囊工作，但时间超过 6 秒后备用电源的供电能力即下降，不能保证电脑可以测出碰撞和发出点火指令，安全气囊不能充气涨开。为了防止安全气囊系统的元件可能承受过电压而损害，安全气囊的控制模块还设有保护电路。另外，为了保证在汽车电源电压变化时安全气囊仍然能够正常工作，也设置了稳压电路。

下面介绍一下安全气囊的工作原理，其硬件电控部分如图 5-20 所示。

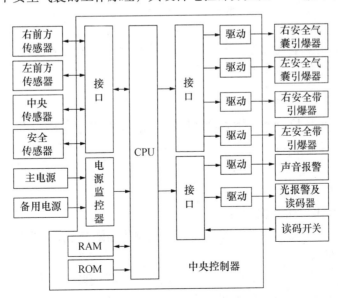
图 5-20　SRS 电控硬件框图

汽车接通点火开关后,气囊系统就开始工作。首先把 CPU 等电子电路复位,接着由自检程序对各传感器、引爆器、RAM、ROM 和电源等进行检测,如有故障则先执行总故障灯显示,使故障灯发出闪烁信号。使用人员可经读码对照读取故障码,找出并排除气囊故障。如自检无故障,则启动传感器进行循环检测,如有碰撞则根据碰撞时的车速发出不同的引爆指令。SRS 工作流程如图 5-21 所示。

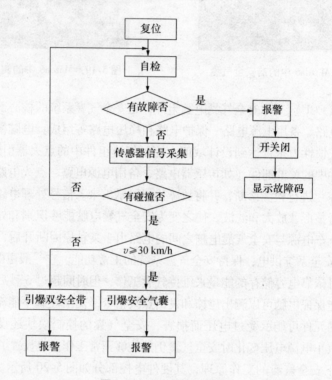

图 5-21　SRS 工作流程图

发生碰撞时,由安全气囊的引爆到车速降为零大概要历经 100 ms 以上,在这个过程中气囊在不同时刻的动作如图 5-22 所示。

3. 安全气囊的安装与使用

发生汽车碰撞事故后,气囊的某些零部件可能已经损坏,必须对其进行维修处理。

(1) 安全气囊系统的拆卸可按以下步骤进行:

① 转动方向盘,使车轮朝正前方;

② 将点火开关转向锁止位置,拔出钥匙;

③ 将"AIR BAG"熔断丝拉出;

④ 拔出锁销后连接相应接头(要根据厂家提供的维修参考图来操作);

⑤ 拆卸其他部件。

(2) 在排除了故障后,还要按以下步骤来完成安全气囊系统安装:

① 将点火开关转向锁止位置,拔出钥匙;

② 分别安装传感器和控制器以及气囊模块;

第5章　汽车防护、安全装饰及改装

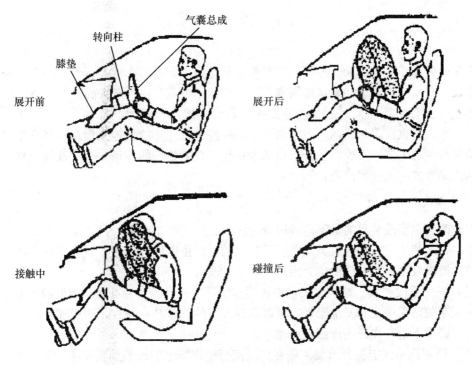

图 5-22　碰撞过程中气囊的动作

③ 接上传感器与控制器连线，以及传感器与信号灯和气囊块的连线，并加上锁销（连线时要根据厂家提供的连接线图）；

④ 安装"AIR BAG"熔断丝；

⑤ 将点火开关置于"RUN"位置，如果信号灯闪烁 7 次后熄灭，则表明系统正常。

(3) 安全气囊在使用时还要注意以下方面。

① 安全气囊要与安全带并用，只有这样才能更好地保护乘员的安全。因为安全气囊并非在所有的事故中都会引爆，只有在满足设定的碰撞条件时才会引爆，因此仍然要靠安全带的作用来保护乘员。

② 乘员必须要与安全气囊保持一定的安全距离，否则非但在发生事故时不能起到保护乘员的作用，还有可能因气囊弹出的强力伤害到乘员，尤其是对儿童。

③ 要注意在安全气囊引爆时会产生较高的温度，所以不要触及转向盘中间位置，以免被烫伤。

④ 安全气囊只能用一次，事故后必须把安全气囊拆下进行修理，安装一套新的系统。如不进行维修，或没有进行正确的维修，都不能保证下一次发生事故时发挥其功能，从而增加乘员的受伤可能性。

5.4 汽车改装

汽车改装源于赛车运动，最早的汽车改装只是为了提高赛车的机械性能，但是随着汽车的普及，在一些赛车运动发达的国家，汽车改装已经成为一项庞大的产业（本书中的汽车改装主要指消费型汽车改装）。特别是在欧洲、美国乃至亚洲的日本、韩国、中国香港等地，汽车改装也已蔚然成风。中国汽车市场在经过近几年的快速发展后，私家车已成为汽车总保有量的主体，不少车主开始追求个性化、性能独特的车型。汽车改装业将成为未来中国汽车业的一大朝阳产业。

1. 汽车改装的目的

汽车改装根据改装目的的不同可以分为三大类别：赛车改装、民间重度改装和民用汽车性能提升改装。这三种改装类别各有其特有的目标指向性和效果，目的也各不相同。赛车改装的要求较高，此处只简单介绍民用车辆的改装。

（1）民间重度改装。这类改装是将民用车辆性能提升到与专业赛车相近的程度，全然不考虑正常的路面情况和安全隐患。经过这样改装的汽车马力超强，速度非常快，但是油耗较高，完全不适合在民用道路上行驶。

（2）民用汽车性能提升改装。现在广泛流行于市场上的改装都属于这一种。民用汽车性能提升改装更为注重车辆的安全性和整体性能提升，兼顾所有正常行驶的要素指标，更关注驾车者的普遍需求，即油耗低、整车性能好、安全系数高、可操控性强等。

2. 我国汽车改装市场现状

（1）我国的汽车改装业刚刚起步，虽然发展迅速，但汽车改装市场尚不成熟，人们对于改装的认识程度不够。我国新版《道路交通安全法》明文规定车主不能改动车辆的结构，即车身颜色、长、宽、高这四个硬性标准。在不准改装的禁令下，目前国内的私家汽车改装厂家基本上处于"半地下"的状态。2008年10月1日，修订后的《机动车登记规定》正式实施，其中第十条明确表示，改变车身颜色、更换、更换车身或者车架的机动车所有人，可向登记地车辆管理所申请变更登记。这一规定意味着我国允许对汽车进行部分改装，使长期处于"地下"的汽车改装行业变得光明正大。

（2）我国汽车改装行业在地区间发展不均衡。目前，私家汽车改装业发展相对领先的地区以广州、深圳、东莞、珠海为代表。特别是广东地区，由于毗邻专业技能较高的港澳地区，故能够快速准确地了解国际改装车时尚，有着良好的改装市场需求。

（3）我国的改装专业化水平较低。一方面车主缺乏改装相关知识，另一方面改装好的车缺乏专业机构及技术标准，再加上政策法规的一些限制，以及改装车辆保险理赔尚不成熟，改装车以俱乐部形式组织、形式单一等因素，这些都是制约我国汽车改装业发展的急需解决的问题。

3. 汽车改装的内容

从对汽车改装的位置来看，汽车改装可以分为两大类，即汽车外观的改装和汽车性能方面的改装。

(1) 汽车外观的改装。

汽车的整体造型是由线条、比例与视觉感受组合而成的。汽车外观由几部件组成，如大包围、尾翼、轮翼等。大包围的作用是改善车身周围的气流对运动中车身稳定性的影响，其材料多为碳素纤维。但是，目前国内市场的大包围多数不具备这种功能，主要只是为了美观而设计的。国内的汽车外观改装就以外观造型的重塑为主，主要包括大包围、定风翼、喷漆、贴纸等，都是应车主的要求度身定做的。比如在车上套和车的颜色相同的坐椅、在车身上贴一些醒目的小贴画等，都可以让爱车更风光。

外观改造的主要部位包括：大包围、尾翼、轮圈和排气管、前后杠、两裙边、开孔发动机盖、窗边晴雨挡、前大灯装饰板、贴纸、HID 氙气大灯等。外观改装的主要功效就是美观，增加高速行驶时的稳定性，并能改变空气在车身的流动，提高车轮抓地力，这样行驶中的安全性能就会得到提升。

(2) 汽车性能方面的改装。

汽车性能方面的改装主要涉及发动机输出功率、制动性能、减振效果、安全等方面的改装，其中最重要的是汽车动力性的提升和行驶油耗的降低。

汽车动力改装在国内外都是比较流行的产业，就是运用赛车改装技术，在原有车辆的基础上改装，从而达到比原有发动机增加数倍的动力。现在的改装车辆基本上都是私家车居多，由于这些车主对汽车的了解不多，并不知道改装车的利害关系，而仅根据自己的喜好、想象和推销人员的介绍就盲目施工，从而对爱车造成很大损坏。

汽车性能方面的改装包括发动机的改装、制动系统的改装、悬架系统改装、智能控制系统改装、影音系统改装和灯光照明系统的改装等。

就像人的心脏一样，发动机就是汽车的心脏，这是全车最重要的部分，而且改装起来也是最麻烦的。对发动机最主要的改装就是提高它的输出功率，改装方式有加大缸径、提高压缩比、加多气门等，但是必须注意的一点是，改装发动机是相当危险的，一不小心引擎就会损坏，甚至引发严重的安全事故。

制动系统是关系行车安全最直接的部分。随着发动机动力的增强，汽车安全性对制动系统的要求会提升，原厂的制动系统会越来越不堪重负。现在市场上销售的新车基本都会采用盘式制动器，但是还有部分车型仍采用前盘后鼓的设计。对于制动系统的改装，既简单又省钱的方式就是换装摩擦系数高的制动蹄片或者是打孔画线的碟盘。

汽车悬架系统的主要作用是支撑车身，并且缓冲行驶中的振动。汽车悬架主要有两大类，一类是使用一根轮轴连接左、右轮的同轴非独立悬架，另一类是左、右轮结构各自分开的独立悬架；而独立悬架又主要有麦弗逊式、全拖曳臂、半拖曳臂、双A臂多连杆等多种形式。汽车悬架包括弹性元件、减振器和传力装置三部分，分别起缓冲、减振和传力的作用。如果要对汽车的悬架系统进行改装的话，就要按照不同的改装要求，分别对以上三个部分进行强化和改装。

汽车智能控制系统的改装、影音系统改装和灯光照明系统的改装等，由于不对汽车的主要性能造成影响，而且可以随顾客的喜好自己制定标准，此处就不再详细介绍。

4. 汽车改装要求

我国对汽车改装的限制比较严格，对改装有明确的法律规定。《中华人民共和国道路交通安全法实施条例》第六条规定：已注册登记的机动车有下列情形之一的，机动车所有人应当向登记该机动车的公安机关交通管理部门申请变更登记：

（1）改变机动车车身颜色的；

（2）更换发动机的；

（3）更换车身或者车架的；

（4）因质量有问题，制造厂更换整车的；

（5）营运机动车改为非营运机动车或者非营运机动车改为营运机动车的；

（6）机动车所有人的住所迁出或者迁入公安机关交通管理部门管辖区域的。

申请机动车变更登记，应当提交下列证明、凭证，属于前款第（一）项、第（二）项、第（三）项、第（四）项、第（五）项情形之一的，还应当交验机动车；属于前款第（二）项、第（三）项情形之一的，还应当同时提交机动车安全技术检验合格证明：

（1）机动车所有人的身份证明；

（2）机动车登记证书；

（3）机动车行驶证。

机动车所有人的住所在公安机关交通管理部门管辖区域内迁移、机动车所有人的姓名（单位名称）或者联系方式变更的，应当向登记该机动车的公安机关交通管理部门备案。具体为：擅自改变机动车已登记的结构、构造或者特征，包括机动车的动力、灯光（特殊灯光）、操作、尾气排放、冷却、制动、消音、悬挂、方向系统和外观结构、车身颜色喷涂、车胎轮毂等。

汽车改装会对汽车造成危害，特别是在目前的情况下，国内汽车改装业技术人员、改装质量无法保证。常见的危害有以下几种。

（1）灯具加装或改造：部分用户更换功率加大的灯泡，灯光亮度增加的同时电流和热量也会增加，易导致灯具出现加速老化的问题；同时因线路负荷增大，对发电机、保险丝、电瓶带来过大的负担；改装不规范，可能存在连接不牢固、密封不良等现象，严重时可能引起车辆火灾。

（2）加装车载电器设备：汽车电路的线束和负载是根据电器的功率进行设计和实际测试的，加装不当或加装过多可能导致线路负荷增加，使线路发生短路，轻则毁坏电器设备，重则引起火灾。

（3）盲目隔音：一些车主往往要求将隔音做到极致，甚至不希望听到发动机的声音。但如果驾驶者听不到来自道路和动力系统的声音，就会失去对路况和车况的相关信息，影响车行安全。

（4）轮胎改装：容易导致轮胎异常磨损，车辆起步无力，加速变慢，燃油消耗上升，转向机构、悬架机构磨损加速等问题。

（5）车内香水：目前车内香水几乎全部是化学合成的，对内饰塑料有脆化腐蚀的影响，会导致内饰件掉色或开裂，而且对身体也有危害。

5.5 思考题

1. 什么叫做汽车防护，汽车防护有哪些内容？它们的作用分别是什么？
2. 电子防盗器相对于机械式防盗器有哪些改进的功能？GPS 有哪些防盗功能？
3. 如何选择和安装汽车防盗器？
4. 倒车雷达有哪几种？如何选择倒车雷达？
5. 安全带可分为哪几种？为什么要求安全带和安全气囊同时使用？

第6章

汽车清洁

在日常使用中，汽车会因各种原因而沾染污垢。注意汽车的日常清洁，不仅可以创造良好的车内环境，保护健康；还可以保护汽车内饰，延长其使用寿命。汽车清洁是汽车美容的前期准备环节，同时也是汽车保养最基本的环节。

6.1 汽车清洁概述

汽车在不同的环境中使用时，其表面会收到风吹、日晒、雨淋等自然侵蚀；车辆在行驶过程中由于摩擦而产生强烈的静电层，静电对灰尘和油污的吸附能力很强，时间久了会形成一层坚硬的薄膜，使原来艳丽的车身变得暗淡无光。即使车身漆面质量再好，其表面逐渐沉积灰尘和各类污物，最终会导致漆面褪色、失去光泽，形成氧化层。另外，汽车在日常行驶中，容易粘上泥土、油污、沥青等污物，尤其是雨雪天，发动机舱与底盘部位很容易粘上泥水或油污，如果这些污垢不及时清除，不仅影响汽车的外观，还会诱发锈蚀和损伤，影响汽车的使用寿命。因此，汽车要定期进行车身美容；而汽车清洗对保持车容美观、延长车辆使用寿命有着重要作用。汽车清洁主要包括外部清洁与内部清洁两大部分。

6.1.1 汽车清洁的发展阶段

我国洗车清洁从最初雏形到现今发展壮大大致可归结为4个阶段。

第一阶段——初级阶段。20世纪80年代前，当时车辆很少，驾驶员主要用简单的洗车工具，如毛巾、自来水管等，对车辆进行简单的外表清洗。其特征为：设施简陋，人员素质低，缺乏对汽车美容养护的知识，服务项目单一。

第二阶段——成长阶段。20世纪90年代初，开始使用高压水枪、洗衣粉等，有相对固定的营业场所与从业人员。成长阶段的特征为：没有统一的行业管理，无技术要求和标准；但随着汽车工业的快速发展，汽车清洁美容具备了充分发展的市场。

第三阶段——发展阶段。20世纪90年代初到21世纪初，随着经济的进一步发展，汽车逐渐进入千家万户，汽车的保有量快速增长。汽车清洁护理的服务项目由简单的外表清洗进入车内的美容护理，讲究服务质量；有专业的清洗设备如发泡机、吸尘器、洗衣机等；从业人员相对固定，有一定的美容护理常识。

第四阶段——专业阶段。21世纪初至今，家庭轿车与乘用车以极其快速的速度递增，汽车清洗被赋予新的概念。除基本清洁美容外，还采用高科技设备与特殊工艺方法，对汽车外部进行漆面维护（如打蜡、抛光）、底盘防腐，对汽车内部进行翻新、内饰清洁等；大型汽车运输公司采购自动化的清洁设备对大客车进行全面自动的清洁，提高了车辆的美观与使用寿命。同时，相关从业人员也有专门的培训机构进行系统的培训，管理更加系统，更加专业，追求经济效益的同时也使用绿色环保设备等，使店面更专业，营业环境更优雅，服务质量更上乘。

6.1.2 汽车清洁的概念与特点

现代汽车清洁区别与传统意义上汽车清洗，现代汽车清洁是指由专业人员采用专用设备和清洗剂，对汽车车身内、外部及其附属设备进行清洁护理与美容，使汽车保持或再现原有状态的清洁护理过程。其特点主要表现在如下几方面。

（1）系统性。所谓系统性是指由外而内对对汽车进行全面彻底的清洁与保养。不仅除去表面灰尘泥土，还对汽车外表漆面氧化物进行清除，对车漆进行保养，此外还包括对车内部内饰清洁维护等。

（2）专业性。所谓专业性是指严格按照工艺要求，由专业人员采用专业设备与清洁用品对汽车进行清洗作业。避免使用非专业的肥皂液等传统方法对汽车清洁，造成漆面氧化，失去光泽。

（3）规范性。所谓规范性就是所进行的工序规范而有标准。经过固定的工序，在基本固定的时间内完成对汽车的清洁，可以保证清洁效果，提高清洗作业的效率，节约能耗。

综合现代汽车清洁与传统清洁的特点，可以概括为如下区别。

（1）目的和作用不同。传统洗车无非是"洗脸"，就是简单地去除一些表面的脏物；而汽车美容的洗车则是"保健美容"，不仅对漆面进行清洁处理，还对内部各种污渍进行技术处理。

（2）使用材料和工具不同。以洗涤剂为例。普通洗车使用的是一般非专业洗涤剂，这对汽车是有损害的；而汽车美容洗车使用的是专业洗车液，其 pH 值通常呈中性，不会损伤车身。

（3）施工技术不同。传统洗车主要依靠人力；而汽车美容洗车不仅有专业的人员，还有专业的施工方法和工具。

（4）对环境影响不同。传统洗车随意性较大，因此对环境和市容有很大影响；而专业美容洗车作业场所固定，配套设施齐全，不会造成环境问题。

6.1.3 汽车清洁的种类

我国大气污染比较严重，而气体污染会对汽车漆面造成很大的危害。另外，融化后的沥青、鸟粪和昆虫尸体等都会黏附在车身上，这些物质容易与其他有机物相互作用，相互渗透，在汽车表面留下明显痕迹。此外，汽车还会受到残蜡、油污、焦油、飞漆、网纹等的侵袭。另一方面，汽车内部织物、地板、顶棚由于气候变化，以及长时间不清洗会使内饰老化，织物藏污纳垢。正是由于以上种种原因，专业汽车清洁显得尤为重要。

根据汽车车身外部漆面与内部情况，可以将现代汽车的清洗分为以下几种。

（1）普通清洗。普通清洗是指原车身表面有蜡且蜡的效果很好，对车漆仍有一定的保护作用，在洗车时不需要把它去掉。因此，这种洗车只是洗掉车身的灰尘、污迹等。清洗方法主要是通过清水和专用清洗剂，采用人工或机械的方法进行。汽车的一般性清洗是最常用的一种清洗方法，也是汽车最基本的保养项目之一。

（2）新车开蜡清洗。新车下线时，为了避免在露天停放或在运输中风吹曝晒、受烟雾及酸雨的侵蚀，必须进行喷蜡覆盖保护；而新车交付后，这层下线时的保护蜡必须除去，这种对新车进行除蜡的过程称为开蜡清洗。保护蜡的成分与日常的车蜡是不同的，因此在购买了新车后，应到专业美容店用新车开蜡剂去除保护蜡，然后对车漆做深层次的清洁养护，此工序称作"车漆还原"。车漆还原后再用高泡沫柔性洗车液清洗上光,最后用不含抛光剂的、柔和的新车专用蜡将清洁的车漆表层密封,使车漆底色充分显现。

(3) 污渍清洁。汽车行驶时会受到油污、焦油、飞漆、网纹等的侵袭,造成难以清洗的顽渍,若没有及时清洗,长时间附着在漆面上,则会形成顽固的污渍。顽固的污渍用一般的方法和清洗剂很难清除,必须用专门的清洗剂进行清洗,如焦油去除剂等。

(4) 内饰清洗。内饰清洗往往容易被忽视,车内乘坐人员,或小孩,或抽烟人等都可能使内饰受到污染,若长时间不清洁,内饰上的污物将难以洗去。对汽车内饰织物如坐椅、车门内装饰板,以及顶棚可采用专门的内饰清洁剂进行定期清洗,从而使车内焕然一新。

(5) 内饰护理。汽车内饰如仪表板、车门内饰板、顶棚等会随着时间的推移而老化,色泽变淡,这时就需要采用专门的内饰护理液对这些部位进行清洁护理。此外,车内一些夹缝部位与空调出风口需要用吸尘器对其进行除尘处理。

(6) 去静电清洗。车辆在行驶过程中由于摩擦而产生强烈的静电层,静电对灰尘和油污的吸附能力很强,一般用水不能彻底清除,必须要用专用的车身静电去除剂进行清洗。汽车美容护理用品中有专门用于清除车身静电的产品,如汽车专用清洁香波,它是一种中性的车身清洁剂,含有阴离子表面活性剂和其他有效清洁成分,会与车身自带的静电荷发生作用,将电荷从漆面彻底清除掉。

(7) 增艳清洗。增艳清洗的作业方式是在抛光或上镜面釉之后进行的,目的是除掉残留在车身表面的抛光剂和油分,为上蜡保护做好准备,对汽车进行深度增艳清洗后有很好的视觉效果,不但可以除去抛光剂、油分等污物,还可以留下一层薄薄的蜡膜为接下来的上蜡保护打基础。

6.1.4 汽车清洗时机与注意事项

汽车清洗因时而异,因地而异,无固定时间与周期,主要根据污染程度而定。

1. 汽车清洗时机

(1) 依天气来判断。

晴好天气时,只要用鸡毛掸子清除车身上的灰尘,再用湿毛巾或湿布擦拭前、后挡风玻璃及车窗与两旁的后视镜。一般先清除车顶。再清除前后挡风玻璃、左右车窗、车门,最后清除发动机盖及行李箱盖。如果一直为此种天气,大约1周做一次全车清洗工作即可。

连绵阴雨时,只要用清水先将全车喷洒,使车上的污物掉落。因为还会再下雨,接下来用湿布或湿毛巾擦拭全车所有的玻璃即可。但当放晴之后,就得全车清洗一番。

(2) 依行驶的路况来判断。

行驶在工地或行经工地时,一般车子都会受工地的污泥所溅及,尤其是工地,地上的水泥容易溅起。如果车子被溅及时应立即使用大量清水清洗,以免污泥附着久了伤及烤漆。

行驶在海边有露水或有雾区时，因海水盐分重且又有露水、雾气湿重，倘若回来后没有立刻使用清水彻底清洗一番，则易使车身钣金因盐分而遭受腐蚀。

行驶在山区有露水或有雾区时，只要在停车后使用湿毛巾或湿布擦拭即可。

2. 汽车清洗时注意事项

（1）正确选用清洗介质。

正确选用清洗介质是洗车环节中最重要的一点，其包括选择水质和选择清洗剂。

① 注意水质。洗车时水源的质量往往容易被忽视。用水质差的水清洗车辆会造成损害。另外，洗车时严禁使用被污染的水源。

用高压水洗车时，危害最大的是水中的固体悬浮物，因为其在高压力的夹带下，会对汽车漆面造成损伤；其次是水中的矿物油过多也会造成污染；第三，水的pH值应保持在6~9之间，这样不会腐蚀车身；第四，从人本身的健康出发，水质中的细菌总数也不宜太高；第五就是水的色度和臭味，在国家标准GB/T18920—2002《城市污水再生利用城市杂用水水质》中对洗车用水做了详细的规定（参见表6-1）。

表6-1 洗车用水国家标准（部分）

序号	项目/指标		冲厕	道路清扫	城市绿化	车辆冲洗	施工
1	pH		\multicolumn{5}{c}{6.0~9.0}
2	色（度）	≤	\multicolumn{5}{c}{30}
3	嗅		\multicolumn{5}{c}{无不快感}
4	浊度（NTU）	≤	5	10	10	5	20
5	溶解性总固体（mg/l）	≤	1 500	1 500	1 000	1 000	—
6	5日生化需氧量BOD5（mg/l）	≤	10	15	20	10	15
7	氨氮（mg/l）	≤	10	10	20	10	20
8	阴离子表面活性剂（mg/l）	≤	1.0	1.0	1.0	0.5	1.0
9	铁（mg/l）	≤	0.3	—	—	0.3	—
10	锰（mg/l）	≤	0.1	—	—	0.1	—
11	溶解氧（mg/l）	≥	\multicolumn{5}{c}{1.0}
12	总余氯（mg/l）		\multicolumn{5}{c}{接触30min后≥1.0，管网末端≥0.2}
13	总大肠菌群（个/l）	≤	\multicolumn{5}{c}{3}

② 清洗剂的选择。和水质相比，清洗剂的选择更为重要。从严格意义上来说，只有采用pH值为7、含阴离子表面活性剂的清洁剂清洗漆面，才能同时达到去除车身静电、油污和漆面保养的双重目的，pH值为7的均为专业汽车美容用清洗剂。对不同材料制成的部件必须使用不同的专业清洗剂，这些专业清洗剂都是按现代汽车的技术要求，按照独特的配方和生产工艺制造的，是一般民用洗涤剂所不能替代的。

（2）操作注意事项。

① 洗车尽量用专用洗车液，禁止使用肥皂、洗衣粉等，此类用品碱性强，容易使漆面老化失去光泽。

② 水压不宜太高，过力冲洗会对车身漆面造成损伤，但在对底盘冲洗时可以提高水压，以便把底盘的污物泥尘清除干净。

③ 清洗汽车表面禁用粗布、刷子之类的硬质物品，会对漆面造成损伤，宜用软布、海绵等进行擦洗。

④ 洗车应遵循由外到内、自上而下的一般规律。

⑤ 洗车应注意天气，不宜在阳光曝晒下洗车，可在室内或阴凉处洗车；冬季不宜在严寒处洗车；阴雨天少洗车，但雨天过后，宜立即洗车，防止雨中酸碱性物质对车身漆面造成损伤。

⑥ 洗车液洗车完毕后，应立即冲洗干净并用干布擦干，在阴凉处晾干，积在车子零部件部位的水滴须擦干净。

⑦ 清洗后应注意制动效果，宜踩几下制动踏板，提高制动盘热量，待水蒸发干净后再正式上路行驶。

6.2 汽车外部清洁

汽车外部清洁，也就是平时所说的洗车，通过清洁冲洗，去除汽车表面泥沙、灰尘及其他一些附着物，使汽车保持车体整洁、美观。

车表的污垢主要包括：各类泥尘等积物、锈蚀物，以及焦油、沥青、鸟粪、虫尸等附着物。这些污垢往往都具有较强附着力，能牢固地附着在零件的表面，且各自有不同的性质，因此从零件表面清除它们的难易程度也不同。如不及时清理车表的污垢，不仅影响车容的整洁，还会造成外表严重锈蚀，零件早期松脱，并影响检修、拆装等。可见，应该及时进行汽车外部清洗。

6.2.1 车表污物的组成

（1）外部沉积物。外部沉积物可以分为尘埃沉积物和油腻沉积物两类。大气中经常含一定数量的尘埃，漂浮在行驶的车辆附近，当尘埃颗粒的含量增加时，其在金属表面的沉积也就加快。尘粒附着在表面上的牢固程度取决于表面的清洁程度、尘粒的大小和空气的湿度。

油腻是由于污泥和尘埃落到被机油污染了的车表或零件上而形成的，如润滑油落到汽车表面上，则尘土被润滑油浸透也会形成油腻沉积物。

（2）锈蚀物。锈蚀物是由于金属和合金的化学或电化学被破坏而形成的。钢铁零件表面如果失去保护层，长时间暴露在潮湿的空气中很容易形成微红褐色的物质——铁锈。锈溶于酸中，微溶于碱和水中。铝制零件同样会产生锈蚀。

（3）附着物。汽车在行驶中，由于周围环境的不同而容易沾上一些附着物，如在维修的道路上容易沾上焦油、沥青等，行驶在乡间道路上容易沾上树汁、鸟粪、虫尸等。因此，不同的污物要用不同的清洁液进行清洁。

6.2.2 汽车清洁常用工具与用品

1. 常用的清洁工具

在进行汽车清洗作业时，由于汽车表面各部位的材料质地、形状的不同，宜选用合适的清洁工具。常用的清洁工具包括海绵、毛巾、浴巾、麂皮、板刷等。特种清洗还需要除锈剂和除油剂。下面介绍一些普通的清洁工具。

（1）海绵。海绵在洗车作业中用于擦拭车身，具有良好的弹性及吸水能力，有利于保护漆面和提高作业效率。对洗车作业中使用的海绵有特殊的要求，除具备上述特点的同时，还应具有一定的韧性、抗拉强度和耐磨性。

（2）毛巾和浴巾。毛巾和浴巾是洗车中的易耗品，主要用于擦拭车身。为保证清洗效果，在擦拭过程中不应有细小纤维的脱落，为此普通毛巾和浴巾就难以满足要求，在洗车中应用的毛巾和浴巾，最好选用无纺布制品。

（3）麂皮。麂皮在洗车作业中使用广泛，主要用于擦干汽车表面。它之所以有这样的使用市场，不仅因为它质地柔软，有利于漆面的保护，更主要的原因是它具有良好的吸水能力，尤其是对车身表面及玻璃水膜的清除效果极佳。但在洗车作业中宜先用毛巾或浴巾对车表面擦干后，再用麂皮进一步擦干，以利于延长麂皮的使用寿命。另外，在选用麂皮时，应尽可能选择较厚的，其皮质韧性和耐磨性更好。

（4）板刷。板刷主要用于轮胎、挡泥板等处附着泥土垢的清除。由于上述部位泥土附着较厚，不易冲洗干净，所以要在洗车时有针对性地进行刷洗。板刷选用鬃毛板刷最佳，鬃毛板刷不但具有较好的韧性和耐磨性，还可以减轻刷洗作业对橡胶、塑料件产生的磨损。不提倡使用塑料纤维板刷。

2. 常用清洗用品

由于普通洗衣粉和洗洁精的化学成分不同，又含有比较强的碱性，对汽车面漆有很大的腐蚀作用，使面漆失去光泽，同时也会去除掉汽车表层的蜡膜，因而必须使用专用的洗车液、泡沫洗车液和沥青/柏油清洁剂等。如图6-1至图6-4所示为常用的汽车外部清洁用品，其特点是：具有超强的渗透清洗能力，能快速清除汽车油漆表面和轮胎表面的柏油、沥青、尘垢以及新染的漆点等顽固污渍，令车辆光洁如新。

图 6-1　柏油沥青清洗剂

图 6-2　万能泡沫清洗剂

图 6-3　浓缩洗车精

图 6-4　汽车外部清洗液系列

6.2.3　汽车清洁一般设备

由于车辆的档次不同，汽车专业美容对汽车外部清洁的要求不同于路边的一般车辆冲洗，它对漆面保护和总体的要求要高，因此，需要针对车辆的不同部位、不同材质，采用不同的清洗设备、工具和材料。

1. 常用的清洗设备

常用的清洗设备主要有冷热水高压清洗机、泡沫清洗机、空气压缩机、水枪和气枪等。

（1）冷热水高压清洗机。

冷热水高压清洗机主要用于清洗汽车外观、发动机表面以及底盘等部位的灰尘油污，是汽车美容必备工具之一。冷热水高压清洗机系统一般由水泵、加热装置和传动机构等组成，安装在轻便的车上。与之配套的部件主要有进水软管和出水软管、各种规格的喷枪、刷洗用的毛刷等。这类清洗机具有结构紧凑、清洗效率高、有利于环境保护、清洗质量好和清洗范围广等特点。

冷热水高压清洗机使用自来水作为水源，采用柱塞式水泵获取高压水流。高压水流的压力和流量可根据清洗的要求进行调节，热水的温度也是可以调节的（60～100℃）。

高压清洗机的种类很多，性能不一。如图6-5所示为某牌号的高压冷水清洗机，输出水压为0.2～1.2MPa，压力可调，喷出的水柱可调成集束型或花洒型，输出量450 l/h，可快速更换喷枪、喷杆和软管，自重14.5 kg，功率2 kW，具有较高的工作效率。

以污垢严重、需用热水清洗的车为例，进行实际操作，其操作程序如下：

① 用高压热水对车身外表从上到下冲洗一遍，可清除车身上的砂粒、污泥等；
② 用高压热水对车顶、前后风窗玻璃、侧窗玻璃及通风口依次逐一冲洗；
③ 用高压热水冲洗车门、门饰板和饰条；
④ 用高压热水冲洗发动机盖板、前围、保险杠、翼子板、轮罩和车轮；
⑤ 用高压热水冲洗车身行李箱盖板、后保险杠、后翼子板、后轮罩、后车轮和底盘；
⑥ 用半湿毛巾将热冲洗过的车身，按前述热水冲洗的顺序擦拭一遍，擦尽所有的污垢。尤其是边沿、缝隙、沟槽等不易冲洗的部位更应进行认真仔细的擦拭，不得有遗漏部位。用柔软的干毛巾，按前述的顺序对车身认真擦拭一遍，要边擦边检查，使车身无任何残留的污物和痕迹，达到整洁、干净，即完成了全部清洗操作。

（2）泡沫清洗机。

利用压缩空气在设备内部产生一定的压力，通过设备配置的系统，将设备内调配好的清洗液以泡沫状喷射到需要清洗的汽车车身表面，通过化学反应，起到去尘和去污的作用。据统计，采用泡沫清洗机后，清洗一辆汽车的材料成本不到0.20元，经济效益明显提高。如图6-6所示为FB-100型号的泡沫清洗机。

图6-5　高压冷水清洗机　　　　图6-6　泡沫清洗机

（3）空气压缩机。

空气压缩机分为单级式和双级式两种，其主要性能指标有：空气压力、每分钟的压缩空气量和消耗功率。单级式的输出压力为0.7～0.8 MPa，而双级式则达到1～3MPa。空气压缩机在汽车美容护理方面应用范围很广，主要用于泡沫清洗机、各种气动工具、车身油漆喷涂、发动机和变速器免拆清洗以及轮胎充气等。如图6-7所示为常用的空气压缩机。

（4）水枪和气枪。

水枪和气枪分别是与高压清洗机和空气压缩机配套使用的重要清洗设备。其种类很多，有的带快速接头，可作快速切换；有的带长短接杆，使用时更为方便。由于水枪和气枪承受的工作压力高，使用频繁，因此比较容易出现泄漏和损坏。如图6-8所示为常见的人工使用水枪对车辆进行冲洗。

图6-7 空气压缩机

图6-8 使用水枪对车辆进行冲洗

6.2.4 汽车外部清洁的正确方法

正确的洗车方法应按下列程序操作。

（1）去除车体表面的泥沙。选用适当的水柱压力，先将整车湿润一遍，使泥沙渗透水分，容易脱落，再从上往下和由前到后地冲洗。

（2）喷上专用洗车液进行擦拭刷洗。将适量的清洁剂加入泡沫清洗机内，接通电源，调好输出压力，将泡沫清洗液喷洒在整个车身表面上，等待1～2min后分别用干净的麂皮、海绵或毛巾轻轻地抹拭。

（3）用清水冲去泡沫。用高压洗车机或自来水冲掉残留在车身表面的泡沫洗车液。

（4）用麂皮擦去车体表面水渍。先用麂皮吸去车身上的水渍，然后用压缩空气吹干车身外表。

尽管汽车清洗作业简单易行，但必须按规范操作，以最大限度提高工作效率。在洗车作业中，应注意以下几点。

（1）应使用专用洗车液，严禁使用肥皂或洗洁精，因为这类用品碱性强，会导致漆面失光，局部产生色差，密封橡胶老化，还会加速局部漆面脱落部位的金属腐蚀。

（2）高压冲洗前，须检查车窗和前、后盖板是否关闭良好。

（3）高压冲洗时，水压不宜太高，一般不高于 0.7 MPa；应先使用分散雾状水流清洗全车，浸润后再利用集中水流冲洗。对于可调压的清洗机，底盘冲洗时，水压可高一些，以便能够冲掉底盘上附着的污泥和其他附着物；车身清洗时，可将水压调低些，因为如果清洗车身的水压过高和水流过大，污物颗粒会划伤漆层。

（4）使用调温式清洗机，注意热水温度不宜过高，以免损坏漆层。

（5）擦清洗剂时应使用软毛巾或海绵，最好使用海绵，以免其中的硬质颗粒划伤漆面。

（6）洗车各工序都应遵循由上到下的原则，即按车顶、前后盖板、车身侧面、灯具、保险杠、车裙、车轮的顺序进行清洗。

（7）不要在阳光直射下洗车。如果阳光直射，车表水分蒸发快，干涸的车身上的水滴会留下斑点，影响清洗效果。

（8）不要在严寒中洗车，以防水滴在车身上结冰，造成漆层破裂。北方严寒季节洗车应在室内进行，车辆进入工位后，停留 5~10 min，然后冲洗。

（9）发现车身附有灰尘或杂质，应及时清除，以免玷污漆面。

6.2.5　车表顽固污渍的清除

汽车行驶时有可能粘上焦油、沥青等污物，如果没有及时清洗，这些污物长时间附着在漆面上，会形成顽固的污斑，使用普通的清洗液一般难以清除干净。顽固污渍可以采用如下方法处理。

（1）焦油去除剂清除。

焦油去除剂是汽车美容的常用产品，主要用于沥青、焦油等有机烃类化合物的清洁。使用专用的焦油去除剂，既可有效溶解顽固污物，又不会对漆面造成损伤。在沥青、焦油等顽固污渍的清除作业中，最好选用专用产品；若无专用去除剂，也可考虑使用下面两种方法。

（2）有机溶剂清除。

如果没有专用的焦油去除剂，可选用有机溶剂，但选用时一定要注意不可选用对车漆有溶解作用的有机溶剂，如含醇类、苯类的有机溶剂、松节水等。一般可用溶剂汽油浸润后，擦拭清除。

（3）抛光机清除。

使用抛光机清除时可加入适当的研磨剂，也能有效地去除附着在车表的沥青、焦油等顽迹。但操作时要注意抛光机的使用，注意选择抛光机的转速和抛光盘的材质，避免抛光过度，得不偿失。

6.2.6　几种新型洗车方法

洗车既可分为人工洗车、机器洗车和电脑洗车，又可分为无水洗车和蒸汽洗车。人工洗车是指全部人工操作，不使用任何机械设备即可完成的简单处理；机器洗车是指运用一些专用设备和专用药剂进行快速的清洁；电脑洗车是指用全自动的专用洗车设备对汽车外表进行清洁，最后由人工完成角落遗留水渍的去除。无水洗车是指使用专用的无水洗车药剂针对不是很脏的车进行的清洁处理。蒸汽洗车集清洗、打蜡、保养于一体，在雾状环境下对车进行清洁处理。

一些发达的国家已全面推行全自动洗车。为了保持城市和道路的清洁，往往在一些主线干道的出入口都安装有这种设备。

1. 隧道式电脑洗车（如图6-9所示）

图6-9　隧道式电脑洗车机

（1）隧道式电脑洗车机结构和功能介绍。

① 输送机系统。汽车进入隧道时，轮胎的导正系统可使汽车停在输送机的停车轨道上，收好天线、放空挡、不要动雨刷。输送机系统可将清洗的汽车通过隧道完成清洗的运输功能。

② 高压喷水系统。采用强力电动机和水泵产生高压水，对汽车表面进行冲洗，使车身上的微小砂粒和灰尘除去，以便进行安全刷洗。

③ 一对前小刷。前小刷可对汽车的下部外表进行刷洗，可除去部分污垢等。考虑汽车下部污垢一般比中部和上部严重，所以，此部位要多洗刷一遍。

④ 高泡沫喷洒系统。该系统对车身喷洒泡沫洗车液，以增强清洗除污能力。

⑤ 滚刷系统。由前侧大刷一对、前顶刷一个、后顶刷一个、轮刷一对和后小刷一对，组成了隧道式洗车机的滚刷系统。

⑥ 亮光蜡喷洒系统。在滚刷刷洗之后，用亮光蜡喷洒系统对车身进行清洗后的护理，使车身涂膜更加鲜艳靓丽。

⑦ 强力吹风系统。由前风机和后风机组成，用清洁的高压空气将车身吹干。

⑧ 擦干系统。由特殊的绒毛布条组成，可将风干后所残留的水痕彻底擦拭干净。

⑨ 控制操作箱。整个控制操作系统，由控制箱和操作控制台组成。

（2）隧道式电脑洗车机机型及主要参数（参见表6-2）。

表6-2　隧道式电脑洗车机机型及主要参数

机　型	GS701	GS702
机器外形尺寸（长×宽×高）/cm×cm×cm	900×380×300	1 050×380×300
输送机长度/cm	996	1147
使用面积/cm×cm	1 800×400	1 950×400
电源	380 V/3	308 V/3
功率/kW	24	38
水源（进水管口径/mm）	38	38
耗水量（不回收 L/台）（回收 L/台）	130　15	130　15
洗车能力/（台/h）	120	120
大直刷/个	4	4
小直刷/个	4	4
顶横刷/个	2	2
风机架/组	1	2
轮刷/个	选配	选配
擦干系统	选配	选配
高压水枪	选配	选配

（3）隧道式电脑洗车机洗车流程（如图6-10所示）。

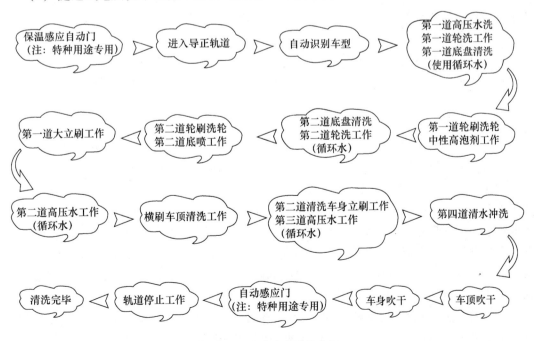

图6-10　隧道式电脑洗车机

图6-10显示了隧道式电脑洗车机的洗车流程。电脑洗车机设备种类繁多，除了介绍的隧道式洗车机以外，还有1+1式电脑洗车机以及龙门式洗车机等，此处不多介绍。目前这些洗车机在我国的北京、上海和广州等一些大城市已投入营运。

2. 无水洗车（如图6-11所示）

图6-11 无水洗车机

完全的无水洗车是没有的，所谓无水洗车只是先喷一些化学清洁剂之类的东西，然后用少量的水擦洗干净，比原来的方法少用点水。无水洗车针对车漆、玻璃、保险杠、轮胎、皮革、丝绒等不同部位、不同材料使用不同的产品进行保养，可以在彻底清洁污垢的同时使汽车得到有效的保养。相比之下，水洗就没有这个优势。无水洗车含有悬浮剂，喷上后会快速渗透，可有效使污渍与车漆产生间隙，在沙土颗粒和车漆之间形成保护层；同时棕榈蜡会包裹在污垢的周围使污渍与车漆隔离，再利用表面活性剂去除污渍，用湿毛巾轻轻一擦就掉了，所以不会划伤车漆。此外，产品含有的多种高分子漆面养护成分、增光乳液、巴西棕榈蜡等成分能保护车漆、防静电、防紫外线、防雨水侵蚀、防车漆老化，并有效地抵挡雨、雪、风、沙等对车体的伤害，保护车漆镜面光泽不受损坏。

环保无水洗车是一种集洗车、打蜡、上光一次性完成的产品，配合节水洗车机使用加快了洗车速度。这种机器压力可高达0.6～1.0 MPa，从而去除泥沙效果更彻底，其最突出的特点在于尽管方式跟有水洗车一样，但只需一可乐瓶（2升）的水就可洗干净一辆车，而且做到地下无流水（洗车房用此设备无须做下水道），节水率可高达98%。如果配合无水洗车宝使用，将使被清洗的车辆光亮如新，打蜡效果显著。无水汽车机主要由以下几个系统组成。

（1）特殊旋口节水高压喷枪：可对轮胎、轮毂、底盘、发动机等较脏、较难清洗的部位进行全方位彻底清洗，通过调整出气与出液的比例来达到最佳洗车效果及最高的节水率。

（2）自动注液系统：该系统不用停机即可连续作业，提高了工作效率。

（3）电子温控系统：此系统的设置可以保证我国寒冷地区在冬季严寒气候下可随时开机、随时洗车的需要，而且可使洗车液恒定在一个理想的温区，从而发挥洗车液的最佳效果。

3. 蒸汽洗车

集清洗、打蜡、保养于一体的蒸汽洗车，旨在从根本上改变现有落后的洗车方式，从而给洗车行业带来一场新的变革。蒸汽洗车具有如下优点。

（1）无污染。洗车是在雾状下进行的，洗完后原地仍旧干净整洁，是绿色环保产品，对保护市容市貌、改善生态环境具有重要意义。

（2）节水、节能。蒸汽洗车每辆车仅用水 0.5 升左右，用水量是一般洗车时的 1%，耗电 0.5 度左右。

（3）车容靓。采用特殊清洁剂、上光剂和高档车布，清洁、护理一次完成，避免用水洗车造成的车子磨花、车漆失去光泽、使汽车毁容等现象。

（4）体积小、质量轻，可流动作业，上门服务。

（5）无须专用店面，不受场地限制；快捷方便，劳动强度低，只需 10 min 左右即可完成。

6.2.7 汽车底盘的清洁

1. 汽车底盘清洁

汽车底部通常看不到，由于其部位特殊，车底挡泥板及车身下边缘的弯曲部分泥污、脏物极易堆积，堆积附着物的水分又不容易蒸发，时间稍长不作清理则容易生锈、腐蚀。所以，汽车底盘要进行定期维护。

（1）将汽车用举升机抬升至工作高度，或者将汽车开到地沟槽平台上。没有举升机又没有地沟槽实施时，禁止操作人员使用千斤顶升起车身后就钻入车底下进行冲洗作业。

（2）用高压水全面冲洗底盘，有可能的话，最好使用高压热水冲洗机来冲刷去掉脏物，只用自来水很难冲洗干净。冲洗时对边缘部分、弯曲部位以及四轮的挡泥板等部位更应仔细冲洗，有时还需配合使用较软的钢丝刷或铲刀来除去顽固残留脏物，但操作要小心，不要损伤保护涂层。

（3）使用工作灯仔细检查车身底部和底盘、悬架等处有无生锈。如果生锈或有伤痕，用砂纸打磨去除浮渣、锈污，然后先后涂上防锈漆和底盘沥青涂料。

（4）有必要的话还可以对汽车底盘部位全面喷涂保护剂。喷涂之前，应先卸下四只轮，将轮毂、减振器、排气管及转向节等有相对运动的接合表面，以及其他不得喷涂的部分用防涂纸进行覆盖。当必要的防涂遮蔽工作完成后，才能进行喷涂作业。

2. 底盘重要系统的清洁

（1）传动系统清洁。

传动系统的变速箱、传动轴、主减速器壳体、半轴套管等部件也是容易粘上泥土、产生油泥而受到污染的地方，长时间不清洗会对部件产生锈蚀。清洁时一般可视污物的性质选用专用清洗剂进行清洗。

（2）转向系统清洁。

转向系统的转向横拉杆、方向机、转向节臂等部件位于车底，在汽车行驶时比较容易脏污，时间长了就会生锈而影响其应有的使用性能。一般的污渍可用多功能清洗剂进行清洗，如果发现有锈斑就必须用除锈剂进行擦洗，清洗后可喷上多功能防锈剂进行护理。此外，还可以在转向助力储液罐中添加转向助力调节密封剂，以恢复老化橡胶油封的密封性，防止转向液渗漏，消除因漏液而造成的转向迟钝、转向沉重等现象，并能清洗并润滑助力转向系统的内部机件，防止胶质、老化和油泥产生，减少机件磨损，延长使用寿命。

转向助力调节密封剂可与各种转向液混合使用，适用于各种类型的液压助力转向器，可快速恢复转向器各密封件的弹性和功能，在转向器运行中，可自动封堵因密封件干燥硬化、裂缝、收缩而导致的泄漏。它含有预防性添加剂，可防止各密封件失效，并可自动维护、改进各种助力转向性能，保证转向操作轻松、平稳。使用时，可将密封剂加入转向助力储液罐中，行驶中将自动堵漏。

（3）制动系统清洁。

由于汽车制动器工作情况的特殊性，制动蹄片有可能会粘上油泥、制动液、烧蚀物、胶质等污物，容易产生制动噪声，影响制动性能，因此也必须定期进行清洁护理。制动系统可选专用的制动系清洗剂进行喷洒清洗，以有效地清除制动蹄片上的污物，改善制动效能，消除制动噪声。

制动系统清洁喷雾剂对制动系统制动摩擦面有清洁作用，能去除制动部件工作时所留下的残留物，降低摩擦面的摩擦系数，防止摩擦片、碟、鼓等因过度磨损而影响制动性能。制动系统清洁喷雾剂还能立即清洁各种形式的制动总成、衬垫及制动部件上的油污，防止打滑，提高制动效能；对制动摩擦片有保护作用，防止刹车片在高强度的摩擦下焦化，延长制动摩擦片的使用寿命。

3. 汽车底盘清洁注意事项

（1）为确保在举升设备下作业的安全，有必要定期对举升设备进行维护保养。两柱举升机的四个防滑支承垫容易破损，必须经常检查。

（2）部分车辆的四轮挡泥板处，另外安装塑胶拱罩，必要时应拆下来清洗，并用高压水彻底冲洗挡泥板及翼子板内侧。

（3）排气管因高温不得喷涂底盘涂料。

（4）发动机室无底托板或底托板破烂时，必须先遮蔽，然后再进行底盘涂料的喷涂作业。

4. 轮胎和轮毂的清洁方法

汽车依靠轮胎与地面的摩擦力产生驱动力而行驶。由于轮胎与路面的接触，溅起的泥水、尘土、油脂和沥青等使轮胎和轮毂的外表非常脏，从而给漂亮的座驾带来"难堪"；同时附在上面的一些酸、碱性物质也会慢慢地产生侵蚀作用，使轮胎过早老化，甚至龟裂。因此经常清洗轮胎和轮毂，保持其外表的清洁和亮丽显得十分必要。

轮胎和轮毂的清洁并不难，关键是要去除外表的沥青和恢复亮丽。

轮胎和轮毂清洁时所使用的材料都比较专一,且不能滥用,否则不但清洁效果差,还可能会给轮胎和轮毂带来损害。采用的清洁材料如下。

(1) 轮胎清洁剂。顾名思义,轮胎清洁剂主要用于清洁轮胎。市面上此类产品众多,用户应根据需要选用。

(2) 轮毂清洁剂。轮毂清洁剂能有效去除轮毂上的油渍,氧化色斑,并清洁上光。本品呈弱酸性,但对轮毂及轮胎无腐蚀作用。

(3) 轮胎保护剂(光亮剂)。轮胎保护剂的功能是能截断阳光中紫外线,避免轮胎退色、老化以及龟裂。其使用方法如下:

① 使用前充分摇匀本产品;
② 将轮胎清洗擦干;
③ 距离 25 cm 处喷洒在轮胎上;
④ 等待 2 min,待干后即光亮如新。

注意事项:此产品不能与水混合使用,不能喷洒在车身其他部位。

轮胎轮毂清洗方法如下。

(1) 高压清洗。用高压洗车机冲洗轮胎和轮毂外表以及挡泥板内侧的泥沙和尘土,然后用毛巾擦拭,去除黏附的浮土。

(2) 喷涂轮胎清洁剂。轮胎清洁剂不但对橡胶有极强的去污力,而且不伤轮胎。喷涂 1~2 min 后再用毛巾擦拭。

(3) 清洁轮毂。轮毂清洁剂能强力地去除油污和沥青,喷涂后用软毛刷洗刷才不会损伤金属表面。

(4) 喷涂光亮剂。轮胎和轮毂清洁后,用水冲洗干净,再用压缩空气吹干,最后喷涂轮胎保护剂,可使两者的外表焕然一新,并且能保持轮胎的柔软和延缓老化。

6.2.8 汽车发动机的清洁

1. 发动机舱的一般清洁

(1) 清洁前的准备。

打开发动机舱盖后,会看到机舱内装有许多电器装置,如分电器、发电机、启动机和调节器等。对于一些防潮性能较差的电器元件,应先用塑料薄膜进行遮盖,有些元件一旦进水后,会影响发动机的启动。

有些高档轿车,发动机舱内电器元件的防水性能极好,可以不需要上述工作。

(2) 高压冲洗与泡沫清洗。

当发动机冷却后,开始进行发动机舱的清洗。与整车的外部清洗一样,用高压洗车机从上往下,用散射水柱进行冲洗,去除较重的泥沙和油污。高压水枪千万不要对着分电器、火花塞、发电机、启动机和点火线圈等部位进行冲洗。高压清洗不能去除全部的污垢,应该再进行泡沫清洗,强力的泡沫清洗剂能均匀地将污垢吸附到泡沫中,起到很好的去污作用。2~3 min 后用自来水或高压洗车机冲去泡沫。

(3) 空气滤清器的清洁。

空气滤清器尘垢太多时，会造成堵塞，使进气量下降，严重影响发动机的工作。空气滤清器的纸质滤芯安装在空滤器内，打开上盖后就能看到。取出纸滤芯，将上面反转，向下拍去灰尘，再用压缩空气反方向吹出灰尘便可复装。

(4) 锈蚀的清除。

机件受到锈蚀后，材质便从外到内逐渐疏松和剥离，如不及时清除便会影响机件的寿命。去除锈蚀最好的方法是喷涂除锈剂，喷后用毛刷刷洗，彻底除锈后，要充分冲洗干净，吹干后再喷涂一层防锈漆，使机件获得很好的防锈保护层。

(5) 蓄电池的清洁。

现代轿车的蓄电池都被紧凑地安装在发动机舱内。由于车辆行驶时的颠簸和发动机舱温度的升高，蓄电池液常常会从加液盖的通气孔渗出，使蓄电池非常脏，同时还会腐蚀车架的底板和电池的安装支架，因此要进行定期的清洗。

清洗前，先松开蓄电池的接线桩头，取下蓄电池；然后用泡沫清洗，再用毛刷刷洗，比较脏的部位可用专用的电池清洁剂清洗；最后用清水冲洗干净，在底板和支架清洁后，便可进行蓄电池的复装。

复装蓄电池时，接线桩头必须接触良好，任何微小的松动都会影响发动机的启动。拧紧桩头后，可将桩头涂上一层保护剂，能起到保证接触良好和防止氧化的作用。

(6) 局部清洗。

油污的附着力很强，有时泡沫清洁剂也难以除去污垢，最有效的方法是使用发动机外部清洗剂，喷涂 2～3 min 后，再用毛刷擦拭，严重的部位还可以反复喷涂和擦拭。发动机舱盖上流水槽的污垢非常严重，一般可用自来水冲洗和泡沫清洗，再用软毛刷擦拭，最后打上一层车蜡或喷涂橡胶保护剂，以防止其老化而延长使用寿命。

2. 发动机重要系统的清洁

(1) 燃油系统清洁。

现代汽车发动机燃油系统的清洗可使用专业设备及专用清洗剂，在发动机不解体的情况下进行，也称之为发动机的免拆清洗。

① 用专用清洗机对燃油系统进行免拆清洗。首先配制好清洗剂与燃油的混合液，将清洗机的进、回油管接到汽车的燃油系统中，启动清洗机和发动机进行燃烧清洗。在发动机运转的同时，混合物经燃烧将分布在系统中的胶质和积炭溶解剥落，并随废气排出。

② 用专用清洗剂对燃油系统进行免拆清洗。使用时将汽车燃油系统专用清洗剂按说明书要求直接加入到油箱里，专用清洗剂能随燃油流动，自动清除、溶解燃油系统中的胶质、积炭等有害物质。

(2) 润滑系统清洁。

发动机在运行过程中，润滑系统的润滑油处在高温高压的条件下工作，容易产生油泥、胶质等沉积物，不但影响润滑油的流动，而且加速运动零件的表面磨损。因此必须对润滑系统定期进行清洗，以保证润滑系统的正常工作。

① 机器清洗。先排出发动机油底壳的润滑油，取下机油滤清器，接好发动机润滑系

统清洗机的进出油管，启动开关进行定时清洗；到时间后清洗机会发出报警声，提示已经完成清洗。然后拆下进出油管，装好机油滤清器和放油塞，重新加注润滑油。

② 专用清洗剂清洗。发动机内部高效清洗剂能有效地清洗润滑系统各部油道及运动部件表面，将油泥、胶质等沉积物溶解。这种清洗一般在更换润滑油时进行。清洗时先将清洗剂按说明书的要求加注到曲轴箱中，启动发动机运转半小时后，将脏污的润滑油放掉，更换新的机器；然后按要求加注新的润滑油。

（3）冷却系统清洁。

汽车冷却液中不同程度地会含有碳酸钙、硫酸镁等盐类物质。冷却系统长时间工作后，这些物质会从冷却液中析出，一部分形成沉淀物，另一部分沉积在冷却系统的内表面形成水垢。由于水垢层的导热性能很差，发动机容易出现过热现象，使发动机润滑条件恶化，运动部件表面不能形成良好的润滑油膜，同时也使燃烧室内积炭增多，容易产生爆燃，造成功率下降、油耗增大。因此，当汽车行驶一段时间后，应及时对冷却系统进行清洗。

① 清洗机清洗。可利用水箱清洗机来清洗冷却系统。水箱清洗机是清除水垢的专业设备，它利用气压产生脉冲，在清洗剂的作用下快速清除冷却系统内的水垢。

② 专用清洗剂清洗。冷却系统高效清洗剂具有超强的清洗能力和高效的溶解性，能在发动机运行中彻底清除冷却系统内的水垢，恢复冷却系统各管道的流通能力，确保散热性能。使用时按说明书的要求将适量的清洗剂加入冷却液中，拧好散热器盖，启动发动机运行 10 min 后，排出冷却液；清洗完毕后再重新加注冷却液即可。这种专用清洗剂对水垢的去除率至少在 85% 以上，且不会对冷却系统造成腐蚀。

3. 发动机舱清洗常用的清洁设备、工具和材料

汽车行驶时，轮胎溅起的泥水和灰尘不可避免地会进入发动机机舱内。发动机工作时，温度非常高，周围会散发出许多油脂蒸汽，机舱内还装有蓄电池，汽化的电解液蒸汽也会带有一些酸性的腐蚀物质。泥水与油污的混合物黏附在发动机机体上，会降低发动机的散热能力，影响各种操纵件的工作，同时也会造成金属壳体的锈蚀。因此，发动机舱可以说是汽车上最脏的地方。为了确保发动机的正常运转并为维修人员的检查提供一个良好的工作环境，发动机舱必须保持清洁，及时去除油污和锈蚀。

发动机舱清洁的工作量虽然大，但项目较少，不需要进行复杂的拆装，因此，所用的设备、工具和材料也比较简单，主要有以下几种。

（1）空气压缩机。

（2）高压洗车机。

（3）泡沫清洗机。

（4）毛巾、海绵和毛刷。

（5）发动机外部清洗剂。其功能是：适用于汽油机、柴油机、机械及建筑设备，能有效去除发动机外部及连接部件表面的油污，能使塑料件、橡胶件在高温作业条件下抗老化、龟裂等，对发动机有良好的散热和翻新作用。

发动机外部清洗剂的使用方法如下：

① 使用前请充分摇匀清洗剂；

② 在引擎熄灭或冷却状态下，使用清洗剂均匀喷洒在发动机上；

③ 约 3 分钟后，再对发动机进行擦拭；

④ 最后用水冲洗即可。

注意事项：清洗剂必须在引擎熄灭或冷却状态下使用，不能在阳光照射与车体发热时使用。

（6）除锈剂和防锈漆。

除锈剂含有表面活性剂和磷酸等多种成分，除锈力强，使用时用喷雾器或刷子刷，对严重锈斑要保证每个处理部位接触 15 分钟以上，待锈迹除掉后再擦洗干净。除锈剂适用于汽车裸露的金属表面，如底盘、发动机等处。

防锈漆用于除锈后的发动机缸体等裸露的金属表面，一旦喷上便形成一层光亮保护漆膜，达到翻新发动机外表并防止生锈的效果。

（7）蓄电池清洁剂和电池接线柱保护剂。

（8）橡胶清洁剂和保护剂。

6.2.9 车窗玻璃和后视镜清洁

车窗玻璃包括前挡风玻璃、后窗玻璃和车门玻璃，此处的后视镜主要指车外后视镜。如果玻璃上沾有灰尘时，凡遇雨雾天气，灰尘便成为积聚雾珠的媒体，使玻璃逐渐变模糊，透明度变差。为了确保行车安全，应经常保持车窗玻璃和后视镜的清洁。

1. 车窗玻璃的清洁

玻璃的清洁不能用水，因为玻璃内侧常吸附有油烟，不但清洁费力费时，而且不彻底，可能留下烟膜和花纹。清洁玻璃前应先将上面黏附的污斑、昆虫和沥青用塑料或橡皮刮刀除去，千万不可用刀片等铁质材料刮玻璃，以防止划伤玻璃；然后才能用专门的玻璃清洁产品进行清洁。

一般玻璃清洁用品为玻璃清洁剂、风窗玻璃抛光剂。对于前挡风玻璃，可先用玻璃清洁剂预处理，除去表面灰尘，然后使用风窗玻璃抛光剂，将其尽量涂满欲擦部位，稍待片刻再用干净软布作直线式擦拭，直到将玻璃擦亮为止。这种产品兼具抛光上光作用，不但能使玻璃表面洁净、光滑、防止灰尘二次沉降，同时也改善雨刮擦痕。

后窗玻璃因内侧有防雾除霜栅格，所以不能用风窗玻璃抛光剂处理。另外有的玻璃贴膜后，也只能用玻璃清洁剂处理贴膜面，否则不但不能清洁玻璃反而会将膜面擦出划痕，影响采光效果；外面则可用风窗玻璃抛光剂进行处理。

清洁后窗时要千万小心，不可破坏防雾除霜栅格。只能用软布配合玻璃清洁剂进行仔细处理。如果不慎破坏了除霜栅格，可用修复工具将断了的地方用导电涂料涂上连接起来。贴有太阳膜的玻璃，有膜的一面用玻璃抛光剂处理，效果更加理想。如果玻璃上粘有口香糖或透明胶的残痕，可先用塑料刮刀将残留物清除，然后使用新车开蜡水简单擦拭即可清除此类污迹，最后再用风窗玻璃抛光剂处理即可。

2. 后视镜的清洁

后视镜的重要性是众所周知的，但现代车辆有许多后视镜是电动的，驾驶员通过室内的按钮便可操作，可以方便地扩展后方视野的宽度。有些高档轿车的后视镜还带有电加热装置，以便去除雾霜。因此，现代车辆的后视镜的构造已越来越复杂，价格也相当昂贵，清洁时要特别小心，最好不要用集束水柱冲洗。

后视镜的清洁方法与车窗玻璃相同，先喷涂玻璃清洗剂，然后用干净的毛巾轻轻擦拭，最后喷涂一层玻璃光亮剂（或防雾剂），从而使后视镜获得非常清晰的效果，而且能保持很长的一段时间不被玷污，不挂水珠。

6.3 汽车内部清洁

汽车在使用过程中，内室的各种部件会逐渐黏附上一层烟尘、油污及其他污渍，使仪表台、坐椅、门板等处发霉、变硬、褪色甚至龟裂；丝绒材料则会收缩和脱落，并滋生细菌，甚至产生难闻的异味，影响到车内空气的清洁，既影响车主身心健康又不利于驾驶心境。因此，为了给驾乘人员创造一个良好环境，保持车内的清洁和做好各项护理工作已显得非常重要。

6.3.1 车内清洁的主要项目

汽车内部平时受外界的油尘、泥沙、吸烟、乘客汗渍及空调循环等不良因素的影响，致使车内空气受染，进而细菌滋生，甚至产生难闻异味，使丝绒发霉、真皮老化。所以需及时对车内各部分进行清洁。

车内清洁主要项目如下：
（1）全车内部吸尘；
（2）仪表板和方向盘的清洁；
（3）坐椅的清洁；
（4）车身内壁（包括顶棚和地毯）的清洁；
（5）空调系统的清洁；
（6）车内消毒和喷空气清新剂。

6.3.2 车内清洁的材料和设备

车身内部设备多，结构复杂，材料又各不相同，因此必须采用不同的清洁方法和用品。

1. 车内清洁的材料

车身内部清洁所需的材料和护理用品比较多，大概分为以下几类。
（1）强力顽渍去除剂（如图6-12所示）。
产品性能特点：配方独特，可用于地毯、家具、乙烯基和丝绒坐垫等物品的清洁产品；独特的清洁头刷可使最难的清洁工作变得非常容易，去除表面顽渍可达到最高清洁度；清洁并恢复地毯和丝绒饰物的原有本色；出色的效果特别适用于布质、丝绒和尼龙内饰物。

使用说明：

① 用前摇匀；

② 在不明亮的地方检查去除剂的保色性；

③ 距离污渍表面 15～20 cm 处喷射；

④ 让泡沫停留 30 s 以浸透污渍；

⑤ 用干净的湿布或海绵在脏处呈圈状反复擦洗；

⑥ 再用湿布和海绵擦干净；

⑦ 如有必要，重复(3)～(6)步骤；

⑧ 待干后，将有污渍的地方用干布擦一下或用吸尘器吸干。

注意事项：有毒，避免与皮肤、眼睛接触，儿童勿近。

（2）真皮养护液（如图 6-13 所示）。

图 6-12　强力顽渍去除剂

图 6-13　真皮养护液

产品性能特点：清洁、营养和保护所有真皮装饰件，防止裂纹和失去光泽；中性 pH 值平衡配方；富含羊毛脂和蜡，增加保护；适用汽车的所有真皮制品。

使用说明：用海绵或干净的软布加少量的皮革保护液，均匀地涂抹在皮革表面，反复擦拭至恢复原有的清洁表面。过几分钟，用干净的软布反复擦拭，即可恢复原有光泽；对污垢比较严重的地方，可以重复擦拭数遍即可擦除污垢和灰尘。

注意事项：

① 请不要在太阳直射下操作；

② 不要用于呢绒、木材和塑料；

③ 远离儿童，不可吞服。

2. 车内清洁的设备

车内清洁的主要设备有真空吸尘机、电热式喷水/吸尘/吸水多功能清洁机、蒸汽机和高效多功能洗衣机等。

（1）真空吸尘机。

车身内经常有大量的灰尘积聚，特别是坐椅上和一些角落部位的灰尘很难清除。如图

6-14 所示为 ZW 型真空吸尘机，其造型新颖，吸力大，采用 360°旋转吸口和多级过滤以及简单的过滤层更换，能十分方便地伸进各个角落部位，快速地吸去灰尘。

（2）蒸汽机。

车身内饰和地毯等纤维绒布织品容易积聚污垢，使细菌容易繁殖，而除尘机只能除尘，无法清除细菌。如图 6-15 所示为一种高效电热蒸汽机，能在很短的时间产生大量的高温蒸汽，压力可达 0.35 MPa，使蒸汽喷射于需要清洁的内饰表面上，起到快速灭菌作用。

图 6-14　真空吸尘机

图 6-15　蒸汽机

（3）电热式喷水/吸尘/吸水多功能清洗机。

电热式喷水/吸尘/吸水多功能清洗机是将电加热热水器与真空吸尘器合二为一，在喷出热水的同时又能吸去水分。如图 6-16 所示为国产化的电热式喷水/吸尘/吸水多功能清洁机，市场上有多种规格。

图 6-16　电热式喷水/吸尘/吸水多功能清洗机

（4）高效多功能洗衣机。

汽车上的坐椅套、头枕套等织物容易弄脏，每隔一段时间都要进行清洗。为了节省车主的时间，汽车美容店应该创造条件，做好全方位的服务工作，在美容的同时，做好织物的清洗。汽车美容店的洗衣机必须是集清洗、烘干和免烫等功能于一体的高效多功能洗衣机。

6.3.3 车内的除尘

现代汽车车身内部除仪表板外，电控元件也很多，它们最忌受潮，因此，不能用水冲洗，只能用人工方法清洁，除尘是第一步。

专业的车内清洁步骤是首先取出车内的踏脚垫、地毯和杂物，抖去尘粒（最好是进行泡沫清洗后脱水），倒掉烟灰，用真空吸尘机自上而下吸去顶篷、仪表板、坐椅、地板及行李舱内的灰尘。地板的吸尘要分两次操作；第一次吸掉沙粒；第二次更换带刷子吸头，边刷边吸，主要吸掉灰尘。要特别注意地板拐角部位的尘垢，必要时应反复吸除至干净。

6.3.4 仪表板和方向盘的清洁

仪表板的表面分布着很多开关、孔洞、凹槽以及凸缘等，形状复杂，极易藏污纳垢。特别是包覆有人造革或真皮的软化层，由于细纹多或附有毛孔，容易滋生细菌，应认真清洁。清洁方法一般是先用湿毛巾擦拭（如果个别部位积垢太多，无法清除时，可以喷洒皮革清洁剂，然后用软毛刷刷除），再用沾有清水的毛巾擦拭，最后用麂皮吸去其上的水分。

仪表板上还附有许多塑料、电镀或桃木之类的装饰件，不同的材料要用不同的清洁剂，方能对症下药，否则不但清洁效果不佳，还容易造成饰件氧化（褪色）、腐蚀和损坏。

仪表板清洁后可喷涂一层皮草（或塑料）保护剂，3～5 min后再用绒布擦拭，即能起到很好的保护作用。最后喷涂一层上光剂，能保持表面光亮，也不容易沾染灰尘并且容易擦拭。

方向盘多为酚醛树脂、ABS工程塑料制造，有些还附有人造革软化层，容易积聚各种污垢，汗脂较多，应用塑料清洁剂清洁。方向盘外套的材料多为橡胶或橡塑件，可以拆卸下来用橡胶或塑料清洗剂清洗，再用清水冲洗，最后喷涂橡胶保护剂和光亮剂。

6.3.5 车顶棚和内饰板的清洁

车身顶棚多为毛料或纤维绒布制作，沾染的油污不多，主要是吸附了较多的灰尘、人体的汗渍、烟味和细菌，应采用丝绒清洗剂进行清洁，污染严重时可用电热式喷水/吸尘/清洗机（如有必要，可加入适量的丝绒清洗剂）进行清洗，再用蒸汽机进行消毒，最后喷涂丝绒保护剂和光亮剂。

内饰板多为人造革或真皮制作，清洁方法与仪表板相同。

6.3.6 坐椅的清洁

坐椅的使用频率极高，沾有大量的人体汗渍、油渍和细菌，是车内清洁的重点。坐椅的面料有丝绒、人造革或真皮，不同的面料要使用不同的清洁剂清洁，否则不科学的清洁方法会给面料带来损害。另外，织物和皮革的颜色是通过吸收染料而形成的，有机染料会与某些清洁剂发生化学反应，而出现褪色（氧化）现象，因此对某些牌子的清洁剂首次使用时，应先在坐椅面料的不显眼地方进行试用，确认无褪色作用后，才能正式大面积使用。

1. 丝绒面料的清洁

丝绒面料的特点是非常柔顺,色泽丰富以及乘坐舒适,但容易吸附烟尘和汗渍。清洁时应采用专用的丝绒清洁剂。喷涂后,用干净的湿毛巾擦拭。对于个别严重玷污的部位,可重点喷涂清洁剂,用软刷轻轻擦拭,然后再用干毛巾或麂皮吸干,也可用蒸汽机进行高温消毒。最后喷涂丝绒保护剂和光亮剂。

2. 皮层面料的清洁

皮革的表面比较光滑,用湿毛巾擦拭后,看起来似乎很干净,但是真皮表面分布有许多毛孔,同样人造革的表面分布有许多细纹,其上积聚的油污和细菌是无法擦掉的,应使用皮革清洁剂进行清洁。注意:错用清洁剂时,可能会造成皮革表面褪色和老化,甚至龟裂。

玷污严重的地方要作重点清洁。清洁后再喷涂一层渗透力极强的皮革保护剂,能起到很好的保护颜色、恢复柔软、防止龟裂的作用;喷涂后 3～5 min 再用绒布擦干即可,最后喷涂一层光亮剂,使坐椅的色泽更为鲜艳。

坐椅清洁后喷涂保护剂和光亮剂是非常必要的。因为树脂型保护剂能在坐椅的表面形成一层保护膜,可以免受污垢的直接侵蚀,并有耐磨、抗紫外线损害和易清洁等功效。保护剂对皮革还有防止龟裂的作用,而喷涂光亮剂后能使坐椅表面更加艳丽。

如果坐椅上装有坐椅套和头枕套时,应取下用高效多功能洗衣机清洗。当整车美容和护理作业完成时,坐椅套和头枕套也清洗和烘干完毕了。

6.3.7 地毯和踏脚垫的清洁

地毯和踏脚垫多为纤维织物制作,取下后用泡沫清洗液或专用地毯清洗液清洗,并且用清水冲洗干净,再将它们折叠起来,置于专用脱水机内脱水后放回车内便可。

对于不可拆卸的地毯,应用电热式喷水/吸尘/吸水多功能清洗机清洁,或用蒸汽机进行消毒处理,最后喷涂保护剂和光亮剂。

6.3.8 空调系统的清洁

空调系统能给乘员提供舒适的乘坐环境,高级轿车的空调系统均采用了电脑全自动控制,制冷量大并且制冷速度快。一般的车内前后、左右和上下都设置了冷暖气导流口,新鲜空气经过滤后才进入车内,循环量任意调节。

现代轿车的空调系统的操作设计得更为人性化。前、后排坐椅的乘员均可对空调系统进行独立操作,而不必担心对他人产生影响。

空调系统的进、出风口和控制面板均为塑料制品。清洁时,要先了解车辆进、出风口和进气滤网(有的车型无进气滤网)的位置,用真空吸尘机对各进出风口吸尘,然后取下进气滤网,拍去灰尘,用湿毛巾擦去进出风口的灰尘和污垢,对于个别沾有油污的部分,可喷涂塑料清洁剂后用毛巾或海绵擦拭。后坐椅上的控制面板由于较易沾染指膜、油脂和汗渍，应采用塑料清洗剂进行清洁，喷涂后用丝绒轻轻擦拭，但切勿用力过大，以免损坏电控开关和刮花面板上的饰件。

一般使用汽车空调器的时候，绝大多数车主不知道空调的运行状态，觉得在驾驶途中车内经常有异味。这种情况其实是忽视了空调器内、外循环系统的正确使用方法。解决的方法是：汽车在驾驶中空调循环系统模式应为"内循环状态"，这是因为市区内车辆拥堵、废气排放集中，这时如使用外循环的话有害气体非常容易进入车厢。外循环系统仅在长途驾驶时作为换气时的短暂使用，同时打开车窗配合空调外循环换气。

完成对空调系统的清洁后，应启动发动机，开启空调系统，将控制开关置于内循环和最大出风量，在进、出风口处喷洒空气消毒剂进行杀菌和除异味，最后再喷洒空气清新剂。

6.3.9 行李箱的清洁

行李箱与车身内部很相似，内饰多为绒布，清洁方法基本相同。清洁时，先取出行李舱内的备用轮胎、随车工具以及杂物和底板防护垫，拍去灰尘，用真空吸尘器吸去内部的灰尘、泥沙和污垢，然后用电热式喷水/吸尘/吸水多功能清洗机进行清洁。如果没有多功能清洗机时，可用湿毛巾进行擦拭，主要是去除灰尘，对于局部玷污严重的部位，则用丝绒清洁剂进行清洁。

对行李箱的密封条，可用水进行清洁，吸干水分后上车蜡或橡胶保护剂。

清洁后，对丝绒内饰可再喷涂一层丝绒保护剂或丝绒光亮剂，还可以对整个行李箱喷洒消毒清新剂；最后复装备用胎、随车工具和杂物。

6.3.10 车内消毒和喷空气清新剂

车内异味其实就是各种有毒气体的混合，如果不及时处理，会导致人的免疫力下降，引发各种疾病甚至致癌！要消除车内异味，一般可以分为3个步骤。

1. 清理

车厢内吸烟时要关闭空调并打开车窗。夏季，汽车停在太阳底下，车厢内温度可能高达60℃，致使不小心掉在车厢角落的水果、甜品腐烂发霉；洒落的饮料或因漏雨而被淋湿的坐椅、地毯等会滋生的霉菌；还有行李箱内久置不用的鞋袜、衣裤等各类杂物都会散发出难闻的气味。每当空调打开时，这些异味就会随着气流在车厢内循环流动、蔓延。特别是在仪表台内部、空调蒸发器周围等阴暗潮湿的环境里，很难有干燥的时候，于是这些地方便成为霉菌的集聚地。时间长了以后，只要一开空调，便有源源不断的霉味冲出。可见定期清理的重要性。

2. 清洗

对整车内室进行彻底清洗、杀菌、消毒。

3. 烘干

利用空调的制热功能，利用循环气流冲洗空调蒸发器，热风烘干，必须使用空调内循环以防止外来有毒有害气体通过空调新风换气口进入车厢内。

车内经过清洁后，已经焕然一新。复装地毯、踏脚垫、坐椅套和头枕套后，可以再喷洒一次消毒杀菌剂，以彻底消除细菌和异味，最后可征求车主意见，选择合适的香型，喷洒少量的空气清新剂，使乘坐环境更为舒适。

清洁汽车内饰时，应注意以下事项。

（1）选用对人体无害的清洗剂。使用清洁剂前必须仔细阅读产品说明书。在没有确定的情况下不能随意混合或加温使用内饰清洁用品。不同清洁用品随意混合使用后，其中某些化学成分相互反应可能会释放出有毒气体或产生有害物质；有些清洁剂被加热到一定的温度（如放入蒸气清洗机内使用），也会产生有害气体。因此尽量选用环保的清洗用品。

（2）严禁在车内使用含有有机溶剂成分的清洁剂及漂白剂。含有有机溶剂成分（如：汽油、苯、石脑油、四氯化碳、丙酮、松节油、涂料稀释剂、清喷漆稀释剂等）的清洁剂及漂白剂会对材质造成损伤，并随着温度的升高而散发出有害化学物质，对人体造成化学性肝损伤。特别要注意车内有害化学物质对儿童的侵害。

6.4 思 考 题

1. 什么是汽车外部清洁？电脑洗车机主要有哪些组成系统？
2. 在进行汽车外部清洗时，应注意哪些问题？
3. 车身内部清洁所需的清洁护理用品有哪些？
4. 在进行汽车底盘清洁时，应注意哪些问题？

第 7 章
汽车美容护理用品

市场上汽车美容护理用品琳琅满目,新产品层出不穷,为了更科学、有效地对汽车进行美容护理,有必要对它们的特性、使用方法、使用范围及注意事项等作较深入的了解。汽车美容护理用品多为精细化工产品,种类繁多,本章将分别给予介绍。

7.1 车蜡用品

车蜡是一种涂抹在车漆表面，用来保护漆面，同时又起到美观用途的化学材料。车蜡是美容护理不可或缺的重要材料。

7.1.1 车蜡的功用

车蜡的功用主要有以下几种。

（1）防水作用。汽车经常暴露在空气中，免不了受风吹雨淋，水滴存留在车身表面，当天气转晴，强烈阳光照射时，每个小水滴就是一个凸透镜，在它的聚焦作用下，焦点处温度可达 800～1000℃，造成漆面暗斑，极大地影响了漆面质量及使用寿命。另外，水滴易使暴露在空气中的金属表面产生腐蚀。车蜡能使车体漆面上的水滴附着减少 60%～90%，高档车蜡（如防水蜡）可以使水滴几乎无法附着。

（2）上光作用。上光是车蜡的最基本作用，经打蜡的车辆，都不同程度地改善其漆面的光洁程度，使车体恢复亮丽本色。

（3）防紫外线作用。车蜡防紫外线的作用与它的抗高温作用是并行的，只不过在日光中，由于紫外线的特性决定了紫外线较易折射进入漆面。防紫外线车蜡充分地考虑了紫外线的特性，其中含紫外线吸收剂，使紫外线对车表的侵害降至最低。

（4）抗高温作用。车蜡抗高温作用是对来自不同方向入射光产生有效反射，防止入射光穿透罩光清漆层而导致底色漆老化变色，从而延长漆面的使用寿命。

（5）防静电作用。汽车静电的产生主要有两个来源，一是纤维织物，另一方面是由于汽车在行驶过程中，空气尘埃与车身金属表面相互摩擦产生的。将车漆表面与外界相隔离，既防止尘埃、砂粒与车漆表面的摩擦，又有效防止车表静电的产生，大大降低带电尘埃对车体表面的附着。

（6）防划伤作用。坚硬的蜡膜可以抵御车辆高速行驶时空气中悬浮的尘埃、砂粒等对车体的冲击以及洗车、擦车时砂粒、硬物的摩擦，防止划痕的产生。

（7）研磨抛光作用。含研磨材料的车蜡还具有抛光作用，可改善漆面的光洁程度。

7.1.2 车蜡的分类

车蜡的主要成分是聚乙烯乳液或硅酮类高分子化合物，并含有油脂成分。由于车蜡中富含的添加成分不同，在物质形态、性能上有所区别，进而划分为不同的种类。

（1）车蜡按物理状态不同可分为固蜡、液蜡和软蜡三种，其若干性质上的差别参见表 7-1。在日常作业中，液体蜡应用相对较广泛。

（2）车蜡按生产国别不同可大体分为国产蜡和进口蜡。目前国内汽车美容行业中使用的中高档车蜡绝大部分为进口蜡，国产蜡在低档蜡中占有较大的份额。

第 7 章　汽车美容护理用品

表 7-1　固蜡、液蜡和软蜡的性质差别

	光　泽	耐水性	耐久性	清洁性	施工容易程度
固蜡	★★★	★★★	★★★	★	★★
软蜡	★★	★★	★★	★★★	★★
液蜡	★★	★	★	★★★	★★★

（3）车蜡按使用车辆新旧可分为新车蜡和旧车蜡。新车蜡不含任何研磨材料，用于漆面状况良好的新车，主要起增色、上光、保护作用。旧车蜡可含有研磨材料，用于使用过一段时间的汽车漆面，可以消除细微划痕、斑点、轻度氧化等，起到消除划痕、去污、增色、上光、保护作用。另外，新车蜡还可细分为新车蜡和新车保护蜡两种。此两种蜡虽然名称相似，品质却完全不同。新购买的车应首先使用"新车保护蜡"，它含高分子聚合物成分，有很强的抗氧化、抗腐蚀功能，这些成分在洗车时不会被洗掉，用一次可保持 1 年左右。不含抛光剂的柔和的蜡统称为"新车蜡"，适用于车漆完整无缺的车辆和日常洗车后使用。

下面介绍几种常用的车蜡用品。

1. 去污蜡

去污蜡具有很强的去污能力，不损伤漆面，能有效全面地清洁车身上的污渍、水痕、沥青及氧化膜等污物，在车漆表面形成坚固的蜡膜，延缓车漆老化，保持漆面光亮鲜艳。去污蜡适用于车身表面的清洁护理，使用方法是首先清除车表面大颗粒灰尘并保持干燥环境，将适量去污蜡置于干净海绵或擦布上均匀涂抹于待清洗漆面，然后换用干燥洁净擦布擦净即可。如图 7-1 所示即是一种去污蜡产品。要注意不可以在车身温热时使用去污蜡。

2. 水晶蜡

水晶蜡可防止静电层的产生，去除车身的沉积污垢及交通膜，形成坚固蜡膜保护漆面，有效防止紫外线及酸雨等对漆面的灼伤和腐蚀，延缓车漆老化，保持光亮色彩，适用于车辆漆膜保护。水晶蜡的使用方法就是在干燥环境下，将车身彻底清洗后，用适量水晶蜡均匀涂抹于漆面，几分钟后换用干燥多功能擦拭纸擦净即可。但要注意尽量避免在强烈阳光下或车体高温时使用该产品。如图 7-2 所示即是一种水晶蜡产品。

图 7-1　去污蜡

图 7-2　水晶蜡

3. 抛光蜡

抛光蜡含有细微、柔和的研磨材料，可有效去除车表面污渍，消除车表面细小划痕，除锈防锈，形成的坚固蜡膜防水防尘，延缓车漆老化，适用于车辆漆膜修复护理。其使用方法是先清除车表灰尘，然后用海绵均匀涂抹抛光蜡于车漆上，待表面稍干后换用干净擦布擦净即可，也可配合抛光机对车漆进行抛光处理。如图7-3所示即是一种抛光蜡产品。

4. 镜面蜡

镜面蜡能渗透漆面，有效保护汽车漆面，耐高温，耐化学腐蚀，使车表光泽如镜，长久保持；适合于中高档汽车的漆膜护理，具有色彩增艳的效果。其使用方法是首先清除车表灰尘并保持干燥环境，将适量镜面蜡置于干净海绵或擦布上均匀涂抹于漆面，待干后换用干燥洁净擦布擦净即可。如图7-4所示即是一种镜面蜡产品。

图7-3 抛光蜡

图7-4 镜面蜡

5. 皮革塑料养护蜡

皮革塑料养护蜡适用于车漆以外的皮革、塑料及橡胶部件的护理，可杀菌防霉，在部件表面形成保护膜，有效延缓部件的老化，防止褪色、起皱、龟裂，抗静电，减少其对灰尘及有害气体的吸附。使用时直接均匀喷涂于部件表面，稍后换干净擦布擦净即可。如图7-5所示即是一种皮革塑料养护蜡产品。

6. 幻彩蜡

幻彩蜡分为红、蓝、绿、灰、黑五种颜色，即打即抛，省时省力，具有还原色彩、去除光环的功能，能有效去除漆面油污、交通膜、氧化层，恢复已褪色且暗淡漆面的原有色彩，适用于车漆的清洁上光及护理。使用方法就是首先清除车表灰尘，然后倒适量幻彩蜡于干净海绵或擦布上均匀涂抹于漆面，稍后换用干燥洁净擦布擦净即可。如图7-6所示即是一种幻彩蜡产品。

图7-5 皮革塑料养护蜡

第7章　汽车美容护理用品

7. 釉蜡

釉蜡能在漆面形成一层坚韧而有深度的密封釉质防护光膜，保护漆面不受高温、腐蚀性物质的侵害，适用于各种颜色及漆系的车身上光保护。清洗车表后，将适量釉蜡置于干净海绵或擦布上均匀涂抹于漆面，稍后换干燥洁净擦布擦净即可。

图7-6　幻彩蜡

8. 上光蜡

上光蜡由高分子聚合物组成，不含研磨材料，涂抹车漆表面，可以在漆面上形成薄薄的保护膜，防止漆面的机械、化学损伤。上光蜡不伤车漆，可去除车表污渍，形成光亮滑爽、均匀持久的保护膜，延缓车漆老化；适合于较好漆面的早期保养，或抛光翻新后的漆面护理。使用方法是先去除车表颗粒泥沙等污渍，然后以海绵沾少许本品均匀涂抹于漆面，稍干后擦净即可。

9. 钻石蜡

钻石蜡能在漆面形成坚硬的保护层，防止酸雨、紫外线、昆虫残体和冰雹等的侵蚀，重现漆面靓丽的光泽，适用于所有漆面。使用方法是把适量的钻石蜡均匀地喷涂在漆膜上，然后抛光即可达到良好效果。注意不要在阳光下进行此项作业。如图7-7所示即是一种钻石蜡产品。

10. 表板蜡

表板蜡适用于仪表台、保险杠、胶条等塑胶、皮革制品的清洁翻新，能使表面形成一层有效的保护膜，防污、防老化、防静电。使用时直接将表板蜡喷于硬表面上，用干布擦匀即可。如图7-8所示即是一种表板蜡产品。

图7-7　钻石蜡

图7-8　表板蜡

7.1.3　车蜡的选用

汽车美容护理用品市场上车蜡种类繁多，其作用与效果也不一样，在选用时必须慎重。一般情况下，应根据车蜡的特点、性能、车漆颜色、行驶环境及使用季节等因素综合考虑。

（1）根据漆面的质量来选择。对于中高档轿车，其漆面的质量较好，宜选用高档车蜡；对普通轿车或其他车辆，可选用一般车蜡。

（2）根据漆面的新旧来选择。新车或新喷漆的车辆，应选用上光蜡，以保持车身的光泽和颜色；对旧车或漆面有漫反射光痕的车辆，可选用研磨蜡对其进行抛光处理后，再用上光蜡上光。

（3）根据车蜡的作用来选择。由于车辆的运行环境千差万别，所以在车蜡的选择上对汽车漆面的保护应该有所侧重。例如，沿海地区宜选用防盐雾功能较强的车蜡，而化学工业区宜选用防酸雨功能较强的车蜡，多雨地区宜选用防水性能优良的车蜡，光照好的地区宜选用防紫外线、抗高温性能优良的车蜡。

（4）根据季节不同来选择。夏季一般光照较强，宜选用防高温、防紫外线能力强的车蜡。

（5）根据车漆颜色来选择。选用车蜡时必须考虑与车漆颜色相适应，一般深色车漆选用黑色、红色、绿色系列的车蜡，浅色车漆选用银色、白色、珍珠色系列的车蜡。

（6）根据车辆行驶环境来选择。如果汽车经常行驶在泥泞、尘土、砾石等恶劣道路环境中，则应选用保护功能较强的硅酮树脂蜡。

（7）一般保护性车蜡与高级美容蜡的区别。一般保护性车蜡是由蜡、硅、油脂等成分混合而成的，属于油性物质，它可以在漆面形成一层油膜而散发光泽。但由于油膜与漆面的结合力差，保护时间较短，所以车蜡常常因下雨或冲洗等因素流失，有时甚至附着在风窗玻璃上而形成油垢。另外，存留在车蜡上的水滴一般呈半球状，会产生透镜作用，聚焦太阳光而灼伤漆面。

高级美容蜡含有特殊材料成分，无论用水冲洗多少次，一般都不会流失，也不用担心光泽在较短时间内失去；施工后车蜡表面的水滴呈扁平状，透镜作用不明显，从而有效地保护了漆面。高级美容蜡外观效果非常好，但价格偏高，特别是水晶蜡、钻石蜡等。因为这种车蜡除了具有一般保养蜡的功能外，还含有一种活性非常强的渗透剂，能使车蜡迅速渗透于漆层面；其特殊的分子结构，可以和漆面之间产生牢固的结合力，上蜡后的漆面看起来浑然一体。

7.2　汽车专业保护用品

7.2.1　保护剂

汽车保护剂是一种能够起到增亮、抗磨、抗老化等保护作用的用品，主要用于皮革

(包括人造革)、塑料、橡胶、化纤等材质表面,对汽车坐椅、仪表板、保险杠、密封条、轮胎以及电镀件具有良好的保护作用。

保护剂的使用对汽车保养起重要作用,经常性地使用保护剂对各类饰件、机件进行去污、清洗、上光,能使车内外各饰件达到清洁、美观、亮丽,并具有防止老化和腐蚀,延长使用寿命的功效。

目前市场上保护剂品种较多,如皮革上光保护剂、透明保护剂、真皮上光保护剂、皮革化纤清洁保护剂、丝绒清洁保护剂、地毯洗涤保护剂、车裙装潢泡沫清洗保护剂、轮毂清洗剂、发动机清洗保护剂等,这些产品都具有较强的洗涤去污、上光功能,且多使用喷剂式,操作十分简便。

按适用于不同材质区分,保护剂大致可分为以下五类。

1. 皮革保护剂

皮革保护剂适用于塑料和皮革制品,如皮革坐椅、仪表台、方向盘及塑料保护杠等,能起到上光、软化、抗磨、抗老化等作用。其主要产品有龟博士系列皮革保护剂、尼尔森系列皮塑上光保护剂等。

使用时首先将有灰尘的皮革或塑料的表面用清洗剂清洗干净,然后均匀喷洒皮革保护剂,最后再用干净毛巾或海绵蘸少量保护剂轻擦几下,自然风干即可。

如图7-9所示是一种皮革保护剂用品。该产品集清洁、上光、保护、防尘等功能于一体,在清洁的同时能有效地保护人造皮、塑料及橡胶制品,使其免受紫外线、高温、臭氧的影响;防止仪表板、皮革制品、车胎及保险杆的褪色、老化、龟裂、起皱等;增加光泽,美化及恢复自然色彩;具有防静电功能,减少灰尘积聚。

2. 化纤保护剂

化纤保护剂适用于化纤制品,如顶篷、车门内侧、坐椅外套等。化纤保护剂含硅酮树脂,因而在清洁化纤制品的同时,这种聚合物附着于纤维上,更能起到抗紫外线、抗腐蚀、抗老化的作用。使用时将化纤保护剂喷洒到化纤制品表面,然后用毛刷或毛巾擦洗晾干即可。

3. 橡胶保护剂

橡胶保护剂适用于橡胶和工程塑料制品,如汽车轮胎、橡胶密封件、保险杠橡胶条、塑料保险杆、水箱软管、活动车顶、座板、脚板、安全带自动滚轮、电触点及点火装置等汽车部件,起到清洁、防紫外线、防氧化及防老化等作用(如图7-10所示)。

图7-9　皮革保护剂

图7-10　橡胶保护剂

使用时首先将适量橡胶保护剂倒于海绵上,然后轻轻擦拭于保养对象表面,待其干燥即可。注意橡胶保护剂产品易燃,因此严禁曝晒,并远离火源及50℃以上高温;另外,要在通风良好处使用本产品。

4. 轮胎上光保护剂

轮胎上光保护剂用于轮胎表面,起到清洁、上光、抗老化等作用。施工后在轮胎表面上形成一层有效的保护膜,抵抗紫外线、尘沙、雨水的侵害,有效防止橡胶老化、褪色、裂纹,增进光泽,使轮胎具有泼水性、耐候性及抗污染性(如图7-11所示)。

按轮胎保护剂的功能不同,可将其分为两种。一种以清洗功能为主,在达到清洗目的的同时,对轮胎有增黑上光作用(如图7-12所示),产品中所含的硅酮树脂(上光)对橡胶具有保护作用;另一种以上光为目的,它没有清洗功能,但上光功能很强,喷上后片刻就会光亮如新。这两种产品若同时使用将起到清洗和上光的双重作用,这样保护效果更佳。使用时首先将轮胎表面清洗干净,待其干燥;然后,倒取适量的轮胎上光保护剂,用海绵、轮胎刷或干净的布擦拭于保养对象表面,待其干燥即可。

图7-11 轮胎上光剂

图7-12 轮胎增黑保护剂

使用轮胎上光保护剂时要注意以下四点:
(1)要置于儿童不易触及处,以免发生危险;
(2)存放于阴凉干燥处,以免因高温变质;
(3)避免接触眼睛,若不慎触及眼睛,请以大量清水冲洗;
(4)产品具有挥发性,使用时应远离火源。

5. 防锈保护剂

防锈保护剂主要用于金属表面,也可作为油漆、橡胶及塑料塑胶表面和电镀件表面的防锈剂,起到除锈、防锈的作用。

如图7-13所示为一种F-888高效金属防锈保护剂,其特性参见表7-2。它适用于各种金属的防潮防锈保护,起着抑制锈再附着的作用;可取代机械加工工序间短期内金属表面涂油等

图7-13 防锈保护剂

传统防护工序，除去金属表面的水分、潮气，达到对金属表面封闭的作用；形成的柔性保护层不会硬化、脱层、龟裂。

表 7-2 F-888 高效金属防锈保护剂

外　观	比　重（g/cm³）	气　味	燃　点	pH 值
黄色透明液体	1.15±0.05	溶剂气味	不燃烧	11.5±0.5

F-888 高效金属防锈保护剂可与除锈剂配套使用。根据不同物品的几何尺寸，可采用擦、刷、喷、浸等方法，使防锈保护剂完全覆盖所保护物品的表面。若使用喷枪、喷壶等工具将防锈保护剂喷涂在物品的表面上，则防锈效果更佳。用浸泡法将除锈的部件浸泡在本品中一段时间，也会有很好的防锈效果。

需要注意的是，对已生锈的金属零部件，应先用除锈剂将锈层除掉，然后用清水冲洗干净，再用 F-888 防锈剂进行防锈处理。对存放在露天的金属部件，应定期喷涂该防锈剂。此外，本品不能与其他化学物品混合使用。

7.2.2　研磨剂

研磨剂属于修复性护理产品。它主要用来去除氧化、微划痕等不同程度的车漆损伤。选用研磨剂有两条原则：

（1）根据损伤的情况，应选用不同功效的研磨剂；

（2）根据车漆的性质来选用研磨剂的种类。

研磨剂按使用范围不同可分为普通型研磨剂和通用型研磨剂。

（1）普通型研磨剂。普通型研磨剂中作为摩擦材料的一般都是坚固的浮岩。根据浮岩颗粒的大小，分为深切、中切和微切三类。普通型研磨剂主要用于修复普通漆不同程度的氧化、划痕和褪色等漆膜缺陷。

（2）通用型研磨剂。通用型研磨剂对普通漆和透明漆均可使用，该研磨剂中的摩擦材料是微晶体颗粒和合成磨料，它们具有一定的切割功能，但不像浮岩那样坚硬。

7.2.3　抛光剂

在汽车美容护理中使用研磨抛光剂的主要目的是消除车漆表面的缺陷，如失光、失色、轻微划痕等。抛光剂的种类比较多，要根据汽车车漆的状况及划痕大小而定。

1. 镜面抛光剂（适合深色车）

镜面抛光剂（如图 7-14 所示）能清除深色汽车表面的微痕、漩纹涡、粗蜡抛光后漩纹、轻度氧化层及水斑，适用于手工抛光或机械抛光。

若采用手工抛光，则首先将镜面抛光剂产品倒在洁净拭车布上，在汽车表面呈圆圈状反复擦拭直至抛光剂渐干；再用另

图 7-14　镜面抛光剂

一块拭车布辅助清洗，必要时重复几次进行。若采用机械抛光，即使用抛光机抛光，其方法是：使用前均匀摇动本品，倒适量本品于一定面积的漆面上；然后将抛光机从轻度到中度加压对表面进行抛光，当溶剂干时，抛光至光滑；最后，在抛光另一块表面之前，将溅在该板上的溶剂擦去即可。

在使用时，要注意以下几点：

（1）在通风良好的场所使用，请勿在室内及空气不畅通处使用，避免吸入该产品的蒸汽；

（2）防止产品溅入眼睛，接触皮肤；

（3）不使用时应盖紧瓶盖；

（4）避免让小孩接触；

（5）手接触后要用清水冲洗；

（6）使用时间不要超过产品保质期。

2. 玻璃抛光剂

玻璃抛光剂能快速去除烟草渍、交通膜、树脂、虫尸和鸟粪等垢物；能将玻璃上的细小划痕覆盖，并使玻璃产生水晶般的夺目光泽，在挡风玻璃上留下的一层超平滑薄膜；还有助于减少雨刷的磨损。玻璃抛光剂产品（如图 7-15 所示）不含有会涂污玻璃并影响视线的蜡或硅树脂成分，适合于在所有玻璃、镜子和塑料镜片的表面使用。

3. 金属抛光剂

金属抛光剂多含有研磨剂、清洁剂、分油剂等多种高科技成分，其黏度小，表面张力小，不破坏金属零件几何精度，能很好地提高金属表面光洁度，且有很好的防氧化功能。金属抛光剂可用于镀铬、黄铜、合金、铝类制品等各种金属表面的清洁、去除毛刺和抛光工作，能使汽车各类金属零部件，尤其是发动机外表金属部件恢复原有光泽，并延缓腐蚀。

图 7-15 玻璃抛光剂

使用时先取出适量金属保护剂，倒在洁净擦车布上并均匀涂抹于需清洁的金属表面；然后，用适当力度加快擦拭，持续擦拭直到需抛光表面达到理想亮泽程度。

4. 多功能抛光剂

多功能抛光剂可以去除金属电镀表面、玻璃等硬质表面的发乌现象，使其恢复原有光泽，并形成一层极光亮的保护膜；也可以用于汽车漆面，使用快捷，特别适合新车售前准备。使用时将产品均匀涂抹在电镀层表面或车身漆膜上，然后进行抛光即可。

7.2.4 除锈防锈剂

由于大气环境污染、地区气候差异、路面状况多变以及随时间的自然推移等诸多因素的影响，出厂时的汽车防锈涂层会渐渐被破坏，尤其是底盘、轮毂处的涂层涂料，很难抵御碎石溅击和酸雨的侵蚀，所以需要定期做防锈处理，以延长车辆的使用寿命。除锈防锈剂能在金属表面形成牢固的吸附膜,以抑制氧及水(特别是水)对金属表面的接触,使金属不致锈蚀。可见,除锈防锈剂的分子结构应对金属有充分的吸附性,并对油有良好的溶解性。

下面介绍几种常用的除锈防锈剂产品。

1. 超薄干性膜防锈剂

(1) 产品性能:超薄干性膜防锈剂不沾手、不积灰、排水力强、抗碱性乳化力强,适用于各种金属制品,还可以用于各类金属和制成品的防锈、润滑保护。

(2) 应用范围:适用于电器接触、各类金属制品、动力、机械部件、紧固件的防锈等。

(3) 物理属性参见表7-3。

(4) 使用方法:用专业压力喷涂或喷雾系统喷射,可以提高防锈功能;在第一层干透后再涂上第二层;在使用前,必须清除表面的杂质和锈迹。

表7-3 超薄干性膜防锈剂物理属性

推进剂	CO_2	沸点(℃)	196
气味	石油蒸馏物气味	干透时间(min)	30~90
外观	琥珀色液体	每加仑覆盖(m²)	278
薄膜厚度(μm)	0.6~1.8	比重(g/cm³)	0.8043
易挥发有机物含量(g/l)	47.6	适用温度范围(℃)	最高150

2. 钢铁除锈剂

钢铁除锈剂是由除锈剂、防锈剂、有机物萃取液和多种助剂复合制成的。

(1) 产品性能:除锈速度快,能短期防锈;除锈后,钢铁表面为银灰色,这是一层磷化膜,能起到防锈作用。

(2) 应用范围:适用于50μm以下的薄锈层,适应于各种钢材及各种钢材加工后的工件。

(3) 性能指标参见表7-4。

表7-4 钢铁防锈剂性能指标

项 目	指 标	检验方法
外观	浅绿色液体	目测
pH值	<4	精密试纸
防锈能力(3~5分钟)	100%	目测
比重kg/m³	1 050~1 200	比重计

(4) 使用方法：使用前应将钢铁工件表面的泥沙、油污、灰尘等除去；浸泡或刷洗均可，如加热到40～60℃效果更好；除锈后，工件应晾干或烘干；涂刷工具和容器用清水冲洗干净并晾干。

(5) 注意事项：如果除锈剂溅到皮肤或衣服上，应立即用清水冲洗；本品应盛放在塑料或陶瓷器皿中，并放置阴凉、干燥处；储存期不要超过保质期。

3. 透明保护防锈树脂

透明保护防锈树脂用来保护金属制品，使其免于生锈、腐蚀。它适用于汽车门槛、头灯框、车门内部沟槽等部位。其使用方法如下：

（1）使用前，摇动本产品；

（2）将小塑料管插入车体的间隙处；

（3）喷涂时，不断将罐子往复移动；

（4）在喷涂中，若不慎溅到漆面，用汽油擦净。

作业结束后，要保持喷嘴洁净。该用品属于易燃物，一定要远离火源作业；另外该用品硬化需要一定时间，在完全硬化前，不要用手或其他物品触摸漆面喷涂处，以免影响防锈除锈效果。

4. 底盘防锈漆

底盘防锈漆能在金属表面与涂料表面形成渗透层，防锈、防水、抗酸碱盐、耐寒、耐高温。其附着力强，适合于室内外使用，可用于金属表面、汽车大梁、底盘、整体发动机机身等各部件的防锈、防水处理。

使用时，首先将要处理的表面污垢、沙尘清洗干净；然后，待表面干燥后进行喷涂，喷涂时和处理面保持一定的距离，以使涂料可以均匀地喷涂到处理表面；喷涂后待表面完全固化便可达到优异效果。对汽车底盘而言，底盘防锈漆的高附着力以及高弹性使其经得起行车过程中的沙石撞击，从而使喷涂后的汽车底盘具有良好的防锈、隔声、抗石击等性能。

7.2.5 其他美容护理品

1. 挡风玻璃水

挡风玻璃水能有效去除挡风玻璃上的冰霜，使其呈现没有痕迹的光亮，并可以减少结冰的发生。

使用挡风玻璃水时，首先启动汽车，打开除霜器；在结霜或结冰的地方喷上挡风玻璃水，等待十几分钟；然后用风挡雨刮器清除即可。如果结冰较厚，可先用塑料刮刀刮掉表面的冰雪，再喷上挡风玻璃水，用刮刀上的齿清除即可。

如图7-16所示为一挡风玻璃水产品，其物化参数参见表7-5。该产品特点如下：

（1）除了可以作为汽车挡风玻璃专用清洗剂，也可用于各种玻璃及玻璃制品的清洗；

(2) 具有高效去污力、抗静电及防雾、防冻、除冰霜功能，最低使用温度可达零下25℃；

(3) 长期使用可保护玻璃透明度，防止玻璃"光芒"现象，保护玻璃免受大气侵蚀；

(4) 对橡胶、漆面、皮肤无腐蚀；可有效去除各种污垢；

(5) 使用时直接把玻璃水倒入贮液盒中即可，也可用软布蘸上玻璃水擦拭玻璃；

(6) 对汽车光洁度没有影响。

注意：挡风玻璃水有毒，应避免与眼睛和皮肤接触，并远离热源、火花、火焰，儿童勿近。

图7-16 挡风玻璃水

表7-5 玻璃水物化参数

冰 点	≤-25℃	颜色及性状	蓝色透明液体
去污力	≥90%	气 味	茉莉香型
pH值	6～10	可溶性（水中）	可溶

2. 防雨剂（如图7-17所示）

(1) 防雨原理。玻璃表面的性质为非亲水性，水在玻璃表面不能均匀散开，只能以水珠的形式存在，而水珠对光线有折射作用，所以会严重影响视线。当雨下得大并在玻璃表面形成水流时，在玻璃上覆盖了一层水，形成水膜，光线不发生折射，反而能看清。防雨剂就是利用这个原理，填补玻璃表面的微孔形成聚合体层，使玻璃表面从非亲水性变为亲水性，水在玻璃表面就可以均匀铺展开，形成一层透明水膜，水滴就可以迅速凝聚并加速下滑，达到玻璃表面清晰的效果。

(2) 产品特点。防雨剂具有自洁能力，以及防雾、防霜、防尘、防垢、防静电、防紫外线等功效，并可减少雨刷器的使用和磨损。

(3) 使用方法。首先，要完全清洁挡风玻璃或头盔面镜；其次，用无纺布或柔软毛巾完全擦干镜面玻璃，不留水迹；最后，将该剂完全涂均匀。涂抹本防水剂应以划圈的方式，由圆心向外扩散。为了保证完全涂均匀，可以重复操作几次，然后换用干净的软布自上而下地擦去多余的防水剂即可。

3. 防霜防雾剂（如图7-18所示）

(1) 产品特点。防霜防雾剂具有独特的清洁去污、防霜、防雾、保护视力等功效，能有效地解除玻璃表面因冷热不均而起雾上霜的问题。

(2) 适用范围。防霜防雾剂可用于汽车、拖拉机及其他机动车辆的挡风玻璃、反光镜、摩托车头盔等需要防雾防霜的玻璃镜面。

(3) 使用方法。将玻璃表面擦拭干净后，再把玻璃防霜防雾剂均匀喷射到玻璃上，最后用洁净布擦拭均匀即可。

图 7-17 防雨剂

图 7-18 防霜防雾剂

4. 防冻液（如图 7-19 所示）

防冻液是将冰点较低的物质（一般为乙二醇）加入水中，以降低冷却水的冰点，防止冷却系统冻结。现代防冻液除乙二醇、水之外，还必须添加特殊的化学制剂，以实现更好的效果。首先是防腐蚀功能，发动机及冷却系统是金属制造的，有铜、铝、铁等金属，这些金属在高温下与水接触，会腐蚀、生锈，加入添加剂后可防腐、除锈。其次是防垢，也就是防水碱，水垢附着在水箱、水套的金属表面，使散热效果越来越差，而且清除也很困难，加入防垢添加剂后，不但不生水垢，还具有除垢功能。

图 7-19 防冻剂

使用防冻液应注意以下几点：

（1）检查冷却系统不得有渗漏现象，然后再注入防冻液；

（2）完全排尽冷却系统中的冷却水，避免残留水稀释配制好的冷却液，使冰点发生变化；

（3）因防冻液具有毒性，使用中应注意避免与人体接触，尤其不得弄入眼内；

（4）更换防冻液必须在冷车时进行，并彻底放尽冷却系统中所有的防冻液残余，并用清水清洁后加注至规定的液面。

5. 汽车护理香波

汽车护理香波有很强的分解能力，能有效去除车身表面的油污和沾染很深的污垢，具有一定的护理作用。汽车护理香波主要有以下几种。

（1）汽车清洁香波。该香波酸碱值呈中性，不腐蚀漆面，不脱蜡。使用时用适量的净水稀释，涂抹于车身漆面进行清洗，用干布擦净即可。

（2）汽车清洗上蜡香波。该产品同时具备除油污、去静电及给车身涂一层蜡膜、护理上光的作用。

（3）电脑洗车机高泡香波。该产品为超浓缩高泡沫清洗剂，产生的丰富泡沫可以起到较好的润滑作用，有效延长设备使用寿命。

（4）电脑洗车机用上蜡香波。作为电脑洗车的最后工序，通过上蜡香波将汽车表面除水，缩短干燥过程，清洗之后无任何斑点，起到护理作用。

7.3 汽车清洗用品

由于现代车身漆面的特点，所以无论什么样的车身漆面均不能用洗衣粉、洗洁精等含碱性成分较大的普通洗涤用品，而一定要使用专用的清洁液或清洁香波。专用的洗车香波均含有界面活性剂、功能性高分子材料等，具有较强的渗透能力和增溶能力，可大大降低界面间的张力，既能有效去除车体表面的各类顽固污垢，又具有除锈功能，并且不含有害物质，长期使用不会损伤车体表面及皮肤。

7.3.1 清洗剂的优点及要求

汽车清洗剂是目前国内外大力推广的护理产品之一，使用汽车清洗剂具有以下的优点。

（1）提高工作效率：采用清洗剂可大大地提高清洗速度，并可将清洗和护理合二为一，从而减少了美容工序，同时也增加了对车漆的护理，起到车漆表面保护作用。

（2）节能作用：用清洗剂代替溶剂清除油垢，减少了汽油和柴油的消耗。

（3）经济作用：1 kg 的清洗剂可代替 30 kg 的溶剂油，从而大大降低了汽车清洗费用。

（4）环保作用：如果采用环保型清洗剂清洗汽车，可减少环境的污染。

因此，应尽量使用清洗剂清洗汽车，以确保汽车清洗的质量和维护汽车车漆完美。

对清洗剂的要求如下。

（1）溶解性：在清洗汽车表面的过程中，要求清洗剂能使固体污垢形成悬浊液，使液体污垢形成乳浊液，以便将其冲洗掉。

(2)分散性：具有使固体污垢的颗粒在清洗剂的作用下分散成细小的质点或胶状液体的能力。

(3)湿润性：能使固体污垢被水浸湿，形成浓稠的泡沫，增加清洗效果。

7.3.2 清洗剂的主要成分及除垢过程

(1)表面洁性物质。表面洁性物质亦称界面洁性剂，是一种能显著降低液体表面张力的物质，可使固体污垢形成悬浮液，使液体污垢形成乳浊液而易清除。

(2)硅酸钠。俗称水玻璃，主要作用是能够使溶液的 pH 值几乎维持不变。水玻璃具有很好的悬浮或稳定悬浮系统的能力，这一能力是水玻璃与活性物质同时使用时能提高去污能力的重要因素。

(3)磷酸盐。1%的磷酸盐溶液在室温时的 pH 值为 12，碱性太强，所以在清洗剂中用量不能太多。在配方中磷酸盐能增加清洗剂溶液的润湿能力，具有一定的乳化能力，但其主要作用是软化水质。

(4)碱性物质。附着在金属表面的油脂和苛性钠一起被加热时会发生皂化反应，结果生成肥皂和甘油。这些产物都溶于水，因此溶剂的表面张力降低，溶液可以渗透到油的内部，油脂膨胀并被溶液润湿，从而与金属间的附着力减少，最后变成微小的颗粒而分散在溶液中发生乳化。

(5)溶剂。溶剂是表面清洗剂的主体，它连同表面活性剂等添加剂一起共同对污垢起化学反应，达到清洗除垢的目的。溶剂主要有水基溶剂和油基溶剂两种。

清洗剂除垢主要包括润湿、吸附、溶解、悬浮和去污五个过程。

(1)润湿。清洗剂与汽车表面上的污垢质点接触后，由于清洗剂溶液对污垢质点有很强的润湿力，所以可使被清洗物的表面很容易被清洗溶液所润湿，并促进它们之间有充分的接触。清洗溶液不仅能润湿污垢质点表面，而且能深入污垢聚集体的细小空隙中，使污垢与车辆被清洗表面的结合减弱、松动。

(2)吸附。清洗剂中的电解质形成的无机离子吸附在污垢质点上，能改变对污垢质点的静电吸引力，并可防止污垢再沉积。

(3)溶解。使污垢溶解在清洗剂溶液中。

(4)悬浮。清洗剂中的表面活性物质能在污垢质点表面形成定向排列的分子层，进一步增加了去污作用。

(5)去污。最后用高压水枪将污垢冲掉。

润湿—吸附—溶解—悬浮—去污的过程不断循环，或综合起作用。

7.3.3 清洗剂的种类与功能

汽车清洗剂根据种类、功能可分为以下几种。

1. 水性清洗剂

水性清洗剂主要清除水性污垢，具有较强的浸润和溶解能力，且不含碱性，不仅能有效地清除一般污垢，而且对汽车车漆面有光泽保护作用。水性清洗剂按一定的比例和水混合使用，在冷车的情况下洒在车身表面泡 5 min 左右，能有效地溶解水性污垢，再冲洗车身，既能轻松地去除污垢又不伤车漆，省时省力。

2. 有机清洗剂

对于一些不溶于水的污垢应采用有机清洗剂进行清洗。该清洗剂主要用于去除车身表面的油脂或沥青污垢。在使用过程中需要注意的是，应避免有机清洗剂喷触到塑料、橡胶等部件，因为有机清洗剂含有汽油或煤油等成分，会腐蚀塑料和橡胶。同时在使用过程中也要注意避免在明火附近使用，应在通风良好的地方使用。

3. 油脂清洗剂

油脂清洗剂又称去油剂，它具有极强的去油功能，主要用于发动机、轮毂等油污较重部位的清洗。常见的去油剂有如下三类。

（1）水质的去油剂：安全、无害，去油功能有限，成本适中。

（2）石化溶剂型去油剂：易燃、有害，去油功能强，成本低。

（3）天然型溶剂（橙皮提炼的）：无害，去油功能强，成本高。

常见的去油剂品种如下所述。

（1）轮毂去油剂。

一般的轮毂清洗液都属酸性物质，较容易损伤轮毂的金属层。而此剂不含腐蚀剂，也不含酸性物质，而且清洗功能极强。将轮毂去油剂喷到轮毂表层后，油泥液自动往下流，只需用布轻轻擦干，即可恢复金属或 ABS 塑料的原有光泽。

（2）轮胎强力去污剂。

该剂为强碱型清洁剂，与橡胶制品产生活跃反应，对带有白线圈的轮胎清洗效果尤其明显。

（3）发动机强力清洗剂。

此产品为生物降解型溶剂，也是唯一比一般溶剂更强的生物降解型去油剂。其主要成分是从橙皮中提取的，成本高。使用方法为：不稀释时可清洗发动机等油泥较重的地方，按 1∶1 稀释后效果极好。

（4）发动机外部清洗剂。

该剂是以煤油为基础料的去油剂，或叫溶剂，属生物不可降解型，使用后的脏液应妥善处理。该剂能去除较重油污，能快速乳化、分解去除油污，且不腐蚀机体及零部件。发动机外部清洗剂呈碱性，含有缓蚀剂成分。其适用于发动机外表及底盘等部位的清洗。该剂不稀释，可直接使用，使用时将清洗剂喷到车上，擦洗后用水冲净即可。由于该剂属生物不可降解型，易燃，故严禁在发动机灼热时使用（会起火）。

4. 溶解清洗剂

溶解清洗剂简称"溶剂"，是一类溶解功能很强的清洗剂，不仅能清除车身上的焦油、沥青、鸟粪、树胶和漆点等水不溶性污垢，而且可用于"开蜡"，因此有些品种直接取名为开蜡水。龟博士系列溶剂产品可参见表 7-6。

表7-6 龟博士系列溶剂产品

序号	品名	特性	备注
1	污垢软化剂	此产品属于柔和性溶剂,主要用于车身、玻璃等部位的清洗;另外对于较硬的运输蜡,可用此产品进行开蜡。使用时将此产品喷在车身上,浸泡5 min后用布将蜡擦除,再用清水冲洗干净	碱性较强,废水应妥善处理,操作时应注意劳动保护
2	蜡质开蜡水	该产品属于生物降解型溶剂,它的主要原料由橙皮中提炼。该产品不易燃,对环境无污染。使用时一般不需稀释,若蜡不厚,可按1∶1的比例稀释	
3	树脂开蜡水	该产品含有一种树脂聚合物的溶解元素,能溶解树脂蜡,且不含腐蚀剂,不会侵蚀风窗玻璃、电镀及铅合金件。在使用时必须用水以1∶3左右的比例稀释,且最好用热水,这样开蜡水中的表面活性剂最为"活跃",除蜡效果最佳。	

5. 多功能清洗剂

此类清洗剂不仅能去除一般性污垢,而且具有增亮、上光、柔顺、杀菌及防静电、抗老化等作用。多功能清洗剂又有车外用和车内室用之分。

(1) 车外多功能清洗剂。

此类清洗剂主要用于清洗汽车表面灰尘、油污等,且在清洗的同时进行漆面护理。车外多功能清洗剂一般包括以下三类。

① 二合一清洗剂。所谓"合一"即清洁、护理合二为一,既有清洗功能,又有上蜡功效,可以满足快速清洗兼打蜡的要求。其产品适用于车身比较干净的汽车,洗车后直接用毛巾擦干,再用无纺棉轻轻抛光。

② 汽车护理香波。此类清洗剂主要有汽车香波、洗车香波及清洁香波等品种,具有性质温和、不破坏蜡膜、不腐蚀漆面、液体浓缩、泡沫丰富和使用成本低等特点。

③ 车蜡护理剂。此类清洗剂含柔和性溶剂,具有较强的溶解功能;其不仅可去除车身油垢,而且能把以前的蜡洗掉,主要适用于重新打蜡前的车身清洗。

(2) 车内室清洗剂。

根据汽车内室各部件材料的不同,汽车内室清洗剂主要有以下几种,参见表7-7。

表7-7 常见的几种车内室清洗剂

品　种	说　明
丝绒清洁保护剂	此类产品主要用于对毛绒、丝绒和棉绒等织物进行清洁和保护，具有泡沫丰富、洗后留有硅酮保护膜、恢复绒织物原状、防止脏物浸入等特点。使用时，轻摇晃均匀，然后喷在需要清洁的表面，再用清洁干布将泡沫擦净
化纤清洗剂	此类产品在多功能清洗剂的基础上特别增加了清洗内室化纤制品的功能，对车用座套等化纤制品上的油泥和时间不太长的果汁、血迹等具有很好的清洗效果。使用时，先将液体倒入桶中，用高压喷枪按需要比例注水，然后用毛巾蘸水清洗脏处，再用干净布擦净即可
塑料清洁上光剂	此类产品主要用于塑料及橡胶制品的清洁与护理，清除污垢的同时能在塑胶制品层形成保护膜，具有翻新效果
真皮清洁增光剂	此类产品主要用于皮革制品的清洁与护理，清除污垢的同时能在皮革制品表面形成膜，起到抗老化、防水和防静电作用，延长皮革制品的使用寿命
多功能内室光亮剂	此类清洗剂不仅可对化纤、皮革和塑料等不同材料的内室物品进行清洗，而且有保护和杀菌等作用。使用也很方便，只要一喷二抹，即可光洁如新，增加美丽光泽，并具有防止内室部件老化、龟裂及褪色之功效

7.4 思　考　题

1. 车蜡的主要功能有哪些？
2. 清洗剂的主要成分是什么，如何进行除垢？
3. 汽车专用保护用品有哪几类，分别有哪些特点？

第8章
汽车美容护理设备与工艺

为了保证汽车美容效果，提高工作效率，专业汽车美容均采用先进的工具与设备。本章将针对汽车美容护理的工具、设备以及工艺进行介绍，并具体介绍了汽车零部件护理以及汽车季节美容养护。

8.1 汽车美容护理工具和设备

专业汽车美容均采用先进的工具与设备,以提高作业的速度和质量,确保汽车美容的效果。掌握汽车美容工具与设备的性能及操作方法等知识,对正确使用和维护工具、设备具有重要作用。常见的汽车美容工具和设备参见表8-1。

表8-1 汽车美容作业的设备和工具

美容项目	作业项目	设备及用品	选用要点
车身美容	汽车清洗	龙门滚刷清洗机、小型高压清洗机、毛巾、板刷、清洗护理二合一清洗剂、水系清洗剂、柏油沥青清洗剂、轮胎清洗保护剂、清洁上光剂等	小型美容企业宜选用小型高压清洗机; 北方冬季宜选用调温式清洗机,不宜选用碱性清洗剂洗车
	汽车打蜡	打蜡机、打蜡海绵、无纺布毛巾及各种保护蜡、上光蜡、防静电蜡等	根据汽车漆面性质、特点及汽车运行环境选用车蜡;镜面釉是非蜡质保护剂
内饰美容	车室美容	吸尘器、高温蒸汽杀菌器、喷壶、毛巾、真皮、塑料、纤维织物清洁保护剂、真皮上光保护剂、真皮与塑料上光翻新保护剂等	不宜用碱性清洁剂,纤维织物清洁剂一般可用于地毯清洁
	发动机美容	喷壶、毛巾、发动机表面活性清洗剂、机头光亮保护剂、清洁油等	不宜用酸碱类清洁剂
漆面处理	浅划痕及漆面失光处理	抛光机、不同粒度的抛光剂、还原剂、漆面增艳剂、漆面保护剂	抛光后需进行还原处理
	深划痕处理及喷漆	喷漆房、烤漆房、空压机、喷枪、砂纸、刮板、底漆、泥子、中涂漆、面漆	宜选用喷漆、烤漆两用房;修补,施工宜选用快干型涂料

8.1.1 汽车美容护理常用工具

1. 海绵

海绵(如图8-1所示)具有柔软、弹性好、吸水性强和较好的藏土藏尘能力等特点,有利于保护漆面及提高作业效率。清洗汽车时能使沙粒或尘土很容易深藏于海绵的气孔之内,这样可以避免因擦洗工具过硬或不能包容泥沙而给车身表面造成划痕。使用前,让海绵吸入适量已经配好的洗车液,这样可用于清除车身上附着力较强的污垢。

2. 砂纸/砂布

（1）种类及规格。

砂纸是用黏合剂把磨料贴在特制的纸或布上制成的。砂纸用磨料粒度数码表示，数码越小，磨料越粗。磨料粒度不同，用途也不同。砂纸可分为木砂纸和水砂纸。木砂纸主要用于磨光木制品表面；水砂纸可以用于水磨，在有水或溶剂的条件下，对各种金属或非金属进行精细加工，使加工件平滑光泽，可广泛用于研磨泥子涂层。

砂布一般由布、胶、砂子等制成。

（2）产品举例。

如图 8-2 所示为一种水砂纸，其规格参见表 8-2。

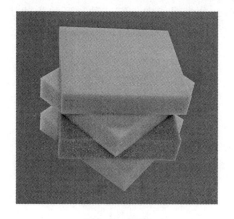

图 8-1　海绵

图 8-2　砂纸

表 8-2　国内常用砂布、水砂纸的规格表示和用途

种　类	规　格		用　途
水砂纸	规格代号	60、80、100、120、150、180、200、220、240、260、280、300	打磨泥子层及涂膜表面以湿磨施工
	粒度	100、120、140、150、160、170、180、200	
	规格代号	320、360、400、500、600、700、800、900、1 000	
	粒度	220、240、260、320、400、500、600、700、800	
砂布	规格代号	4/0、3/0、2/0、0、1、1/2、1、3/2、2、5/2、3、4、5、6	打磨钢铁表面及底层泥子
	粒度	200、180、160、140、120、100、80、60、46、36、30、24、18	

(3) 砥板。

使用砂纸进行修饰研磨时,砂纸必须裹住(垫着)砥板才能使上劲,才能将研磨面磨得平滑均匀。特别是对尘埃、流涂漆粒等缺陷进行修饰研磨时,更需要使用砥板,否则容易出现局部漆膜被磨穿现象。砥板的长度通常为砂纸长度的1/2还要窄30~40 mm,其厚度约为20 mm。砥板可用硬木或硬橡胶制成。

3. 羊毛球/软毛毡

羊毛球与软毛毡分别如图8-3、8-4所示,两者的用途相同,均用于油漆表面的抛光。下面以羊毛球为例进行介绍。

羊毛球是以羊毛或人造纤维为原料植附在绒布上面或直接在羊皮表面再植附绒布而造成的一种涂附磨具。其以羊毛或人造纤维为磨料,分为粗、中、细三种,形状为球状。

图8-3 羊毛球

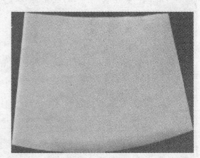

图8-4 软毛毡

羊毛球的特点是:

(1) 与抛光液一起使用可使工件表面达到更好的抛光效果;

(2) 抛光前道工序所留下的砂痕。

羊毛球的应用范围包括以下几点:

(1) 用于任何对表面研磨精度要求高的地方。

(2) 金属及塑料表面油漆的抛光。

(3) 汽车、飞机等表面的抛光。

4. 毛巾

毛巾是人工清洗和擦拭汽车不可缺少的工具。专业汽车美容场所需准备多块毛巾,包括大毛巾、小毛巾、湿毛巾、半湿毛巾和干毛巾等。大毛巾主要用于车身表面的手工清洗和擦拭;小毛巾主要用于清洗车身凹槽、门边及内饰部件等处的污垢;湿毛巾、半湿毛巾和干毛巾在清洗、擦拭车窗玻璃时应结合使用。

5. 防雾湿巾

防雾湿巾适用于汽车挡风玻璃、摩托车头盔前挡风罩、浴室镜、眼镜、潜水镜、玻璃橱窗或其他需要防雾的玻璃制品。

防雾湿巾的使用方法为:取出湿巾摊开放在手上,均匀地在需要进行防雾的玻璃上来回抹擦,直到玻璃上没有明显的水痕且清晰为止。

使用防雾湿巾时应注意以下事项：
（1）使用前，确保需进行防雾的玻璃表面清洁干燥；
（2）产品开封后，尽快使用，以免失效；
（3）避免产品直接接触眼睛；
（4）存放于阴凉干燥处，并避免小孩接触。

6. 手工护理工具

在车漆表面修复过程中，由于程序不同，手工护理工具主要分为除锈工具和刮涂工具。

（1）手工除锈工具。

手工除锈工具是使用一些专用工具除锈的简单方法。

手工除锈工具的优点是：简单操作，不受任何限制；缺点是：操作费力，工作效率低，除锈效果差。

手工除锈常用到的工具有以下几种。

① 刮刀。刮刀是工件表面精加工刀具，具有锋利的刃口。刮刀多采用 T12A 碳素钢或滚动轴承钢制成，有的镶有硬质合金刀头。刮刀一般又分为平面刮刀和曲面刮刀两种，应根据加工工件的表面准确地选用。

② 扁铲。扁铲的用途很广泛，通常在汽车护理工序中用于铲除旧漆膜和旧泥子；而个别的维修人员就用扁铲来做调和原子灰或泥子的专用工具。值得注意的是，不要将刚用过的扁铲没清洗干净就用来调和原子灰，这将影响原子灰的黏度。

③ 钢丝刷。钢丝刷可以用来清除零件表面的污迹，例如清除蓄电池柱头的氧化物及车身底盘的积垢时，钢丝刷就是必不可少的工具之一。使用钢丝刷时，注意不要用它碰比较精密的配合面及汽车的装饰表面。

④ 锉刀。锉刀是用高碳钢 T13 或 T12 制成的，淬火后的硬度为 $62 \sim 67$HRC。锉刀分为普通锉、特种锉和整形锉三类。

（2）刮涂工具。

常用的刮涂工具大致分为钢片刮板、刮灰刀、橡胶刮板和牛角板四种类型。

① 钢片刮板。钢片刮板由弹性极好的薄钢片制成，其特点是弹性好、刮涂轻便且效率高，刮后的泥子层平整。钢片刮板既可用于局部刮涂，也可用于大面积刮涂，故比较适用于小轿车、大型客车等表面的泥子刮平。

② 刮灰刀。刮灰刀又称油灰刀。它是由木柄和刀板构成，木柄由松木、桦木等制作，刀板由弹性较好的钢板制作。以刀头宽度分，刮灰刀的规格有宽窄等多种。

③ 橡胶刮板。橡胶刮板采用耐油、耐溶剂和膨胀系数小的橡胶板制成，外形尺寸和形状可根据需要确定。橡胶刮板弹性极好，刮涂方便，可随物面形状的不同进行刮涂，以获得平整的泥子层。尤其对凸形、圆形和椭圆形等物面，使用橡胶刮板刮涂，质量更优。故橡胶刮板适于刮涂弧形车门、翼子板等。

④ 牛角板。牛角板由优质的水牛角制成。

8.1.2 汽车美容护理常用设备

1. 研磨/抛光机

研磨/抛光机是一种集研磨和抛光为一体的设备，安装研磨盘时可进行研磨作业，安装抛光盘可进行抛光作业。研磨/抛光机是通过旋转研磨盘或抛光盘来平滑并抛光漆面，以除去微小的漆面缺陷，提高光亮度。

（1）结构。

研磨/抛光机主要由壳体、电动机、控制机构及配套装置组成。配套装置主要有研磨盘和抛光盘，其材料分为全毛、混纺毛、海绵三种，每种盘所用的研磨和抛光材料有明显区别。如图 8-5 所示为一抛光机，其性能参数参见表 8-3。

表 8-3 抛光机性能参数

垫子尺寸	φ180 mm
空载转速	1 300 r/min
额定输入功率	530 W
额定电压	110/220 V
额定频率	50/60 Hz

图 8-5 抛光机

（2）操作方法。

① 研磨/抛光机开机或关机时不能接触工作表面。

② 作业时，右手紧提直把，左手紧提横把。由左手向作业面垂直用力，转盘与作业面保持基本平行（如图 8-6、图 8-7 所示）。

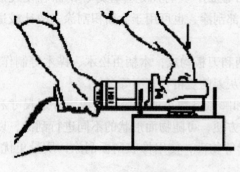

图 8-6 正确的操作

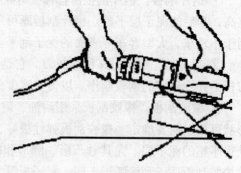

图 8-7 错误的操作

③ 在研磨/抛光机完全停止转动之前，不要放下研磨/抛光机。
④ 不要太靠近边框、保险杠和其他可能咬住转盘外沿的部位进行作业。
⑤ 应时刻注意研磨/抛光机的电线，防止将电线卷入机器。
⑥ 抛光时应注意不要让灰尘飞到脸上，而应使其落向地板。

2. 打蜡机

（1）种类及特点。

打蜡机是把车蜡打在漆面上，将其抛出光泽的设备。打蜡机以椭圆形旋转，类似卫星绕地球的旋转轨道，故又称轨道打蜡机。轨道打蜡机具有重量轻、做工细、转盘面积大、操作便利等特点。如图8-8所示为一种打蜡机产品，其性能参数参见表8-4。

图 8-8　打蜡机

表 8-4　打蜡机性能参数

使用电源	DC12 V
功率	36 W
导线长度	4.5 m
重量	950 g
空转	$n = 600$ r/min
最大电流	≤7.5A
长×宽×高	215 mm × 220 mm × 160 mm

轨道打蜡机型号和样式不一，大致可分为普通轨道打蜡机和离心式轨道打蜡机。普通轨道打蜡机一般在非专业汽车美容场所使用，主要因为存在转盘较小、使用材料较差、扶把位置不容易平衡等缺点。离心式轨道打蜡机的动作是靠一种离心式的、无规律的轨道旋转来完成的，这种旋转方式模拟人手工操作，但比手工操作要快得多，因而受到专业汽车美容店的青睐。

轨道式打蜡机的配套材料主要指打蜡盘的各种盘套，主要包括打蜡盘套和抛蜡盘套两种。

① 打蜡盘套。它由外层的毛巾套和底层的皮革构成，其中皮革起防渗作用。打蜡盘套的用途是把蜡涂在车体上。

② 抛蜡盘套。全棉、全毛或混纺、海绵均是制作抛蜡盘套的材料，但目前使用以全棉抛蜡盘套为主，它的作用是将蜡抛出光泽。

（2）打蜡操作步骤。

① 汽车清洗。为了保证打蜡效果，在使用打蜡机打蜡前对车辆必须进行彻底清洗。

② 上蜡。首先将车蜡涂在打蜡机盘套上，然后按一定顺序往复直线涂抹，每道涂抹应与上道涂抹区域有1/5～1/4的重合度，以防止漏涂及保证均匀涂抹。另外，还得注意在边、角、棱处的涂抹应避免超出漆面。若不使用打蜡盘套上蜡而采用手工上蜡的方法，则首先将适量的车蜡涂抹在海绵（专用打蜡海绵）上，接下来的具体涂抹过程和使用打蜡盘套相同。但要注意不要以圆圈的形式进行打蜡，这样会使车漆表面产生同心圆状光环的

效果。两种方法相比,手工上蜡简单易行,机械上蜡效率高。

③ 抛光。等涂在漆膜表面的车蜡凝固后即可进行抛光。开打蜡机,将其轻放在车体上横向(或纵向)进行覆盖式抛光,直至光泽令人满意。抛光时应遵循先上蜡先抛光的原则,确保抛光后的车表不受污染。

在使用打蜡机给汽车打蜡时,应注意以下问题。

① 打蜡作业环境清洁,有良好通风,有条件可设置专门的打蜡工作间。

② 应在阴凉处给汽车打蜡,否则车表温度高,车蜡附着能力会下降,影响打蜡效果。

③ 打蜡时,手工海绵及打蜡机盘套运行路线应该直线往复,不宜环形涂抹,防止由于涂层不均造成强烈的环状漫射(如图8-9所示)。

④ 打蜡时应遵循先上后下的原则,即按涂抹车顶—前后盖板—车身侧面的顺序。

⑤ 打蜡时,若打蜡盘套上出现与车漆相同的颜色,则可能是漆面已经破损,应立即停止打蜡,进行修补处理。

⑥ 抛光作业要待上蜡完成后在规定时间内进行,且抛光运动也是直线往复。未抛光的车辆绝不允许上路行驶,否则再进行抛光,易造成漆面划伤。

⑦ 抛光结束后,要仔细检查,清除车牌、车灯、门边等处残存车蜡,防止产生腐蚀。

⑧ 打蜡结束后,设备及用品要做适当清洁处理,妥善保存,例如打蜡完后要注意清除打蜡盘套绒线中的杂质。

⑨ 要掌握好打蜡的频率。由于汽车行驶及停放环境不同,打蜡间隔时间不可按部就班,但可以用手拭车身漆面,若无光滑感,就应该进行再次打蜡。

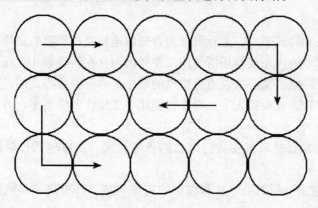

图8-9 正确的打蜡路线

3. 轮胎拆装机

轮胎拆装机是一种半自动设备,适用于一般小车及轻型货车的轮胎拆装。它采用带气压自动中心正位锁定机构的正反旋转盘,用两个(或三个)来分别控制夹紧和正、反旋转操作。轮胎拆装机结构简单,操作容易且占空间小,是汽车美容必备的设备之一。其附件包括清洁毛刷、撬棍和轮胎充气压力表。如图8-10所示为QDBT40-750型气动拆装机,现以之为例介绍轮胎拆装机。

(1) 主要特点。

① QDBT40-750 型气动拆装机技术先进；
② 采用压缩空气动力转换机械能；
③ 拥有轮胎与轮毂松弛拆装、无内胎快速充气、一次装夹等功能；
④ 拆装过程无撕损轮胎，无损轮毂；
⑤ 带有组合保护装置，操作安全可靠，工作效率高；
⑥ 无须电机，减速机节约能源；
⑦ 结构轻巧，操作程序简单，可野外工作无须保护。

图 8-10　QDBT40-750 型气动拆装机

（2）主要技术参数（参见表 8-5）。

表 8-5　QDBT40-750 型气动拆装机主要参数

轮胎直径	≤750 mm
轮胎宽度	≤400 mm
工作压力	$7.58 \times 10^5 \sim 1.21 \times 10^6$ Pa
净　重	220 kg
外形尺寸	长 1380 mm × 宽 1066 mm × 高 450 mm

4. 车轮动平衡仪

（1）工作原理。

动平衡仪一般由驱动、传感器、显示三部分组成。它用于装在汽车上的车轮不平衡量的检测。动平衡仪的工作原理为由车轮不平衡引起的振动，而振动速度的有效值正比于不平衡量的大小；速度传感器将车轮不平衡量转换为电信号，由数字显示不平衡量的大小，用频闪白光观察预先加在车轮上的白色标记，从而确定不平衡量的相位。

（2）检测技术要求。

① 平衡仪应有清晰的铭牌，标明规格型号、最大平衡质量等。

② 指针式显示，表盘清晰，指针回零，转动平稳，不允许有松动、发卡和弯曲现象。

③ 数字式显示，显示清晰、正确。

④ 各开关、旋钮、按键功能正常，操作灵活可靠，并有明显的文字或符号标志。

⑤ 驱动部分应具有电动机、驱动轮和电源开关。接通电源后，驱动部分运转应灵活。

⑥ 传感器的各部件应完整齐全。

⑦ 重复性误差应该在规定的范围内。

（3）检测环境条件。

① 温度 0～30℃。

② 相对湿度小于 85%。

③ 电源电压波动量不超过额定值的 ±10%。

④ 检测现场周围无强烈的振动源和高频干扰。

（4）产品举例。

如图 8-11 所示为 XG-1200A 全电脑车轮平衡仪，其主要参数参见表 8-6。

表 8-6 主要技术参数

电机功率	平衡精度	轮毂直径	轮毂宽度	最大轮重	占地面积	设备重量
0.5kW/380 V	±1g	255～610 mm	38～508 mm	150 kg	2 000 mm × 800 mm × 1 400 mm	200 kg

图 8-11 车轮动平衡仪

该车轮动平衡仪的主要特点如下：

① 能拆装各种大型车辆的真空及压条胎、农用机械轮胎和工程机械轮胎；

② 采用进口液压电控装置，噪声小，使用寿命长，机械化程度高，降低了劳动强度，提高了工作效率；

③ 远离手工操作，增加安全性，不伤胎体及轮辋。

5. 四轮定位仪

四轮定位仪用于测试汽车的车轮定位参数，并与原厂的设计参数进行对比，指导使用者对车轮定位参数进行相应的调整，使其符合原设计要求，达到理想的汽车行驶性能，即操纵轻便、行驶稳定可靠，并减少轮胎的偏磨损。

（1）四轮定位仪的组成。

检测时，四轮定位仪先测量出汽车现有的四轮定位参数，然后由计算机自动与相应车型的存储值对比，对汽车四轮定位算出偏差值，维修人员按照定位仪的提示进行修正就可以恢复原状。

现代高档四轮定位仪由软件系统和硬件系统两部分组成。

① 软件系统主要包括：客户信息管理数据库，国内外各类汽车生产厂、年代及型号的原始定位参数，车辆预检查及其定位故障诊断，标定调校程序等。程序运算、执行、数据存储和输出通过高档计算机、CD-ROM 及打印设备完成。

② 硬件系统除了计算机及外设，主要还包括：车轮倾角检测用的传感器和配套安装夹具，调整标定设备、光学传感器、遥控操作器等。

对于不同四轮定位设备，起关键性作用的是测量传感器是否精确，软件功能是否完善，至于外观、体积以及是否有无线通讯功能都不是关键。

（2）四轮定位仪的检测参数。

现代轿车普遍都是采用前后独立悬架，四轮定位仪检测的主要参数为车轮外倾角、主销后倾角、主销内倾角及前束等参数。

① 车轮外倾角（如图8-12所示）。从汽车正前方看，汽车车轮的顶端向外倾斜一个角度，称为车轮的外倾。通常情况下该参数用偏离垂直线所倾斜的角度来表示，如果顶端向外倾斜则称为正外倾角；如果向内倾斜则称为负外倾角。汽车的外倾角一般都为正。

车轮外倾角的主要作用是使车轮与地面的动态承载中心得到合理的分配，从而达到提高机械零件的使用寿命，减少轮胎的磨损等效果。若车轮外倾角不正确，轮胎会出现异常的磨损，汽车在行驶时也会发生偏驶的现象。

② 主销后倾角（如图8-13所示）。从汽车的侧面看，主销轴线（或车轮转向轴线）从垂直方向向后倾斜一个角度，称为主销后倾。在纵向垂直平面内，主销轴线与垂线之间的夹角，称为主销后倾角。向垂线后面倾斜的角度称为正后倾角，向前倾斜的角度称为负后倾角。通常汽车行驶过程中，主销后倾角应为正值。主销后倾角的获得一般是在安装时，通过悬架元件相互位置来保证的。

主销后倾角的主要作用是当汽车行驶时转向轮产生自动的回正力矩，使汽车保持直线行驶。因此主销后倾角会影响汽车转向稳定性和方向盘的自动回正作用。

③ 主销内倾角（如图8-14所示）。从汽车的正前方看，主销（或转向轴线）的上端略向内倾斜一个角度，称为主销内倾。在汽车的横向垂直平面内，主销轴线与垂线之间的夹角称为主销内倾角。

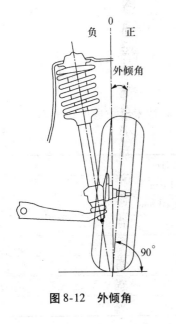
图8-12 外倾角

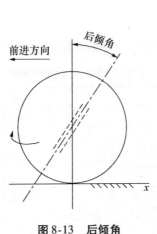
图8-13 后倾角

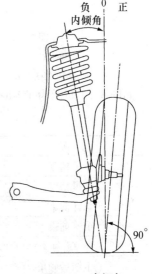
图8-14 内倾角

主销内倾角的作用，是使车轮在受外力偏离直线行驶时，前轮会自动回正。另外，主销内倾还可减少前轮传至转向机构上的冲击，并使转向轻便。但内倾角不宜过大，否则在转向时，会使轮胎磨损加快。主销内倾角一般在前轴制造时形成，因此这个主销内倾角都有一个范围，约5°～8°。

④ 包容角（如图8-15所示）。从汽车正前看，主销的轴线和车轮的中心平面之间的夹角就称为包容角。它在数值上等于主销的内倾角和轮胎的侧倾角之和。

⑤ 前束角（如图8-16所示）。从汽车的正上方向下看，由两前轮的车轮中心平面在路面上投影线之间的夹角称为前束角。轮胎中心平面在路面上的投影线前端向内收束的角度为正前束角，反之为负前束角。

前轮前束角的作用是保证汽车的行驶性能，减少轮胎的磨损。前轮在滚动时，其惯性力会自然将轮胎向内偏斜，如果前束适当，轮胎滚动时的偏斜方向就会抵消，从而减轻了轮毂外轴承的压力和轮胎的磨损。

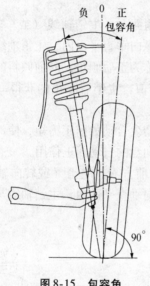

图8-15　包容角

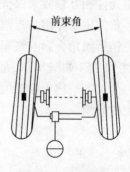

图8-16　前束角

（3）四轮定位移产品举例。

如图8-17所示为TO-8全无线中文电脑四轮定位仪，其主要技术参数参见表8-7。

表8-7　四轮定位技术参数

电　源	220 V/50Hz
显示精度	0.1°/0.1 mm
测量精度	0.01°/0.01 mm
总计前束	±20°
单一前束	±10°
外倾角	±10°
主销后倾角	±14°
包容角	0～30°

此产品的主要性能及特点如下。

① TO-8 全无线中文电脑四轮定位监测系统采用高精度、快速响应的红外线传感器,具有快速精确、耐用及容易使用等优点。

② 采用先进的微电脑技术、高精度红外线传感器(4 传感头、8 通讯光束)测量,全无线机头感应,立即显示出汽车前轮前束值、前轮外倾角、主销后倾角、主销内倾角、包容角、推进角及后轮前束值、后轮外倾角等参数,还可扩展侧滑功能。

③ 友好的人机交互中文界面,内置帮助文件,详细阐述四轮定位原理、操作步骤及调整方法,使操作变得快捷、方便,测量数值更加准确。

④ 检测系统带有轮辋失圆补偿功能,可保证轮辋在失圆状态下进行准确测量。

⑤ 配备国内外近万种车型定位数据,并可为用户定期更新汽车定位数据,用户可根据需要随时自行输入或从网上下载汽车定位新数据。

⑥ 配备打印机,可打印汽车检测前后数据与原厂数据进行比较。

6. 红外线烤灯

(1) 种类及特点。

红外线烤灯主要用于漆膜的修复和车窗玻璃及挡风玻璃的修复。红外线烤灯分为短波红外线烤灯和中波红外线烤灯。短波红外线烤灯比中波红外线烤灯所产生的热量更高,因此其烘烤速度快,烤漆程度深,且不需要预热。另外,短波红外线烤灯还具有"闪烁烤漆"或"预烤漆"功能。因此,在汽车美容行业短波红外线烤灯使用最广泛。

在操作中,如果汽车塑件或橡胶件离烘烤部位比较近,则最好先拆掉;如果不好拆,则要用锡箔纸盖住塑料件,这样会反射约50%的热量,因而能防止塑料件在受短波红外线照射下产生明显的变形,甚至烧毁。而且要注意在塑料件没冷却前不要动它,因为高温时,塑料容易因外力而变形。有些烤灯产品(如图 8-18 所示)具有温度调节功能,这样在使用时就不必拆除塑料橡胶件,只需要将烘烤温度进行适当调低即可,一般调到 49℃最佳。

图 8-17 四轮定位仪

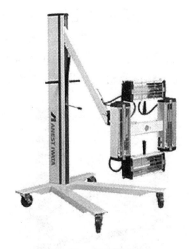

图 8-18 红外线烤灯

（2）产品举例。

如图 8-18 所示为 SPECTRATEK 的短波红外线系列产品之一，其系列产品参数参见表 8-8。SPECTRATEK 的短波红外线系列产品特点如下：

① 烤漆时间短且可以控制烤漆时间；

② 烤漆面积大，且没有局部温度过高或过低现象；

③ 零部件的品质高、设计紧凑，组件结构结实、稳定；

④ 设计符合人类工程学要求，结构紧凑，节约空间、移动容易，灯管位置调节方便，可以烘烤任何不容易触及的部位；内置安全保护功能，使用简单容易；

⑤ 使用寿命长，电子元件可靠耐用，适合恶劣环境；

⑥ 应用了 TISS 热敏传感器集成控制系统。TISS 技术先进的热敏传感器集成控制系统借助超声波传感器指导操作者选择烤灯的最佳位置和距离；而且，热敏传感器集成控制系统还具有定时和自动调节加热温度的功能，从而使烤漆过程变得简单易行。

表 8-8　SPECTRATEK 红外线烤灯

型　　号	技术参数
Spectratherm 1200	1.2 kW，110 V/220～240 V
Spectratherm 4000	4 kW，200～240 V
Spectratherm 4000S	4 kW，200～240 V
Spectratherm 8000	8 kW，200～240 V
Spectratherm 4000S	8 kW，200～240 V
Spectratherm 8000RS	8 kW，208～480 V，三相交流电
Spectratherm16000TS	16 kW，480 V，三相交流电
Spectratherm 16000RSH	16 kW，480 V，三相交流电

7. 举升机

顾名思义，举升机的作用是将质量重、体积大的待检测或修理的汽车抬离地面到一定的高度，以便工作人员顺利、方便地对汽车进行维修等作业。举升机常和四轮定位仪配合使用，以便于轮胎拆装、底盘检测或车轮定位参数检测和调整。根据支撑臂数的不同，举升机可分为两柱举升机（如图 8-19 所示）和四柱举升机（如图 8-20 所示）。

图 8-19　两柱举升机

图 8-20　四柱举升机

(1) 举升机操作注意事项：

① 使用前检查操作手柄是否正常；

② 操作结构灵敏有效，液压系统不允许有爬行现象；

③ 支车时，四个支角应在同一平面上，支起后四个托架要锁紧；

④ 待举升车辆驶入后，应将举升机支撑块调整移动对正该车型规定的举升点；

⑤ 举升时人员应离开车辆，举升到需要高度时，必须插入保险锁销，并确保安全可靠才可开始车底作业；

⑥ 尽量避免在举升机上进行作业；

⑦ 举升器不得频繁起落；

⑧ 作业时严禁升降举升机；

⑨ 发现操作机构不灵，电机不同步，托架不平或液压部分漏油时，应及时报修，不得带病操作；

⑩ 作业完毕应清除杂物，打扫举升机周围以保持场地整洁。

⑪ 定期（半年）排除举升机油缸积水，并检查油量，油量不足应及时加注相同牌号的压力油；同时应检查润滑、举升机传动齿轮及缝条。

(2) 产品举例。

如图8-19所示为骑士达TY-9.2B龙门式液压举升机，是国外先进技术和参考国内多种机型而开发的产品。其设计简洁、合理，选用液压动力单元和油尼龙滚轮结构，噪声低，升降平稳，保养简单，无须日常加油润滑。龙门液压举升机的技术参数参见表8-9。

表8-9　龙门液压举升机技术参数

举　重	高　度	电机功率	电　压	机架宽度	机架高度	整机重量
3.2 t	<1 700 mm	2.2 kW	380 V	3 320 mm	3 700 mm	750 kg

骑士达TY-3.2B龙门式液压举升机具有以下优点：

① 龙门式设计，不阻碍地面空间；

② 双缸举升机，升降平稳；

③ 双保险自锁保护装置；

④ 钢丝绳平稳系统；

⑤ 动力装置可装在举升机任意一边；

⑥ 柱间距较宽。

但该举升机的缺点是油缸置于下部，占用了一些下部空间。

8. 其他设备工具

(1) 废油抽取机。

废油抽取机结构紧凑，使用起来简便，能将机械设备、汽车等油箱和油底壳中的废油抽取出来，予以彻底更换。使用时将抽油管插入废油中，启动设备，按说明书指示的方法操作，即可将废油吸出。

(2) 注油机。

注油机是通过脚踏、手压或气动等方法加压后加注各种润滑油的，是汽车维修护理美容注油的理想设备。使用时先将润滑油装入容器中，盖好盖子；用脚踏，当压力达到要求时停止；将注油枪对准润滑油的注入口，开动扳机，润滑油便可注入至注油处。

8.2 汽车美容护理工艺

前面我们了解到，汽车表面漆膜常受到外界侵害，导致表面漆膜过早损害或锈蚀，甚至导致车壳腐烂。因此，汽车表面漆膜的护理工作是非常重要的。

8.2.1 新车的开蜡工艺

1. 封漆蜡的成分及功用

汽车生产厂家为防止新车在储运过程中漆膜受损，会在车身上喷一层蜡，叫做封漆蜡。尤其是国外轿车在出口时都在汽车外表涂有保护性的封漆蜡以抵御远洋运输途中海水对漆膜的侵蚀。因为封漆蜡极厚，并且十分坚硬，所以还可以防止大型双层托运车运输途中树枝或强力风沙剐蹭及抽打。封漆蜡主要含有复合性石蜡、硅油、PTFE树脂等材料，能对车表面起到长达1年的保护作用。

2. 新车开蜡注意事项

因为封漆蜡没有光泽，严重影响汽车美观，而且汽车在使用中封漆蜡易黏附灰尘，且不易清洗，因此，新车必须将封漆蜡清除掉，同时涂上新车保护蜡。清除新车的封漆蜡称为"开蜡"。

首先，新车开蜡时应注意不能用棉纱沾汽油、煤油开蜡。此种方法虽然能除掉封漆蜡，但汽车漆膜也同时受到损害。因为棉纱虽然柔软，但其中很容易混入铁屑、砂粒及其他坚硬的细小颗粒，且很难发现，极易造成漆膜表面划痕；同时汽油或煤油也会伤害漆膜。

其次，应注意开蜡工作最好选择气温在20℃以上进行。冬季开蜡就比较困难，因气温低开蜡水不能与车身上的封漆蜡很快地发生化学反应，从而导致开蜡失效。

因此，目前多采用一种水解式开蜡液，以水溶的方式进行开蜡，这样可以对漆膜起到保护作用。

3. 新车开蜡工艺

首先，在除蜡前对新车进行清洗。清洗时不必使用清洗剂，在环境20℃以上时，使用高压清洗机，选择阴凉无风地段且远离草木植被，对车身进行高压冲洗，去除车身表面尘埃及其他附着物，注意水压不要高于0.7 MPa。

其次，用"开蜡水"按自上而下的顺序喷于车身表面。应确保每个部位都被溶液覆盖，开蜡水要喷均匀，不要忽视边角缝隙处。保持湿润4～5分钟，使开蜡水完全渗透于蜡层。一定要在开蜡水完全渗透于蜡层后再进行擦拭。用毛巾或无纺布擦拭车表，然后用高压水枪冲洗，缝隙间不要留有残液。

最后，检查车辆表面是否留有未洗净蜡迹，若存在，应将其洗净。然后将车擦干，完成新车开蜡。

8.2.2 漆膜的护理工艺

在喷漆过程中，由于喷漆环境、操作者的技术熟练程度、所使用的涂料质量等原因会使喷涂后漆膜达不到理想的效果而产生一定的缺陷。另外，在汽车使用的过程中也会发生碰伤、擦伤及人为的破坏而产生漆膜缺陷。汽车漆膜修复美容就是对喷漆后或汽车使用中漆膜出现的缺陷进行消除的美容。这些缺陷经修复美容消除后才能达到高质量的漆膜效果。

漆膜修复美容的施工工艺如下。

1. 打磨

新喷的漆面必须完全干燥后再进行打磨，所以必须遵循涂料制造商有关干燥时间的规定，确定干燥的温度及涂层可抛光的时间。

对于大面积的磨平处理，可用费斯托电动偏心振动圆形细磨机 ET2E 或气动圆形细磨机 LEX150/3M 两种磨机。细磨机的偏心振动直径均为 3 cm，并带有平滑启动、无级调速功能，运转平稳。配合费斯托专用美容砂纸 P1500 打磨时适当加少许水，细磨机用中档速度均匀打磨需处理的部位，要尽量使磨垫底盘平放于打磨部位。这样可获得更好的平稳性，并减少损坏涂料表面的可能。应避免因高速打磨产生的热量而使磨削的粉尘粘在砂纸表面后对漆面造成新的划痕。

对于小面积或点状颗粒尘埃，可用费斯托手动小打磨头 D36，配合费斯托自粘式专用砂纸 P2500 平稳打磨。在打磨时应保持打磨头垂直于物件表面，磨头要在尽可能小的圆圈移动，并在砂纸表面涂上一些肥皂，以减少砂纸砂粒的堵塞，将有问题的漆面打磨平滑后进行抛光。

2. 抛光

先将水溶性抛光蜡均匀涂在已处理好的表面，然后用抛光机（例如费斯托中号抛光机 RAP150.03E）配合软毛毡（例如费斯托抛光用软毛毡）进行抛光。在抛光过程中使用喷雾瓶向工件表面及抛光毛毡喷水，以防发热后抛光剂和漆面黏着。先将抛光机转速调整为 900～1 600 r/min 进行扩散抛光，把磨过的砂纸痕磨平；然后再将转速调整为 1 900～2 500 r/min 进行高光洁度抛光。经过抛光后的漆面要上蜡保护，用费斯托中号抛光机加细海绵球及水溶性漆膜保护蜡，用中低速涂匀，封闭保护 10 min，使蜡中的高分子聚合物覆盖于漆膜表面后，再用中号抛光机配费斯托洁净羊毛球进行保护性抛光。

3. 打蜡

汽车在行驶过程中，空气中的尘埃与车身金属表面相互摩擦而产生静电，通过打蜡可以隔断尘埃与车表金属摩擦，能有效地防止车身表面静电的产生，还可大大降低带电尘埃在车表的附着。同时，车身打蜡对保护面膜，光亮漆层也具有很好的效果。因此，汽车在使用过程中，定期进行打蜡处理是非常必要的。

（1）打蜡方法。

打蜡有手工打蜡和打蜡机打蜡两种方式。

手工打蜡便于掌握均匀度，不会出现一圈圈的痕迹，但耗时较长；电动圆盘式上蜡机打蜡时间短、效率高，可快速将车蜡在车身上打匀，但对操作技术要求很高，若操作不当车身表面易出现圈痕。

打蜡的方法如下。

① 清洗车辆，待车身完全干燥后才能上蜡。

② 手工打蜡时，应将适量车蜡涂在海绵块上，然后在车身表面作直线往复涂抹，不可将蜡液倒在车身上乱涂或做圈圈式涂抹。一次作业要连续完成，不可涂涂停停。车蜡在车身上涂抹 5～10 min，待蜡渗透于面漆内，再用鹿皮均匀擦拭，将蜡层擦得如镜般光滑为止。

③ 使用上蜡机打蜡时，将车蜡涂在海绵垫上，操作人员不可用力过大，以免将原漆打起。

④ 打蜡作业完成后，应清除车灯、车牌、车门和行李等处缝中的残留车蜡，这些车蜡如不及时清除，不仅影响车身美观，而且还可能产生锈蚀。因此，应仔细检查，彻底清除干净。

(2) 打蜡注意事项。

① 根据汽车使用环境及车蜡的品质确定打蜡频率。车辆使用环境较好，且有车库停放，一般每隔 3～4 个月打一次蜡；使用环境较差，且车辆停在露天，最好每隔 2～3 个月打一次蜡。另外，使用车蜡的品质好，打蜡后保持时间长，打蜡间隔也可适当延长。当然，这并非是硬性规定，一般用手触摸车身感觉不光滑或光泽较差时，应可再次打蜡。

② 切不可在阳光直射下或车身温度过高时打蜡。车蜡中起主要保护作用的是一个严密的电硅分子结构，在阳光下或车身温度过高时，电硅分子键会分解，使车蜡保护作用被破坏。这时打蜡，车身表面看似光亮，但一经雨淋或洗车，车身便失去应有的光泽。

③ 上蜡时特别注意不要将车蜡涂抹到门边塑料装饰条、前后塑料保险杠及车体其他塑料件上。

④ 上蜡后，应等待 5～10 min 再将蜡抛出光泽。

8.2.3　汽车全车翻新工艺

由于汽车常受到日晒、雨淋及酸雨的腐蚀，车漆层出现严重的老化、漆膜开裂、锈蚀、车漆变色和失光等现象，这将使车漆失去原有的保护和装饰作用，此时应进行全车翻新。

1. 除旧漆

(1) 机械法。

所谓机械法，就是采用专用电动或气动打磨机来除去旧漆的方法。这种方法是目前应用比较广泛的一种除漆方法，其工作效率高、旧膜清除彻底，同时也能彻底清除锈蚀，能一步达到除膜、除锈的目的。

(2) 喷砂法。

喷砂法是利用压缩空气、高压水流将砂粒、水流和金属弹丸颗粒喷射到车身表面，以砂粒、水流和弹丸的冲击与摩擦,将旧漆膜清除干净。其最大优点是对于汽车车身上的某些孔隙、缝隙或手都很难伸进去的部位,采用喷砂法既快又实用。在汽车修理行业中使用的喷砂打磨系统一般又可分压入式和虹吸式。由于操作方便,所以喷砂法深受业内人士的欢迎。

2. 金属表面处理

汽车漆膜损坏使金属表面极易产生锈蚀,因此对裸露的金属表面进行处理是车身表面喷涂工作的关键,其目的是为了涂层的附着力和防止金属锈蚀。它是决定涂层寿命的唯一的重要因素。

金属除锈法大致可分为手工除锈法、机械除锈法和化学除锈法三种,施工时应注意根据被涂物的材质、形状、厚度、大小、涂料品种、施工条件和质量等因素来确定采用何种方法。

3. 底漆施工

底漆是直接涂覆在经过表面处理的施工物体表面的基础用料,它的作用一是防止金属表面的氧化腐蚀,二是增强金属表面与泥子(或面漆)、泥子与面漆之间的附着力。合适的底漆是面漆耐久、美观的前提。如果底漆不好,面漆的外观就会受影响,甚至出现裂纹或剥落。

底漆根据其使用目的不同可分为:磷化底漆、环氧树脂底漆和塑料底漆。

4. 原子灰的施工

原子灰是由大量的填充料以各种涂料为黏结剂所组成的一种黏稠的浆状涂料,用途是用来填嵌工件表面的凹陷、气孔、裂纹和擦伤等缺陷,以取得均匀平整的表面。

5. 面漆的喷涂

(1)喷涂前的准备。

全涂装和局部修补涂装时,对不需喷涂的部位都应遮盖起来。对于这种遮盖作业所用的纸与黏带都有定型产品。

(2)喷枪的调整。

喷枪的调整主要是指喷涂模式的调整。喷涂模式的调整是指喷雾扇形区域的调节,喷雾扇形取决于空气和雾化的涂料液滴的混合是否合适。涂料的喷涂应平稳,喷涂出的湿润涂层应没有凹陷或流泪现象。喷枪一般有三种调节方式,即空气压力调整、喷雾扇形调整与涂料流量调整。

(3)喷涂工艺。

汽车面漆根据颜色不同分为金属色彩漆、普通单色漆和清漆三种。喷涂工艺如下。

(1)金属色彩涂料喷涂。

① 薄层预喷:要形成连片的一张涂膜,应轻度薄薄地喷涂,确认有无缩孔。对小缩孔可用喷雾法喷涂修正;对大的缩孔部位,经干燥并采用600号砂纸打磨后,用喷雾法修正。

② 着色喷涂:为避免涂膜颜色产生不匀,每道喷幅重叠3/4,均匀地喷涂;要注意保持适当的喷枪距离。

③ 修整不匀部位：着色工序时若无不匀，可省去这道工序；产生不匀时应充分间隔一段时间，降低涂料黏度，以小于着色工序喷涂量并以较快的速度，喷幅重叠 3/4，均匀地喷涂。

④ 清漆稳定涂层喷涂：涂层不要厚，均匀地进行喷涂，此工序中清漆使用量大约是清漆总量的 40%。

⑤ 清漆罩光喷涂：注意涂面情况，均匀地喷涂，清漆使用量为清漆总量的 60%。

（2）普通单色涂料喷涂。

① 薄层预喷：轻度薄薄地喷涂，确认有无缩孔；有缩孔时参照金属色彩涂料喷涂时的修正方法进行。

② 着色喷涂：每道喷幅重叠 2/3，均匀地喷涂，要使涂面伸展得更平滑，可加 5%～10% 稀释剂于漆料中，多喷涂一层。

③ 清漆罩光喷涂：可进行混合罩光或单独罩光，混合罩光清漆加入量为 30% 左右，用清漆单独罩光参照金属色彩涂料喷涂中的清漆喷涂工序。

8.2.4　车室内的护理工艺

为了延长车内室各部件的使用寿命，保持其光泽，车内室清洁后，应进行护理作业。

1. 杀菌除味

车内地毯、脚垫、冷暖风口、顶棚丝绒、门边丝绒、丝绒坐椅、真皮坐椅及各缝隙等受潮后特别容易滋生细菌，出现异味，应定期实行杀菌消毒除味。现在市面上有一种车内空调除菌、消臭剂，其除菌、消臭粒子，可直接进入空调器及冷凝器的内部，彻底消除异味和霉菌产生的根源。

杀菌除味的注意事项如下：

（1）禁止喷涂过多。由于该药品对人体有害，故在使用时，人不可在车内；如误入眼内，应立即洗净；如吸入清除剂而造成不适，应立即到通风良好处，或到医院进行诊治。

（2）注意正确使用。因产品不同，其使用方法也不同，因此，在使用过程中，应详细阅读使用说明书，按使用说明书的流程进行使用。

（3）注意使用安全。为了防止人员吸入过多的清除剂，要求空调系统除菌后，还要将循环设置外循环，让空调系统继续工作 10 min，进行换气过程，以确保车内空气新鲜。

2. 增光处理

车室内清洁干净后，应及时进行上光护理。传统车室内护理产品只有单一的上光功能，只能保持光亮，起不到保护作用。新一代上光剂内含表面活化剂和软化剂，不仅具有增光作用，还具有护理功效，使用后能迅速滋润表面，恢复弹性和光滑状态，防止龟裂、硬化及脱色等现象发生。

3. 塑料件上光

对汽车室内的塑料件应定期使用塑料上光剂进行上光处理，上光剂使用时可喷涂也可擦涂，经处理的塑料件表面光亮如新，并可防止塑料老化。皮革件上光可选用皮革清洁柔顺剂和上光保护剂，依次对皮革件进行上光处理。

皮革件的上光方法是：先将清洁柔顺剂喷在皮革件上，浸润 1～2 min 后擦干；再喷施上光保护剂，浸润 1～2 min 后根据需要进行擦干处理，干燥后即可。

8.3 汽车零部件的护理

8.3.1 轮胎的养护

轮胎是汽车身上最重要的部件之一，对于汽车的操纵性、舒适性、加速性都有相当大的影响。为了保证轮胎的性能，有必要对轮胎进行定期养护。

1. 美容

轮胎在经过长期使用后会出现老化现象，表现为失去弹性、光泽及出现微小裂纹等。通过给轮胎喷涂一些专用的药剂，使轮胎变黑，并使橡胶恢复原有的弹性。方法就是直接将轮胎增黑剂喷涂于轮胎表面，风干即可。轮胎增黑剂含有专门的聚合油脂，集增黑、清洁、抗老化于一体，能对轮胎表面提供长久的、不受外界影响的保护层，防止轮胎老化、龟裂，延长使用寿命。

2. 轮胎养护注意事项

（1）胎压。

在轮胎所有的日常养护中，首先关注的应该是轮胎气压。各轮胎（包括备胎）的胎压一定要符合规定值。因为只有充入适当的空气使胎压达到标准，轮胎的优良性能才会充分发挥出来，胎压过高或过低都不利于轮胎的使用。

胎压过高，胎面与地面接触的宽度将变窄，从而降低行驶稳定性与制动性能，并致使胎面中间部位磨损较快；伴随而来的还有行驶舒适性较差；受到外力冲击时，轮胎帘布层很容易因极度拉紧而损坏。另外摩擦所产生的热量会集中在胎面中部，严重时造成胎面橡胶层脱落。胎压过低，行驶中轮胎挠曲变形会很大，使胎内温度急剧上升。而当胎压过低车辆又高速行驶时，轮胎可能会爆裂，这种情况是极危险的。轮胎气压过低伴随而来的还有前轮转向沉重、胎肩磨损较快。另外路面与胎面之间摩擦力增大，从而浪费能量及消耗燃油。因此，要定期对胎压进行检查，在每次车辆高速或长距离行驶之前更要细心确认。测量轮胎气压时一定要等轮胎冷却下来；必须要使用轮胎气压表而不可以目测，并且应根据不同的载荷调整适当的轮胎气压。在高速公路行驶时，轮胎气压应比通常高 0.02～0.03MPa，以增强其刚性。

（2）换位。

由于前、后桥的负荷分配不同，驱动轮与从动轮的不同以及路面状况差异，车辆各个轮胎的磨损状况是不一样的。为了获得最佳的轮胎磨损状况，轮胎的定期换位是一种很好的解决办法。轮胎换位时应注意以下事项。

① 有些型号的车辆，其前、后轮轮胎的胎压不同，所以在轮胎换位后要调整其胎压至规定值。

② 有旋转方向的轮胎换位时，务必要使轮胎在新位置上不反方向转动，这是单向花纹轮胎的特性。相对于旋转方向而言，这种轮胎的胎面花纹具有方向性，用于改善其在湿滑路面上的使用性能，使轮胎可以更容易地排除积水。但是如果将这种轮胎反向安装，则其在湿滑路面上使用时的性能反而变坏。所以在轮胎换位时不可以使轮胎处在与原来反方向旋转的位置。

③ 径向帘布层轮胎（子午线轮胎）如果换到另外一侧，由于轮胎转动方向与原来相反，噪声与左右摇摆暂时会增大，所以建议只在同侧换位。

④ 切勿在轮毂螺栓的螺纹线及螺母上涂抹黄油或机油，否则会破坏螺栓和螺母之间的互锁特性，致使轮胎螺母松脱。

(3) 平衡。

在轮毂边缘通常要装有一块或多块小铝块，它们对轮胎的平衡起着不可或缺的作用。通过调节这些小铝块的质量及其位置分布，可弥补车轮整体上质量的分布不均，从而达到平衡车轮的目的。

轮胎平衡包括静平衡和动平衡。汽车的车轮是由轮胎、轮毂组成的一个整体，但是由于制造上的原因，使这个整体各部分的质量分布不可能非常均匀。当汽车车轮高速旋转起来后，就会形成不平衡状态，造成车辆在行驶中车轮抖动、方向盘振动的现象。为了避免这种现象或是消除已经发生的这种现象，就要使车轮在动态情况下通过增加配重的方法，使车轮校正各边缘部分的平衡。这个校正的过程就是动平衡。一旦出现不平衡状况，应尽快查明原因，做轮胎的动、静平衡检查并调整，以减少轮胎的异常磨损，使其在稳定的条件下转动，延长寿命。

(4) 定位。

汽车在轮胎安装和前、后轮的悬挂系统均设置车轮定位角度。当车辆使用很长时间后常会有转向沉重、发抖、跑偏、不正、不回正等不正常磨损，四轮定位仪即是一种大型、高效和高精度的专用四轮定位检测系统。目前所使用的四轮定位检测系统基本上全是电脑装置，主要由电脑主机、车轮定位传感器、轮毂固定爪、前轮转盘、前束尺和举升装置等组成。

(5) 检查。

检查是否有杂物和碎石等嵌入胎纹之间，若有，剔除它们，不然这些嵌入物长时间留在胎纹之间会对轮胎产生损伤；检查是否有扎钉、割破、鼓包、开裂和气门嘴老化等现象；检查轮胎表面有无裂纹、变形等缺陷。轮胎的花纹沟由于行驶磨损而逐渐变浅，如果磨平就会失去排水防滑等作用，汽车各项性能将大大降低。

(6) 拆装。

尽管可以采用各种养护措施和方法来延长轮胎的寿命和保障轮胎的性能，但是轮胎的磨损仍是不可避免的。轮胎磨损到一定程度时则必须报废，一般是在胎面上的磨损记号露出时就应进行报废处理。旧的轮胎报废后就要更换新的轮胎。

① 轮胎的拆卸。若手工拆卸轮胎，如图8-21所示，用轮边撑开器7撑开轮胎6的卷

边，用轮辋保护器 9 保护轮辋 5，用撬棍 8 撬下轮胎，从气门芯处对面一点一点撬开。注意不要使轮辋受损，也不要损坏轮辋的空气密封表面和轮胎的内层，否则会产生泄漏。

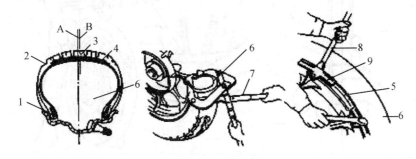

图 8-21　手工拆卸轮胎

1-胎圈；2-胎肩；3-胎面；4-钢丝带束层；5-轮辋；6-轮胎；7-轮边撑开器；8-撬棍；9-轮辋保护器
A. 轮胎几何中心；B. 轮胎实际几何中心线，实际中心线可能向内或向外偏离几何中心线

若用轮胎拆装机拆卸轮胎，如图 8-22 所示，应放尽轮胎中余气。将轮胎平放在压板 1 与机座之间，然后把压板靠向轮胎，踩踏脚板 2，使外胎与轮毂松动。转动轮胎后挤压几次，再翻转轮胎松动另一侧。拆除轮毂边缘的配重块。向下转动手柄 9，使升降杆松开。踩踏脚板 4，使卡爪缩回，使之处于内夹紧位置。如采用外夹紧方式，则踩踏脚板 3，使卡爪张开。把轮胎放在工作盘 6 上，使车轮的凸面向上，并稍加压，使之放平。踩踏脚板 3 夹紧轮圈。在轮毂边缘涂少许润滑剂（如肥皂水）。压下升降杆，直至拆装器 7、8 接触轮毂边缘。再向上转动手柄，锁住升降杆。此时升降杆会略微升高，使拆装器与轮毂之间形成约 3 mm 的间隙。以拆卸器的 7 端作支点，用杠杆 11 撬起外胎外缘，使之搭在拆装器的 7 端上，踩踏板，启动工作盘直至轮胎上边缘完全拆出。移开立臂。重复最后三步，将外胎的下边缘拆出。

② 轮胎的安装。若手工安装轮胎，如图8-23 所示，轮胎与轮辋的表面必须光滑和清洁，不能有任何磕碰与异物，否则会漏气。必须更换一个

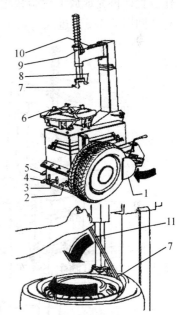

图 8-22　用轮胎拆装机拆卸轮胎

1-压板；2，3，4，5-操纵踏脚板；6-工作盘；7，8-拆装器；9-手柄；10-定位锁；11-杠杆（撬棍）

新的气门芯 6，气门芯螺母 2 的旋紧力矩为 1.5 N·m。安装轮胎时要使用轮辋保护器并用水润滑轮胎，从气门芯的对面处开始安装。若轮胎侧面标有转动方向标记，应保证与车轮转动方向一致，装上轮胎后，要用毛刷 10 蘸肥皂水再次润滑轮胎 7 与轮辋 8 结合面，并用木槌 9 敲击胎面，使轮胎与轮辋更加贴合。

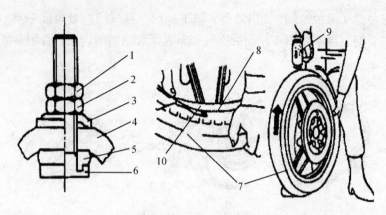

图 8-23 手工安装轮胎

1—锁母；2—螺母；3—压圈；4—垫圈；5—气门芯垫；6—气门芯；7—轮胎；8—轮辋；9—木槌；10—毛刷

若用轮胎拆装机安装轮胎，如图 8-24 所示，往轮边上涂少许润滑剂。将立臂转到工作位置，再完成放上轮胎和轮辋工序，将轮胎套在轮毂上，并使它的左侧和近身侧（约占整个圆周的 1/3）进入轮毂中部的凹槽处。压下并锁住升降杆，使右侧未套入轮毂的一段轮边置于拆装器 8 端之上，一段轮边置于拆装器 9 之下。用手压住轮胎，确保近身侧的轮边进入轮毂凹槽。再踩踏脚板 5，启动工作台，装入一条轮边。特别在装轮胎的上边缘时，更要边转边压。抬起升降杆。把轮胎转到使气门嘴离开立柱约 90°处。重复前面的工序，装轮胎上边缘。松开手柄 10，使升降杆抬高。踩脚踏板 3，放松卡爪。最后给轮胎充气。

传统的轮胎拆装是采用人工敲打的方法使轮毂和轮胎分离的，这种技术落后且工作效率极低的方法，对于配合粗糙的货车轮胎还可以勉强使用。而现代车辆使用的子午线轮胎，轮毂和轮胎的配合非常紧密，采用人工敲打的拆装方法会损坏胎唇，使精密的铝合金轮毂变形从而造成轮胎的密封不严而产生泄漏，因而更换轮胎时必须采用专业的拆装设备。

采用了专用的轮胎拆装设备后，使拆装变得非常简单，不但可以确保拆装质量，而且提高了效率。

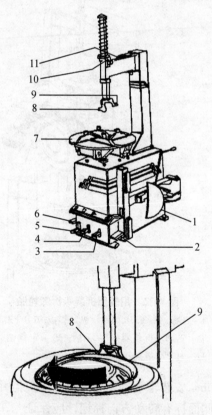

图 8-24 用轮胎拆装机安装轮胎

1—压板；2，3，4，5，6—操纵脚踏板；7—工作盘；8，9—拆装器；10—手柄；11—定位锁

8.3.2 轮圈、挡泥板和轮弧饰片

1. 轮圈

除了美观的因素,轮圈的改装更是为了散热及轻量化。以铝合金或镁合金所制成的轮圈散热效果要比铁质的轮圈好很多,若配合轮圈的特殊造型则更能达到冷却效果。铝合金轮圈有许多款式,以配合不同车型与个人喜好,既有跑车款的大直径五辐、星状轮圈,又有端庄的六辐、八辐轮圈,还有网状轮圈、满辐孔状轮圈等。

轮圈的安装必须与轮胎配合。选择轮圈时,应主要看其质量,以保证安全性,观察一下有没有针孔和裂缝等缺陷,漆面效果是否亮泽。

在轮圈的应用方面,大部分车主改换轮圈是为了车辆升级之用,因此,在选装时必须注意组件规格的吻合度。如固定螺栓的数目与原车的螺栓数目是否相同;轮圈直径与轮胎直径是否合适;轮圈宽度与轮胎宽度是否相称等。装配时不但要考虑轮辋的宽度大小,还要注意不能让轮胎蹭到轮拱,轮圈的宽度大小和轮胎的扁平率有密切的关系。对于将要改换的轮胎和轮圈的规格,各制造厂商均备有明细表。不管对轮胎和轮圈做怎样的改装,都应该遵循制造厂家提供的规格要求。

在安装轮圈时,为安全起见,轮圈与车轴接触面必须仔细检查,确保绝对没有异常的突出物。要使用适合轮圈的螺母。常见的固定铝圈螺母有三种,适用于不同的轮圈。而较大规模的铝合金轮圈生产厂都能提供适合安装特定车种的螺母,千万不要使用不合适的螺母。

2. 挡泥板

挡泥板的功用是在雨天或泥泞地行车时防止污泥、污水溅到车身下部。

挡泥板安装在车上的方法有两种:一为螺钉或拉拔钉固定法,一为粘贴法。

现以固定法为例简述挡泥板的安装步骤:

(1)将要安装挡泥板的部位清洁干净,彻底清除挡泥板凸缘内侧污泥,并加以防锈,以防安装后因不清洁而生锈腐烂;

(2)用钻头在挡泥板凸缘唇上钻孔以便安装;

(3)在安装部位涂一些硅胶,以利于紧密结合并可防止水分积存而腐烂;

(4)将挡泥板装上,用螺钉或拉拔钉固定好;

(5)为防止水分积存或渗入接合处造成钣金腐烂,可在挡泥板外缘注上一层透明的硅胶。

3. 轮弧饰片

轮弧饰片的功用主要是在轮弧翼子板受轻微或中度擦撞时,使其伤痕减至最低程度,当然也兼具美观的功效。

安装轮弧饰片的方法与步骤如下:

(1)首先将安装位置清洁干净,尤其使用螺钉或拉拔钉固定时,翼子板凸缘唇的内缘污泥更要清除干净;

(2) 在翼子板凸缘唇与轮弧饰片相对位置，依孔径钻孔；
(3) 将硅胶注入翼子板弧饰片安装部位，如此会使接合紧密，不积水分；
(4) 将轮弧饰片贴上，并用螺钉或拉拔钉固定即可。

8.4 汽车的季节美容养护

8.4.1 汽车的夏季美容护理

在夏季，强烈的紫外线照射和高温烘烤，给汽车各部件带来了考验，因此夏季的汽车养护美容就很有必要。

在夏天由于常开车窗，灰尘很容易吹进车里，尾气及各种有害气体及污染物更会附着在绒布织物面料的坐椅、顶棚上，从而使车室变得很脏，还会有异味出现。仪表台、车门饰板等塑胶部位要清洗干净，要用毛刷仔细清洁，为了防止紫外线照射后造成表面龟裂、老化，还要在清洗后涂上一层保护剂，并用专用的清洁剂把绒布面及坐椅缝隙里面全部清洗干净。顶棚上的污渍及由于抽烟等熏黄的痕迹都要彻底清洁。为了防止细菌再生，还要给整个车内做一次高温杀菌。风道口以及空调的通风道等部件也应一起做一次清洁，保证车内环境和空气都干净。

1. 夏季对车况的影响

（1）润滑油容易变质和烧损。发动机在高温下运转时，润滑油的抗氧化稳定性变差，加剧其热分解、氧化和聚合。同时，干燥空气中的灰尘和潮湿空气中的水分通过进气系统和曲轴箱通风口进入发动机油底壳污染润滑油，引起润滑油变质。此外，润滑油通过气缸壁、活塞、活塞环、轴颈等过热区域时，容易引起蒸发和烧损。

（2）零件磨损加剧。发动机在高温下运转，金属零件热膨胀较大，零件之间正常配合间隙变小，磨损加剧。同时，高温运转的发动机在活塞顶、燃烧室壁、气门头等零件上黏附积炭和胶质物，使金属零件等热性变差，加速机件损坏。除此之外，由于发动机过热，机油变稀，机油压力降低，润滑油膜不易形成，也加速机件磨损。

（3）发动机充气系数下降。高温条件下，因空气密度减小，进入气缸里充气量减少，使充气系数下降，从而导致发动机功率下降，使车辆行驶无力。试验证明，当气温由15℃上升到40℃时，发动机的功率下降6%～8%。

（4）制动性能变差。制动蹄片及轮胎受高温影响，频繁制动后，制动力很快下降。特别是汽车在山区坡陡、弯急、道路狭窄、情况复杂的条件下行驶时，使用制动次数增多，制动摩擦片温度会急剧升高，使制动性能变差。另外，高温时由于沥青路面逐渐变形，有的地方还可能变成流动的液体，路面的附着力下降，制动效果明显变差。

（5）供油系统产生气阻。供油系统受热后，部分汽油以气体状态存于油管与汽油泵中，不仅增大汽油流动阻力，同时由于气体的可压缩性，汽油泵出管中的汽油蒸汽随着汽油泵的脉动压力不断被压缩和膨胀，时间一长就破坏了汽油泵吸油过程中所形成的真空度，造成发动机供油不足或中断，即形成供油系统气阻。

（6）可燃混合气燃烧不正常。随着大气温度的增高，进入气缸的混合气温度也升高，发动机的温度将更高，从而使窜入气缸中的润滑油在高温缺氧的情况下生成胶质和积炭。积炭积存于活塞顶部、燃烧室壁、气门顶部和火花塞上，形成炽热点，引起发动机炽热点火，便产生自燃或爆燃。

2. 夏季汽车的护理重点及措施

（1）防止爆胎。汽车在高温条件下行驶时由于外界气温高，轮胎散热较慢，并且气压也随之相应的增高而易引起轮胎爆破。因此，在高温条件下运行要注意轮胎的温度和气压，经常检查，保证规定的气压标准，若发现缺气，应及时补足。长途运行的汽车，要适当降低车速，必要时把车停于荫凉地点，使轮胎温度降低后再继续行驶，切不可用泼浇冷水的办法来降轮胎温度，这样会因胎面和胎侧胶层各部分收缩不均而发生裂纹。

（2）防止爆燃。根据发动机的压缩比选用辛烷值合适的汽油，注意不能选用辛烷值低于要求的汽油。当使用汽油辛烷值较低时，要注意保持发动机的正常温度，适当推迟点火提前角和加浓混合气，同时，要及时对燃烧室、气门头等部位的积炭进行彻底的清除。另外，汽车上坡前应选择适中档，保持动力良好，以防止加油过猛。

（3）防止蓄电池损坏。进入夏季时，要注意调整电解液的比重，其比重要比冬季小一些，同时，还要经常检查蓄电池液面高度，及时补充蒸馏水，并保持通气孔畅通。为防止因温度高造成电解液消耗量过大，需调整发电机调节器，减小发电机充电电流。

（4）防止供油系统气阻。清洗汽油滤清器、燃油箱和油路管道，使之保持清洁畅通。检查调整汽油泵的工作压力，使之保持正常，一旦出现气阻，应停车降温，拆开进油管接头，扳动汽油泵手摇臂，使汽油充满油管，恢复正常供油。为了防止供油系统产生气阻，通常采用冷敷降温和加装隔热垫的方法。冷敷降温法是用沾过冷水的布或棉纱将汽油泵包起来，反复几次即可降低其温度，使供油畅通；加装隔热垫是在气缸和汽油泵之间加装石棉板垫片，减少发动机传给汽油泵的热量，防止产生气阻。此外，采用电动汽油泵是防止产生气阻的有效方法。

（5）防止制动失效。对于液压制动车辆，要检查制动总泵和分泵，更换刹车油，彻底排净制动管道的空气，并检查、调整刹车踏板的高度；对于气压制动车辆，要注意检查制动皮碗和制动软管的良好程度，发现损坏应及时更换。

（6）防止进气系统进水。夏天雨水多，现在汽车空滤芯多数是纸材合成，如果空滤受潮，进气受阻增大，则使车辆变得加速无力；严重时，进入发动机的水分在高温作用下，使发动机内部运动机件锈蚀作用加剧，影响发动机性能。

（7）防排水孔堵塞。车辆的前挡风玻璃处通常设有流水槽及排水孔，可以及时排掉雨水及洗车的积水，当车辆经过冬天、春天后，流水槽里往往沉积了许多泥土及树叶，这时极易堵住排水孔，应及时疏通排水孔，以免排水不畅造成积水。当积水过多时会进入车内，还可能危及车辆电脑，导致电控系统故障或损坏。

（8）防止漆面老化、褪色。夏季雨水中的酸性成分对车漆腐蚀非常厉害，阳光的直射也会导致汽车表面油漆老化、褪色，因此进行汽车封釉会对漆膜起到很大的保护作用。

"封釉"是利用专用的振抛机将一种高分子结构的涂装剂压进车漆内部，使其形成一层坚固的网状结构罩在车漆表面。其作用首先是与空气隔绝，不被氧化；其次，釉保护剂内含紫外线反射剂，使车漆不再因辐射而褪色；最后，釉保护剂中的静电吸收剂可排除静电，不易吸附灰尘，便于清理。封釉工艺如下：

① 用脱蜡洗车液将抛光后的漆面清洗干净并擦干；

② 用吹风机将各缝隙里的水吹干；

③ 将车身饰条、保险杠等部位用纸胶带粘好；

④ 将"镜面釉"反复摇晃使其均匀，用专用的振抛机将釉保护剂通过振动挤压进入漆的细孔内，配合使用红外线烤灯的照射，使之形成如同网状的牢固保护层。

3. 夏季高温条件下车辆技术护理

汽车进入高温季节时，应对全车进行必要的技术检查和调整，其保养的主要内容如下。

（1）检查冷却系统机件，保证齐全完好。主要是检查冷却系统的密封情况，风扇皮带的松紧度，散热器盖上的通风口和通气口是否畅通，冷却水是否充足，节温器状况是否良好等。另外，还要及时消除水垢，保证水路畅通。为减少水垢，发动机冷却水要尽量用软水或经过处理的硬水。

（2）改善润滑条件，减轻机件磨损。首先要保证润滑油的数量充足和质量良好，使机件能得到充分润滑。其次要加强对空气滤清器和机油滤清器的保养，保证工作正常。对多尘条件下使用的车辆，要适当缩短润滑油的更换周期。在高温天气行驶的车辆要加装机油散热器和选用优质机油，变速器、主减速器和转向器中换用夏季厚质齿轮油，车轮轴承换用滴点较高的润滑油。

（3）检查百叶窗，拆除发动机附加的保温装置以及驾驶室挡风装置，检查整修后，妥善保管。

（4）放出发动机机油盘、空气压缩机机油盘及机油滤清器等处的冬用机油，清洗润滑系统，加注夏用机油。

（5）放出变速器、分动器、差速器及转向器等处的冬用齿轮油，清洗后检查齿轮和轴承的磨损情况，校正主减速齿轮的啮合间隙，然后加注夏用齿轮油。

（6）清洗轮毂轴承，换用稠度较高的轴承润滑脂。

（7）检查空调，防止缺氟。空调是汽车夏季使用较频繁的部件，也最容易发生故障，检查汽车的空调是否缺氟是必要的。其次要检查是否有氟泄漏。一般干燥罐上都有玻璃观察孔，从气泡的流动情况即可初步判定其工作状况。最后还要检查是否缺冷冻润滑油。

8.4.2 汽车的冬季美容护理

在冬季的恶劣气候下，做好车辆保养更为重要。

1. 护理重点

（1）外部车漆的护理。在冬季，风中的砂尘会依附于车身表面和底盘，因此进行含特氟隆高分子聚合物的车漆镀膜很有必要。同时，为减少车身静电，也可使用防静电镀膜覆盖车身，从而避免灰尘的侵蚀。

（2）底盘护理。雨雪天气，会有泥沙、水渍沾在底盘上，且底盘在车体外，很难经常冲洗，故而很容易造成底盘被侵蚀、氧化、生锈。因此，底盘应做清洗及防锈处理。用防锈剂即可达到目的。

（3）换油。换油包括发动机润滑油、防冻液、齿轮油及燃油的更换。

要给汽车换上适合冬季使用的发动机润滑油。因为通常使用的润滑油黏度和冬季使用的润滑油黏度不同，通常使用的润滑油黏度很高，在冬天受冷变浓，会使润滑油的流动性变差，机油泵不能顺利地把润滑油输送到指定的润滑部位，从而不利于汽车的冷起动。缺乏润滑油将会使机件的摩擦阻力变大，严重的还会造成摩擦副之间的烧蚀。另外，可在机油中加入一些启动剂以减少启动时间，减轻对发动机的损坏。

选择合适的防冻液。防冻液的种类有酒精（水型）、甘油（水型）、乙二醇几种，但它们的冰点不同，其中以乙二醇防冻液为最好。乙二醇防冻液沸点高，挥发损失少，使用中一般只需补充和添加蒸发掉的水分；此外其冰点低，热容量大，冷却效率高，黏度小。但乙二醇防冻液有毒，对金属材料和橡胶有腐蚀作用，需添加磷酸氢钠以防止对冷却系统腐蚀。对不使用防冻液而使用水冷却的车辆，还要拆检气缸体和散热器上的放水开关，疏通水道，防止因不能放水而导致缸体或散热器冻裂。

选择合适的齿轮油。由于齿轮油的工作范围是在变速器、差速器和转向机构内，若其在冬季黏度大、流动性差，则将会使汽车摩擦阻力增加，机件的润滑条件变坏。最好选用可常年使用的 80W 或 90W 齿轮油。

选择凝点合适的燃油。冬天的天气寒冷，平时使用的凝点较高的柴油将会析出石蜡，也会使柴油浓度增大，影响启动。所以一定要根据气温选择合适的柴油，如 -10 号、-20 号或 -35 号柴油，以防在寒风中柴油冻结而导致发动机不能运转。但要注意车内的燃油系统绝对不能有水分，以防结冰而造成油路冻结、阻塞。如不慎有水分进入，应加入一些燃油防水剂或清除剂以保证油路顺畅。

（4）调高蓄电池电解液密度。电解液密度过低，会使蓄电池电压降低，尤其是在冬天冷启动时，启动时间长、次数多，极易造成蓄电池亏电。

2. 冬季漆膜护理工艺

冬季洗车次数少，天冷车冷时，车上的雨雪积得很厚或很长时间，从而大大延长了雨对汽车面漆的"酸化"过程。另外，冬季空气中的污染物要高于平时，特别是在北方风尘较大的地区，还有人为造成细微划痕等，都加速和强化了汽车漆膜的损伤。因此，在有关汽车的所有养护中，漆面养护的重要性不亚于发动机。

（1）研磨。研磨又称镜面护理，用以去除车漆原有的缺陷，主要是用来去除氧化、发丝划痕、微划痕等不同程度的车漆损伤。应根据不同的损伤情况以及车漆的性质（透明漆或普通漆）来选用研磨剂的种类。现在汽车漆面主要是透明漆，其工艺更为讲究，但护理的程序同普通漆大同小异。

（2）抛光。车漆研磨后必须要抛光，因为研磨剂本身会在车漆上留下划痕，抛光的目的就是去除或缩小这些划痕。抛光剂主要分为浅色抛光剂和深色抛光剂，一般而言，深色车用深色抛光剂,浅色车用浅色抛光剂。抛光剂的另一作用是作为打蜡前的强力清洗剂(或叫"去污剂")。

(3) 密封。漆膜抛光后就要上一层还原剂,也叫"密封剂",其作用是还原车漆本来的面目,在蜡和漆中间起一个绝缘的作用,以确保打蜡后的保质期,避免空气中污染物侵蚀。还原剂还可消除划痕,把车漆还原到"新车"状况。

(4) 打蜡。还原剂在车漆上保留一段时间(一般为1个月左右)后,就可根据需要给汽车打上镜面蜡,使汽车获得最终的镜面效果。

3. 制动系统的冬季护理

冬季常遇冰雪路滑的情况,所以首先应把四轮的轮胎调整一下,使四轮对地面的附着力保持一致,防止发生侧滑;其次,要检查刹车油、制动管路和各刹车分泵有无渗漏的地方,如渗漏应及时排除,并应按时更换制动液;最后,应检查并调整手制动,因为在冰雪路上用手制动刹车时,可以防止甩尾,从而保证冬季的行车安全。

8.5 思 考 题

1. 试述汽车美容用品分为哪几类?各类的作用是什么?
2. 试述四轮定位仪主要检测汽车哪些参数?这些参数的意义是什么?
3. 简述汽车全车的翻新工艺有哪些,如何进行操作?
4. 简述汽车冬季美容护理的重点及措施。

第9章
车身表面涂层修补技术

本章重点介绍汽车涂层修补所使用的涂料类型、各层涂膜的涂料产品、油漆的喷涂工艺以及漆膜常见的病态原因与防治。汽车修补涂料是指对原厂汽车车身涂层进行修补用的涂料,它只能由手工在相对低的温度下操作。通过修补涂料可获得两种效果:保护及美观效果,但这两种效果不能由单个涂料产品独立实现。由于汽车涂层修补涂料品种较多,性能不一,故而在汽车涂层修补中正确认识和使用汽车修补涂料显得尤为重要。

9.1 车身表面涂层基础知识

9.1.1 车身表面涂层修补的特点

在汽车的漆面修补中使用的涂料，与一般汽车的原装涂料具有很大差别。汽车在原厂所喷涂的漆是汽车厂统一喷涂使用漆，一般根据需要由油漆生产厂家直接供货。此外，原装涂料是在未经加工的金属车身（也就是白车身）上进行喷涂，因为没有其他不耐高温附件，加上喷涂作业在涂装生产线上的温控环境下进行，故一般选用高温烘漆。

汽车修补的对象就是汽车的外表涂层。由于碰撞、擦划造成外表涂层的损伤或老化（如涂层开裂、变色、粉化、漆层脱落等），故而需要针对各种不同的情况进行修补或重新涂装，这就导致工作的复杂和繁琐。具体来说，汽车涂层的修补与一般工厂的涂装生产线不同，其并无统一的作业对象，需要修补的车型、形状、颜色也各不相同，多数不能按规定的工序进行作业；同时，由于车上带有塑料附件，所以烘烤温度不能过高；此外，在进行喷涂时，所使用油漆的种类较多，所使用的工具和汽车生产厂的设备亦各有不同，这些因素都决定了汽车涂层修补与车厂中的油漆喷涂的差别。

汽车涂层的修补可分为局部涂层修补和整车涂层修补。由于碰撞、擦划所造成的损伤一般只是局部的，对其进行修补只是限于局部的涂层修补，其工作量相对较小；而对于车身涂层老化而言，或许需要对整车重新喷涂，这就需要车漆必须全部研磨掉再对整车进行喷涂，其工作量比较大。可见，汽车涂层修补的工艺要求是多变的，再加上其他的一些因素，在汽车涂层修复中，对操作人员的喷涂技术和经验就要有较高的要求了。

9.1.2 车身表面涂层的基本结构

按汽车用修补涂料涂层的结构分布，可将车身表面涂层分为三类：修补用内层涂料（底漆）、修补用中间层涂料和修补用外涂层涂料（面漆层）。

1. 修补用内层涂料

所谓内层涂料是指为各种面漆做基底层所用的涂料，包括底漆、封闭底漆或隔离底漆等。底漆是直接涂布在经过预处理的物体表面上的第一道漆，有时在修补涂装场合亦可覆盖于原漆面上。底漆具有优良的附着性，直接喷涂在经过表面处理的金属面上，能起到良好的防水、防锈和防腐蚀作用，同时还可提高面漆和泥子的附着力，因此喷涂面漆或打泥子之前必须先喷涂底漆。

底漆的种类很多，按其固化特性，可分为溶剂挥发型、热固化型、氧化固化型、催化固化型和双组分型5类；按其与金属的附着性能，可分为用于黑色金属（如钢、铁等）和用于有色金属（如铜、铝、锌等）两类。底漆与这两种金属的附着能力稍有不同，选用时应予注意，否则会引起漆膜的早期剥落。对于进口底漆，应向供应商查询清楚，因为同一生产商也会有多种底漆可供选择。

底漆与面漆存在适配问题,只有相同或相近似的极性才能配合,否则由于特性不匹配,会引起"咬底"、"起皱"或"揭皮"等现象,造成喷涂失败。

酚醛底漆具有较好的防水、防锈和防腐蚀性能,附着力也较强,可与多种面漆适配,特别是耐硝基漆的能力强,价格也较便宜,常作为车身翻新、大面积喷涂之用。

磷化底漆属于双组分涂料,可替代金属表面的磷化处理,增强防锈能力,因此也可作为车身翻新、大面积喷涂之用。使用时,磷化底漆用磷化液稀释,比例为 4∶1;喷涂时,漆膜的厚度要求很薄,约 5～10 μm;在干燥后,应在其上再喷涂一层普通底漆,以增加漆膜的厚度。

2. 修补用中间层涂料

中间层涂料也就是中涂漆。中涂漆属于底漆的一种,又称二道底漆,黏度稍大,漆膜较厚,主要用于填平底漆或泥子表面的微细空隙和砂纸的打磨痕迹,使涂层表面更加平整光滑,同时还可提高底漆或泥子与面漆的附着力。中涂漆的厚度一般可达 30 μm,干燥后可用水砂纸打磨。

3. 修补用外涂层涂料

修补用外涂层(面漆层)是最为人们所关注的地方。因此,进行局部、板件及整车修理喷涂时,如果能喷涂出与旧涂层的纹理和颜色(或颜色效果)都协调的漂亮涂层,是漆工最值得骄傲的事情。因此,充分掌握外涂层涂料的特性和使用方法是非常重要的。

在正常情况下,光洁平整的金属表面是不刮泥子的,油漆直接喷涂其上。为获得很好的防腐蚀和装饰效果,金属的表面涂层都由多种漆膜组成,而且每层漆膜都必须达到一定厚度。如图 9-1 所示的轿车油漆涂层由底漆、面漆、珠光云母漆和清漆四部分组成,其中底漆是属于前面提到的修补内涂层,面漆、珠光云母漆和清漆属于修补用外涂层。对于不喷涂珠光云母漆的车辆,该漆种便可免喷涂。漆膜的总厚度一般为 80～120 μm,有的甚至达到 150 μm。

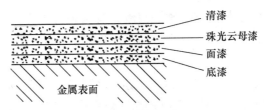

图 9-1　汽车油漆涂层的基本结构

(1) 常用面漆的种类和特性。

① 沥青漆:主体材料为沥青,具有良好的耐水和耐腐蚀性。常制成黑色的面漆,用于车架和车身挡泥板等金属材料的喷涂。

② 硝基漆:具有易施工、干燥温度低(常温干燥)、干燥速度快、漆膜坚硬、耐水和耐腐蚀性好的特点;但光泽度和耐候性稍差。由于施工简便,常用于小面积的修补。

③ 氨基漆:漆膜坚韧、光泽性好,耐水、耐候、耐腐蚀;但干燥温度高、速度慢,需在 120℃中经过 1～2 h 的烘烤后才能干燥。通常仅用于车身翻新。

④ 醇酸漆：漆膜坚硬，光泽性和附着性好，施工简便；但漆膜硬度低，耐候性差，干燥温度高，速度慢，而且需烘干。由于价格低，一般用于次要部位的喷涂。

⑤ 丙烯酸漆：漆膜坚硬，耐磨、耐水、耐酸碱和耐候性好，具有极佳的光泽性；但价格昂贵。丙烯酸漆分为热塑性（溶剂固化型）和热固性（烘干型）两种，前者可以用作汽车修补漆，后者则用于车身翻新全喷。

⑥ 丙烯酸聚氨酯漆：属双组分型油漆，含有适量的亚克力树脂，使用时与一定比例的固化剂混合，在室温下便可固化，干燥速度比硝基漆更快，适合快速修补之用，具有较优的光泽性和耐候性；漆膜硬度高，附着力强，耐磨、耐水、耐酸碱，同时又易于喷涂，遮盖力强，是极佳的修补用漆。

⑦ 聚酯聚氨酯漆：属双组分型油漆，其特性与丙烯酸聚氨酯漆相同，且各项性能更优，特别是漆膜的光泽性和机械强度更好，常用于高级轿车的修补。

⑧ 金属漆和珠光云母漆：在油漆内加入某些闪光的片状金属后，漆膜会对光线产生一种折射作用，使之呈现出闪闪发光的效果，这种油漆称为金属漆。早期的金属漆是采用铝片作为反光材料，后来人们发现银粉的反射率更高，效果更出色，便改用银粉作为反光材料，并将银粉制成10～30 μm大小的片状或椭圆状，从而可以获得正、侧面不同明亮度的反射效果。许多轿车的漆面常常呈现出一种闪闪发光、晶莹夺目、正侧面造影变幻奇妙和绚丽的效果，这就是喷涂了一层珠光云母漆的效果。珍珠在光线的照射下，能发出红、橙、黄、绿、青、蓝、紫等缤纷绚丽的色彩。根据天然珍珠的构成机理，在片状云母的基础上加入不同厚度的钛白粉或氧化铁和氧化钴等材料，再调入油漆中，便成为珠光云母漆，它可产生类似珍珠的七彩效果。

（2）清漆的种类和特性。

清漆也是油漆的一种，只是不含任何颜料，液态下显得十分透明，干燥后能形成一层特别光亮的漆膜，是用于最后的一道涂层。

清漆的种类同样也分为溶剂挥发型、热固化型、氧化固化型、催化固化型以及双组分型5类。市场上出售的镜面清漆、水晶清漆以及罩光清漆等，实际上都属于清漆的一种，虽然名称各异，但作用相同，都是在面漆或珠光云母漆的上面罩上一层更加光亮的漆膜。

清漆的成分大都为合成树脂，并加入了适量的光敏剂和各种助剂，从而使漆膜更加晶亮、坚硬、耐磨和抗紫外光，使晶莹饱满的漆面效果具有更优良的耐候性、耐水性和耐腐蚀性。上乘的漆面可保持长达5年不变色、不退光。

作为汽车修补用的清漆，一般选用双组分型，其成分主要为亚克力树脂，使用时要与适量的固化剂混合，在常温下，通常10～15 min便可固化，能满足快速、高效的施工要求。

9.1.3 车身表面涂层辅料

车身表面涂层辅料主要包括泥子、原子灰、各类油漆稀释剂、干燥剂、固化剂和化白水等。

1. 泥子和原子灰

泥子主要用于填补车身表面的接缝、焊缝以及碰剐后出现的凹坑和划痕等缺陷。通过涂刮泥子和精心打磨后,能形成光滑的表面,以供最后的表面喷涂。

泥子的种类很多,其基本材料均为石膏粉,再加入各种黏结剂(如清漆、底漆或色漆)、稀释剂、增塑剂、固化剂和其他辅料配制而成,可以自制,也有成品供应。

根据黏结剂和稀释剂的不同,泥子一般分为硝基、氨基、环氧、醇酸和聚酯等品种。泥子均具有固化极性,以便与不同的漆种配用。

原子灰是一种调配好的成品泥子,属于双组分聚酯类,特点是流动性好,附着力强,光滑柔韧,硬度适宜;易刮和易打磨,具有良好的孔隙填补功能;且干燥速度快,干燥后不易开裂,能与多种底漆和面漆配合使用。

原子灰的种类很多,一般分粗灰和幼灰两种。粗灰属填充型,强度高、堆积性好,可以一次性地涂刮较厚的涂层,常用于填补较大的凹陷和缝隙;幼灰属修补型,颗粒细腻、柔软、韧滑,涂抹性能更佳,主要用于填补金属面、漆面或粗原子灰表面上较浅的凹陷、刮痕、砂眼和缝隙等。

原子灰的 A 组分主要是不饱和聚酯,是一种永不干固的膏状物质,使用时必须按使用说明书的规定,加入适量的 B 组分后才能固化。由于沉淀的作用,A 组分的上部较稀,下部较稠,应先搅动均匀,然后取一定量的 A 组分与一定量的 B 组分调配均匀,然后尽快涂刮。

2. 稀释剂

稀释剂的作用是溶解油漆涂料的树脂,使之达到要求的黏度,以便更好地喷涂。不同的油漆所采用的稀释剂不同,有些不能互换,否则会使油漆的聚合受到严重的破坏,对修补的漆面造成损害。

常用的稀释剂按化学名称分为汽油、松节油、松香水、苯、二甲苯、乙醇、乙二醇和丙酮等。为了避免稀释剂的误用,各类油漆都配有特定的稀释剂,具体可分为:氨基漆稀释剂,硝基漆稀释剂,氧漆稀释剂,醇酸漆稀释剂,丙烯酸稀释剂,双组分稀释剂。

3. 干燥剂和固化剂

对于双组分涂料,漆料(A 组分)和干燥剂(B 组分)是分开包装的。漆料本身不会固化,只有加入了干燥剂(又称为固化剂)后,通过化学反应,才能干燥和形成坚硬的漆膜。干燥剂的加入量应遵照涂料生产厂家的规定,加入过量时,漆膜容易龟裂;加入量不足时,漆膜难以干燥。对于原子灰来说,B 组分便称为固化剂,而一般不称为干燥剂。

4. 化白水

化白水属于一种添加剂,其作用是防止在潮湿环境下喷涂面漆时产生发白现象。化白水的添加量应按油漆生产厂商的规定加入,过量会导致漆膜固化缓慢。

9.1.4 自动喷漆与修补色笔

1. 自动喷漆

为了方便车身表面涂层小范围的修补，许多油漆生产商根据世界各大车系常见车型的颜色，推出一种小剂量的自动喷漆。自动喷漆的颜色多达数十种，其内充有惰性压缩气体，经摇动后轻轻一按，压缩气体便将漆料带出，喷涂在车身表面上；干燥也极快，可以多次喷涂，漆膜十分光洁、艳丽。

自动喷漆的颜色不可调，选购时只能按近似的颜色购买。由于自动喷漆的施工非常方便，所以一般驾车人员都可以自己处理，一般只应用于要求不高的面漆修补。

自动喷漆时必须注意，喷漆的压力不能太大，喷嘴离喷涂面也不能太近，否则喷漆流量大，会造成漆膜不均匀和流挂。因此，正式喷涂前应多做练习。

2. 修补色笔

市场上还有一种专门用于填补小划痕和轻微刮伤，又兼具防锈功能的修补色笔，其剂量更小，仅约 20 ml，价格低廉。修补色笔的颜色多达数百种，所以一般都可以选购到与面漆颜色极为相似的色笔。

修补色笔的使用比自动喷漆还要简单，也更容易掌握，驾车人员都可一试。使用时，一般先用小金属丝去除划痕中的污垢或锈蚀，经彻底清洁和除油后，便可小心地用修补色笔进行涂抹。如果一次未能涂平，可以多次涂抹（干燥也十分快）。涂抹后再配以打蜡和抛光，修补效果十分好。

9.1.5 汽车修补涂料的发展趋势

在汽车工业较为发达的国家中，汽车涂料的使用量在涂料产量中占有较大的比重，且其在涂料的销售额中所占的比例最大。因此，各国涂料生产厂家都非常重视汽车涂料的发展动向及开发，以适应汽车工业发展的需要。汽车涂料的生产技术开发有集团化、国际化的倾向。在近十多年里，汽车涂料在其耐候性、耐石击性、外观饰性、高艺术观赏性等方面都取得了很大的进展。中国的车用涂料虽然起步较晚，但其发展也很迅猛，不过在油漆的质量和耐用度上与国外还存在一定的差距。在低端油漆产品中，国产漆所占的比重较大。在未来的 10 年中，随着汽车拥有量的增加，汽车修补漆将成为中国涂料行业中增长最快的涂料品种。

汽车修补漆大致可分为四大类，分别为 UV 型、溶剂型、高固型和水性修补漆。中国的汽车修补漆目前还大多是溶剂型产品，但是随着中国汽车工业的迅猛发展，面临的环保压力也越来越大。据国际机动车制造商组织获得的统计数据显示：全球公路运输的 CO_2 排放量占全球总量的 16%。另外，汽车漆 VOC 排放量中，面漆的排放量达 60%，是汽车漆中的"污染大户"。而国内汽车维修行业在车辆喷漆中普遍使用的是传统的油性涂料。油性涂料中含有较多的有机物质，这些有机物质挥发到空气中，容易与大气中的氮氧化物发生化学反应，从而对空气质量造成影响。欧洲对汽车涂装中 VOC 排放有严格规定，因此其环保型汽车涂料的发展居于世界的前沿,已经开发出从电泳底漆、中涂层到底色面漆、罩面清漆等全套水性汽车涂料,并且已在一些汽车公司涂装生产线上使用。中国作为新兴的汽车消费市场,倡导绿色汽车的进程中,汽车涂料的环保性也日益受到关注,水性汽车涂料也会受到更多的关注。

9.2 油漆喷涂工艺

9.2.1 油漆喷涂工具和设备

1. 清洁工具

喷涂油漆前必须彻底清除金属表面的锈蚀、污垢、旧泥子和旧漆涂层,所用的工具及其主要用途如下。

(1) 钢丝刷:主要用于清除铁锈和污垢。

(2) 铲刀:主要用于去除金属表面的旧泥子和旧漆膜。

(3) 手持式砂轮机:有风动和电动两种,用于清除金属表面上的铁锈和旧泥子。有的还可换上钢丝磨头,工作效率高,效果好,适合大面积的打磨和修补,并能减轻对金属表面的损伤。

(4) 手持式打磨机:有风动和电动两种,配有可快速更换的磨头,根据需要配合各种粗、细砂布使用,经打磨后,使金属表面更加光洁。手持式打磨机适合要求更高的大面积除锈和清除漆膜的打磨。

2. 涂刮泥子工具

涂刮泥子主要使用一些简单手工工具,主要包括如下几类。

(1) 各类刮刀:有钢片刮刀、木质刮刀、塑料刮刀、橡胶刮刀、牛角刮刀,以及尺寸不同的大刮刀和小刮刀等。

(2) 调泥子平板:可选用木板、胶合板和薄铁板等。

(3) 打磨泥子工具:有木块、橡胶块等,用于垫托砂纸,能打磨出平整、光滑的表面;对于大面积的打磨,则可采用高效的电动打磨机。

3. 喷涂油漆工具

喷枪是喷涂油漆的主要工具,它利用压缩空气的压力,将油漆变成雾状而喷涂在车身表面上。如图9-2所示为喷枪的内部结构,它由漆流控制阀、雾形控制阀、空气阀、扳机、压缩空气调整阀、压缩空气接头、手柄和漆料杯等组成。

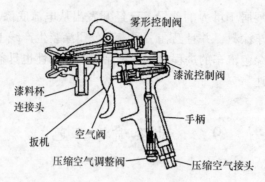

图 9-2 喷枪的内部结构

喷枪有不同的直径，常用的有 1.0～2.5 mm，并可以作为独立的附件供选用。喷涂时，应根据油漆的种类和黏度来选用。一般情况下，喷涂底漆时，应选用直径较大的喷嘴；喷涂中涂漆时，应采用直径中等的喷嘴；喷涂面漆时，应采用直径较小的喷嘴。

喷枪的种类和型号很多，常用的有重力式和虹吸式两种，其主要特点如下。

（1）重力式喷枪：如图 9-3 所示，重力式喷枪的漆料杯位于上方。喷涂时，利用油漆的自重和压缩空气的真空度使油漆成雾状喷出。其优点是漆料杯体积小，油漆自上往下流，很适合漆量少的小修小补，但不适用于俯仰方向的喷涂。

（2）虹吸式喷枪：如图 9-4 所示，虹吸式喷枪的漆料杯位于下方。喷涂时，利用压缩空气的气流将油漆吸上来呈雾状喷出。其优点是操作方便，适合各种方位的喷涂，应用更广；其缺点是随着喷涂时间的延长，油漆的黏度会发生变化，喷涂流量稍有改变。

 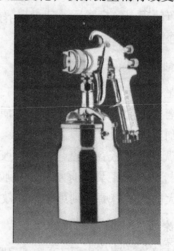

图 9-3 重力式喷枪　　　　图 9-4 吸虹式喷枪

4. 空气压缩机

空气压缩机是喷涂的动力源。对于一般油漆涂层的修补，常用的空气压缩机规格型号为 2 V-0.11/7 型，其输出的空气压力为 0.7 MPa，生产率为 0.11 m^3/min。

5. 油水分离器

由于空气压缩机吸入的空气带有一定的水分，同时空气压缩机工作时，用于润滑的润滑油会有少量窜入被压缩的空气中，如果这些水分和润滑油微粒随油漆喷涂到车身上，会使漆膜产生水泡和麻点，从而严重影响表面涂层的质量。因此必须在输出的压缩空气管路中加装油水分离器，以便彻底去除混合在压缩空气中的油和水，保持压缩空气的洁净。

6. 喷/焗漆房

要获得光洁、晶莹的车身表面涂层，就必须具备清洁、无尘的工作环境，在这种环境中烘烤的漆膜会变得更坚硬、光亮照人。因此，既用于无尘喷漆、又可自动加热进行烤漆的喷/焗漆房便是最佳的选择。

喷/焗漆房具有如下的优点。

（1）不受任何天气和环境气候变化的限制，能全天候地进行喷/焗漆工作。

（2）进入喷/焗漆房内的空气均经过特厚滤网的严格过滤，可以确保漆膜一尘不染。

（3）室内的空气能保持每小时 200～260 次以上的换气率，使喷漆时受污染的空气迅速排走，确保室内空气清洁新鲜，为工人的身体健康创造了良好的工作环境。

（4）喷漆时产生的苯、二甲苯、甲醛等有毒气体采用自上而下的沉降处理，经流水凝聚，最后通过污水处理，完全符合环保要求。

（5）采用柴油燃烧加热、电子点火和高效的热交换器，使能源得到了充分的利用。

（6）能实现 20～80℃ 或更高温度的恒温加热，并令室内的气流以 0.2～0.4 m/s 的速度循环吹拂，使车身表面各部位的温度几乎相同，实现同步快速干燥。

由于喷/焗漆房具有无可替代的优点，故其已成为轿车车身翻新的必备设备。喷/焗漆房的规格和型号很多，选购时可参考以下的主要性能参数。

（1）外形和室内尺寸：应根据主修车型的最大尺寸来考虑。

（2）门宽和门高：标准型为 2 400（2 600）mm × 2 800（3 000）mm。

（3）风机风量：应大于 18 000（或 20 000）m^3/h。

（4）室内换气频率：应大于 200 次/h。

（5）恒温温度：应在 20～80℃ 范围内自动调节。

（6）升温速度（20～60℃ 范围内）：应小于 10 min。

（7）室内空气流速：应大于 0.25 m/s。

（8）空气清洁率（过滤效率）：应大于 95%。

（9）噪声：应小于 75 dB。

（10）耗电量：约 7 kW/h。

（11）燃油消耗量：约 6～8 千克/车。

9.2.2 面漆的调色

1. 物体产生颜色的机理

各种色漆的面世，为汽车披上五色斑斓的外衣，使世界也变得分外妖娆。漆膜呈现斑斓色彩的机理与其他物体一样，是由于太阳光中包含红、橙、黄、绿、青、蓝和紫 7 种不同波长的可见光，以及红外线、X 射线、γ 射线和各种波长的波，以上统称为光谱。任何物体对太阳光中的可见光均会产生不同程度的吸收、反射或透射作用。当物体吸收了全部可见光时，便呈现黑色；当物体反射了全部可见光时，便呈现白色；当物体透射了全部可见光时，便成为无色的透明体；当物体仅反射了一部分可见光，而其余可见光被吸收时，便呈现出反射光的颜色。漆膜就是依据此原理而呈现出缤纷艳丽的颜色的。

2. 油漆颜色的种类

眼睛的视网膜存在感红、感绿、感蓝三种视觉神经细胞，故此称红、绿、蓝三种颜色为三原色。不同比例的三原色进行混合便可以调配出太阳光谱中的所有颜色。同样，将不同比例的红、绿、蓝油漆进行混合便可调配出各种缤纷艳丽的漆膜颜色。GB/T3181—1995《漆膜颜色标准》列出了 83 种常用的漆膜颜色和三原色的混合比例。

引入色差和色调后，使颜色的变化更有规律，颜色的种类更多。色调由 1～2 个英文字母组成，共分 10 级（参见表 9-1），同一色调的不同颜色由 2 位数字来表示（83 种漆膜颜色的编号和名称参见表 9-2），从而使颜色的称谓变得有章可循。

表 9-1　色调的代号

代　号	R	YR	Y	GY	G	BG	B	PB	P	RP
色　调	红	黄红	黄	绿黄	绿	蓝绿	蓝	紫蓝	紫	红紫

表 9-2　漆膜颜色的编号和名称（国标 GB/T3181—1995）

编　号	漆膜颜色	编　号	漆膜颜色	编　号	漆膜颜色
P01	淡紫	BG01	中绿灰	Y03	奶油
P02	紫	BG02	湖绿	Y04	象牙
PB01	深（铁）蓝	BG03	宝绿	Y05	柠黄
PB02	深（酞）蓝	BG04	鲜绿	Y06	淡黄
PB03	中（铁）蓝	BG05	淡湖绿	Y07	中黄
PB04	中（酞）蓝	G01	苹果绿	Y08	深黄
PB05	海蓝	G02	淡绿	Y09	铁黄
PB06	淡（酞）蓝	G03	艳绿	Y10	军黄
PB07	淡（铁）蓝	G04	中绿	Y11	乳白
PB08	蓝灰	G05	深绿	Y12	米黄
PB09	天（酞）蓝	G06	橄榄绿	Y13	浅黄灰
PB10	天（铁）蓝	G07	蛋壳绿	YR01	淡棕
PB11	孔雀蓝	G08	淡苹果绿	YR02	赭黄
B01	深灰	G09	深豆绿	YR03	紫棕
B02	中灰	G10	飞机灰	YR04	橘黄
B03	淡灰	GY01	豆绿	YR05	棕色

续表

编　号	漆膜颜色	编　号	漆膜颜色	编　号	漆膜颜色
B04	银灰	GY02	纺绿	YR06	棕黄
B05	海灰	GY03	橄榄灰	YR07	深棕黄
B06	淡天(酞)蓝	GY04	草绿	R01	铁红
B07	蛋青	GY05	褐绿	R02	朱红
B08	稚蓝	GY06	军车绿	R03	大红
B09	宝石蓝	GY07	豆蔻绿	R04	紫红
B10	鲜蓝	GY08	果(酞)绿	R05	橘红
B11	淡海(铁)蓝	GY09	冰灰	RP01	粉红
B12	中海(铁)蓝	GY10	机床灰	RP02	淡粉红
B13	深海(铁)蓝	GY11	玉灰	RP03	玫瑰红
B14	景蓝	Y01	驼灰	RP04	淡玫瑰红
B15	艳蓝	Y02	珍珠		

3. 调色

任何人造光源都存在偏色性，不是偏暖就是偏冷。观察漆膜颜色时，必须采用合适的自然日光。但即使是日光，在一天中不同的时刻光谱的强度也会有差异。例如日出时，太阳光偏红，此时观察物体会偏于红色；日落时，太阳光偏蓝，此时观察物体会偏于紫蓝色。只有在稳定的日光中才能正确地辨别物体的颜色。GB/T3181—1995 规定应在"北空昼光"下来观察漆膜的颜色。"北空昼光"指的是日出 3 h 和日落 3 h 以前的北向日光，此时的光谱最均匀和最稳定，是辨别漆膜颜色的最佳时刻。

一般来说，汽车修补漆由色母组分、树脂组分、溶剂组分和助剂组分配制而成。色母组分由高颜料含量的主导色浆组成，有金属闪光漆系列色母和单色漆系列色母；树脂组分是涂料的主要成膜物；溶剂组分主要用来调整涂料的黏度，涂料中所含的溶剂必须按涂料的固化方式、作业方式进行设计。

在涂层的修补之前，必须要进行修补涂料的调色。而调色的第一步就是要根据汽车的生产厂家所标定的漆码获得汽车的原喷涂色，从而减少所配的修补涂料与原厂家使用的油漆颜色的差异。所以为了便于车身表面涂层的修补和油漆颜色的调配，所有进口汽车（包括我国引进国外技术合资、合作生产的轿车）对车身的颜色都给出了一个编码，称为漆码。漆码的位置可在车上某一特定地方查到，如图 9-5 所示为常见的漆码位置。不同的生产厂家和不同的车种，漆码的位置各不相同，表 9-3 为世界各大车系的漆码位置，与图 9-5 配合使用，能很方便地查到原厂的车身颜色。

汽车修补漆的调色工作十分复杂，目前采用的方式主要有人工调色和计算机辅助调色。人工调色是操作人员目视参照色板，判定参照色板的色调，确定其色彩组成，反复调整对比色，确定无色调差异后，再判定饱和度与明暗差异，反复调整对比色、明暗度和饱和度，最终使调和的涂料颜色与参照色板无目视色差的作业过程。人工调色最大的特点是：目视、反复对比、色差大、速度慢。目视调色需要操作人员具有色彩判断能力和调色知识,反复对比的过程需要操作人员具有耐心。

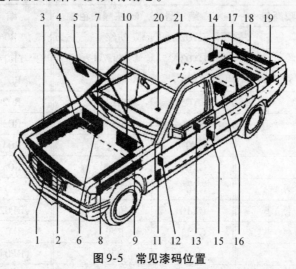

图9-5 常见漆码位置

表9-3 世界各大车系漆码位置

车系或车型	漆码位置	车系或车型	漆码位置
凌志	3 7 10 15	兰德·罗孚	2 3 7 10 15 17
丰田车系	3 4 7 8 10 11 12 15 17	马自达车系	7 10 15
日产车系	2 4 7 10	五十铃车系	2 7 10 13 15
本田车系	15	大发车系	2 7 10 20
三菱车系	2 3 4 5 7 8 10 15	铃木车系	7 10 11 17 20
大宇车系	2	现代车系	2 7 10 15
起亚	15	陆虎车系	2 3 5 7 10
双龙	12 15	阿尔法·罗密欧	5 8 14 17 18
奔驰车系	2 3 8 10 12 15	伏克斯豪尔	2 8 9 10
宝马车系	2 3 4 7 8	菲亚特车系	4 5 14 18
奥迪车系	14 17 18	波罗乃茨	7 10
法拉利	5 18	拉达	4 5 8 17 18 19
大众车系	1 2 3 7 8 14 17 18 19	伏尔加	18
欧宝车系	2 3 4 7 8 10	莫斯科人	14
标致车系	2 3 8	伯罗顿	2 7 10
雪铁龙车系	2 3 4 7 8 10	利拉特	3 4 7 9 10
雷诺车系	3 7 8 10 15	斯柯达	8 10 17
保时捷车系	2 7 8 10 12 15	依维柯	5
萨博车系	3 8 10 15 17	斯巴鲁	2 7 8 10 11 15
沃尔沃车系	2 3 7 8 10 11 12 15	欧洲福特车系	2 3 4 7 8 15 17 18
美洲豹车系	2 4 5 15	通用车系	2 7 10 12
劳斯莱斯车系	3 5	克莱斯勒车系	2 4 5 8 9 10
玛莎拉蒂	5	福特车系	15
莲花	3 8	土星	19
兰西亚	4 5 18	西特	3 8 17 18

计算机调色是利用计算机对参照色板的色调、明暗进行数据化，并将其与存入计算机内的各种色母标准色进行对比、计算，确定参照色板色彩的组成，调色操作人员利用计算机调色配方配制涂料，再利用色差仪确定色差，最后通过计算机或人工进行微调的调色过程。计算机调色前，首先要将色母标准化、数据化，再在专用的调色计算机中建立数据库。计算机调色的准确性取决于色母的标准化和数据库的实用性。目前大部分汽车修补漆调色中心的技术支持与色母都来源于实力雄厚的大公司。计算机调色的特点是：速度快、色差小、工作量小、目视与计算机结合。现在精密的电脑调色系统主要包括以下设备和材料。

（1）高精度电子秤：精度达 0.1g。

（2）一台微电脑：其内储存有世界各大车系及各年份车辆面漆的颜色资料和配色比例数据（有的电脑调色系统采用浓缩色母和特种树脂进行调色）。

（3）色板：附有世界各大车系面漆颜色的样品，以便与实物作对比，直观性强。

（4）各种标准色漆：用于提取一定的分量相互进行混合，从而能调配出颜色合适的面漆。如果调漆系统采用浓缩色母时，便提供数十种浓缩色母和许多特种树脂作调色之用。电脑调漆系统的精度极高、配漆简便快捷，能利用数十种标准色漆（或浓缩色母）调配出数千种色漆，包括单、双组分色漆、珠光漆、金属漆、高亮度漆和亚色漆等，其配色效果几乎可以达到与原车面漆难以区分的程度，从而充分显示了电脑时代的高度优越性。

9.2.3　喷漆前的准备

对于车身表面的喷涂，一般分为全车翻新和局部修补两类，喷漆前的准备工作量也各不相同，应按需要进行相应的施工。

1. 车身表面的清洁

局部的修补可只作局部小范围的清洁；全车翻新时，应用高压清洗机冲洗，彻底去除车身和底盘外表的灰尘、泥沙和污垢。

2. 去除旧漆

局部修补时，可采用铲刮、钢丝刷、粗砂布和打磨机等进行人工去除旧漆；大面积修补或全车翻新时，最好采用脱漆剂去除旧漆。使用脱漆剂时，应对非脱漆的部位做好遮挡保护。

3. 除锈

小范围的除锈可以用铲、刮、钢丝刷、砂纸或打磨机进行除锈；大面积的除锈可以用除锈剂或打磨机除锈。

4. 除油

金属表面沾上油污会严重影响底漆的附着力。简单的除油方法是用干净的布蘸上汽油、丙酮或天那水等溶剂擦抹 1～2 遍，此后不能再与水接触，干燥后尽快喷涂底漆。

5. 涂料的稀释

涂料的黏度与表面喷涂质量关系极大，黏度过高时，涂料的流动性差，使漆膜表面显得粗糙，无光滑感；黏度过低时，会产生"流挂"、"橘皮"或"针孔"等现象。

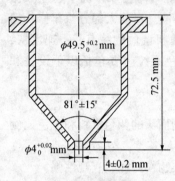

图9-6 涂-4黏度计

不同的涂料对黏度的要求有差异，正确测定涂料黏度的方法是采用如图9-6所示的涂-4型黏度计。该黏度计为上部为圆柱形、下部为圆锥形的金属容器，内壁粗糙度为$Ra0.4$，锥形底部有漏嘴。在容器上部有一圈凹槽，作为多余试样溢出用。黏度计置于带有两个调节水平螺钉的台架上，其材质有塑料与金属两种，但以金属材质的黏度计为准。黏度计的容量为100mL，漏嘴用不锈钢制成，长$4±0.02$mm，嘴孔内径4mm，总高度为72.5mm，锥体内部的角度为$81°±15'$，圆柱体内径为49.5mm。

测定涂料黏度的程序如下。

（1）对黏度计进行清洁和干燥。

（2）使用水平仪，调节黏度计的调整螺钉，使之达到水平状态，再在漏嘴下放置一个150mL容器。

（3）用手指堵住漏嘴，将试样涂料盛满黏度计。

（4）迅速移开手指，同时启动秒表，在试样流束刚中断时，立即停止计时，读出测定的时间。

（5）秒表的读数为试样流出的时间，也就是涂料的黏度。

常用的涂料黏度为$18 \sim 21$ Pa·s。经过多次练习后，有经验的喷涂师傅能用金属棒蘸上涂料来观察流滴速度，基本上也能判断出常用的黏度范围。

6. 涂料的过滤

为了防止涂料中混有细小的沙粒、硬块或其他杂质，调配好的涂料必须进行过滤。过滤的方法是将涂料倒入$100 \sim 150$目（或更细目）的网筛，也可以用粗细二级的网筛分别进行过滤，确保涂料中无任何杂质。

7. 喷涂底漆

底漆与金属有着良好的附着力，无论是否需要打泥子，均应先喷涂一层底漆，然后再作其他处理。

9.2.4 涂刮泥子

1. 泥子的选择

泥子的种类很多。由于调制泥子时，使用的黏度剂和稀释剂有所不同，因而其具有不同的极性。选用泥子时，必须与所喷涂的底漆和面漆配套使用，否则不但无法满足附着力要求，甚至会出现"咬底"现象。

原子灰由于具有附着力良好、干燥时间短的优点，适合与各种底漆和面漆配合使用，施工也非常简便，因此受到维修用户的欢迎。选用时，主要考虑的是填充厚度。

2. 泥子的涂刮

泥子的涂刮要讲究手法和力度，一般先用较硬的刮刀取适量的泥子，使刮刀与涂刮面成60°左右的角度，用较大的压力进行涂刮。为了防止内部留存气泡，必须从中部切入（如图9-7所示），再逐次向四周扩展抹平。

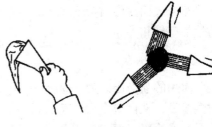

图9-7　刮泥子的手法

3. 泥子的打磨

原子灰的干燥速度极快，对于较薄的涂层，在常温下，一般15～20 min后即可进行打磨。如果气温过低时，可以用图9-8所示的红外线灯作局部烘烤，以加速固化。红外线灯可以外购，也可以自制，但使用时一定要做好用电安全工作，避免事故。

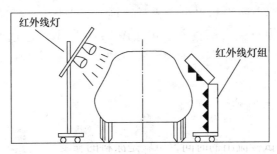

图9-8　红外线灯的使用

泥子打磨的时间不能太早，也不能过迟。太早的话，由于泥子未干固，还会继续干固和收缩；过迟时，则变得很硬，难以打磨。

打磨的方法要根据原子灰的种类和涂刮面积大小而定。粗灰可采用粗砂纸干磨；面积大时，可用机械打磨。对于幼灰，则要人工用水砂纸沾水，轻轻地打磨，确保其表面平整、光滑，无任何纹路和砂眼。应边打磨边用手触摸，用手感查找不平部位，以便重点打磨，直至达到非常光滑的程度，然后喷涂中涂漆和面漆。泥子的打磨方法如图9-9所示。

(a) 粗砂纸干磨　　　(b) 水砂纸湿磨　　　(c) 手感检查

图9-9　泥子的打磨方法

9.2.5 油漆的喷涂

车身表面涂层质量不仅与涂料本身质量有关，还与喷涂的压力、雾形、流量以及喷涂方法等密切相关。

1. 喷涂压力

常用的喷涂压力为 0.30～0.50 MPa，其中会有一个最佳值。压力过高时，会使溶剂过度蒸发，从而造成涂层表面粗糙，或出现飞漆和干喷；压力过低时，因溶剂蒸发性差，容易造成涂层表面"起泡"和"流挂"现象。

喷涂压力的大小与涂料的种类、喷枪喷孔直径、喷枪的类型和输气管的长度有关。喷孔直径越大，输气管越长，喷涂压力也越大；虹吸式喷枪的喷涂压力比重力式喷枪稍大一些。此外，还应考虑涂料的黏度和环境温度的变化。

2. 喷雾的形状

喷雾的形状是影响表面涂层平整、光滑、饱满以及厚度均匀的关键。喷雾的形状与涂料种类和喷涂压力有关，调整方法可按图9-10所示，通过调整喷枪后上方的雾形控制阀来调整喷雾的形状，雾形越大，喷雾越稀，遮盖力越差；反之越浓，遮盖力越强。

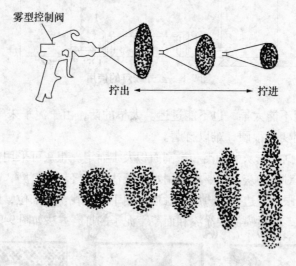

图9-10 喷雾形状的调整

3. 涂料流量的调整

涂料流量的大小会影响涂层的厚度，涂层太厚时，干燥速度慢，容易产生"流挂"、"起泡"和"针孔"；涂层太薄时，容易出现飞漆现象。不同的涂料，涂层的厚度也不同，调整方法如图9-11所示，通过调整喷枪后下

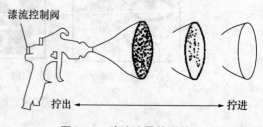

图9-11 漆流流量的调整

方的漆流控制阀，便可调整漆流的流量，拧进时流量小，反之则流量大。

4. 喷枪与喷涂表面的距离

喷枪与喷涂表面必须保持垂直和合适的距离。距离过小时，涂层表面会受到喷柱的冲击，形成"流挂"或"橘皮"的缺陷；距离过大时，溶剂蒸发过快，会使涂层粗糙和出现飞漆现象。

对于不同的涂料，喷枪与喷涂表面的距离稍有不同，应根据喷涂表面的布置和形状而灵活运用（如图9-12所示），一般情况下，采用150～200 mm为宜。

5. 喷枪的移动

喷涂时，喷枪的移动必须遵循喷枪与喷涂面保持垂直的原则，不可以摆动喷枪（如图9-13所示）。

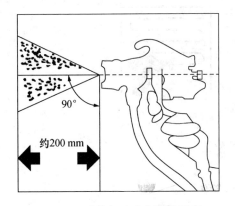

图9-12　喷枪与喷涂表面的距离

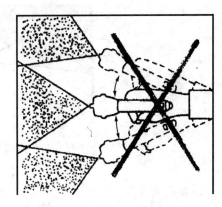

图9-13　喷枪的错误摆动

对于弧形或带折角的表面，喷涂时也应沿着与喷涂面平行的方向移动喷枪，图9-14给出了正确和错误的两种移动方法。

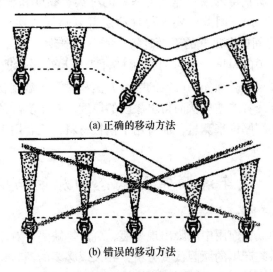

图9-14　喷枪的移动方法

喷枪移动的速度与涂料的种类和黏度有关，同时与涂料的干燥速度和环境温度也有关。移动速度过快时，涂层的光泽性差；移动速度过慢时，会产生流挂现象。通常喷枪的移动速度为300 mm/s左右为宜，移动速度要均匀，以避免产生漆膜厚度不均匀的现象。

6. 喷涂方法

喷涂方法应根据喷涂面的尺寸、形状和布局，灵活地采取自上而下或自左而右、先里后外、先拐角后平面的施工程序。如图9-15所示，前、后之间的喷涂雾形应相互重叠1/3～1/2，转行时应采用逆反路线，保证漆膜均匀、过渡平滑。否则容易出现涂层厚度不均匀和飞漆现象。

对于金属漆、珍珠漆等特种涂料的喷涂方法，厂家产品说明书上都有详细的规定，应根据推荐的喷涂参数进行作业。

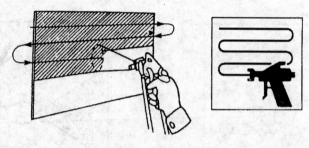

图9-15　喷涂方法

7. 漆膜的厚度

漆膜的厚度以保证有足够的遮盖力、表面光滑、颜色鲜艳为宜，其总厚度一般为80～120 μm，一些高级轿车甚至可达150 μm。但是，漆膜也不能太厚，否则会降低漆膜的机械强度和耐候性，容易开裂和剥落。

每喷涂一层涂料，所获得的漆膜厚度与涂料的种类、黏度和施工时的重叠量等有关，一般情况下约为8～10 μm。因此，要求每种涂层都要喷涂2层以上，要求高的甚至达4～5层，而且层与层之间应有足够的干燥时间。

要准确地估算出漆膜的厚度，通常可采用杠杆千分尺、磁性或非磁性漆膜测厚仪测量。如果使用杠杆千分尺，必须先用已定的喷涂方法和喷涂次数制备试样，通过测量喷涂前后试样的厚度，计算两者的差值从而得出漆膜的厚度。对于实际的车身涂层来说，则应采用磁性或非磁性漆膜测厚仪来测量，前者用于钢板材料，后者用于铝制板材。

9.3　汽车漆膜常见病态的原因与防治

汽车在涂装过程中或在使用中漆膜出现划痕、斑点等缺陷，对车身表面的美观有很大影响。因此应对漆膜缺陷产生的原因认真分析，并采取必要的预防和治理措施。

导致漆膜病态的因素是多方面的，为预防和尽量减少漆膜病态的发生，除正确合理地使用合格的涂料外，还应严格执行正确的涂装工艺，选择良好的涂装施工环境，同时还必须注意使用条件及使用中的维护。当发现漆膜出现病态时，必须首先找出产生的原因，并及时采取相应的措施予以解决。

9.3.1 涂装过程中产生的漆膜病态

涂装过程中产生的漆膜病态，一般与涂料质量、涂装工艺、干燥固化、施工操作方法、被涂物面状态、涂装设备、涂装环境等因素有关。现将汽车涂装过程中常见的漆膜病态及其防治方法详述如下。

1. 刷痕

（1）现象。

修补涂装采用刷涂施工时，涂膜干燥后产生未能流平的痕迹，使涂膜表面不平整、不光滑。

（2）原因。

① 涂料的流平性差。

② 涂料施工黏度高。

③ 刷涂技术不佳，操作不当，漆刷质量差。

④ 涂装环境气温低。

（3）防治。

① 严格控制涂料质量，调整到最佳施工黏度。

② 使用合适工具，正确地进行施工。

③ 必要时可添加少量高沸点溶剂。

④ 涂膜出现刷痕现象，应打磨后重新涂装。

2. 流挂

（1）现象。

涂料涂于垂直表面，在漆膜形成过程中湿膜受到重力的影响向下流动，使漆膜厚薄不均匀而呈流滴或挂幕下垂的状态，如图9-16所示。

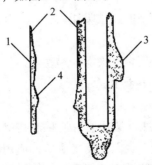

图9-16　流挂
1—底材；2—涂层；3—流挂；4—垂流或下沉

(2) 原因。
① 涂料中使用重质颜料或研磨不均。
② 涂料黏度过低。
③ 所用溶剂挥发过慢或与涂料不配套。
④ 喷枪的喷嘴直径过大，气压过小。
⑤ 喷涂操作不当，喷涂距离和角度不正确，喷枪移动速度过慢，造成一次喷涂重叠。
⑥ 漆膜过厚。
⑦ 喷涂环境温度过低或周围空气中溶剂蒸汽含量过高。
⑧ 在光滑的旧漆膜上涂新漆时，也易发生流挂。
(3) 防治。
① 调整涂料配方或添加阻流剂。
② 正确选择溶剂，注意溶剂的溶解能力和挥发速度。
③ 涂料的黏度要适中（硝基漆为 $10 \sim 20$ Pa·s，烘干涂料为 $20 \sim 30$ Pa·s）。
④ 喷硝基漆喷枪的喷嘴直径要小一些，气压以 $0.4 \sim 0.5$ MPa 为宜。
⑤ 提高喷涂操作熟练程度，喷涂均匀，注意正确的行枪距离和角度，一次不宜喷涂太厚。
⑥ 加强换气，施工场所的环境温度保持在 15℃ 以上。
⑦ 在旧漆膜上涂新漆要预先打磨。
⑧ 施工中出现流挂，一般应在涂膜未干前予以修平。若涂膜已干，可用水砂纸轻轻打磨平整，不得磨穿其他部位。

3. 收缩

(1) 现象。
漆膜不均匀，表面有局部收缩形成露底的麻点、花脸等，漆膜均失去平滑状。
(2) 原因。
① 被涂表面不干净，有水、油、灰尘、肥皂、石蜡等异物附着。
② 溶剂挥发速度与烘烤温度不相适应，例如烘干漆用慢干溶剂。
③ 粘有不同涂料的喷雾。
④ 残存遮蔽胶带或修补涂装中旧漆层吸漆。
⑤ 底漆过于平滑。
⑥ 涂装环境空气不清洁，有灰尘、漆雾、蜡雾等。
⑦ 涂装工具、工作服、手套不干净。
(3) 防治。
① 确保被涂面洁净，严禁裸手、脏手套和脏擦布接触。
② 用涂料稀释剂彻底擦净底材表面，使之清洁，或用砂纸打磨。
③ 在旧涂层上喷漆时，应用砂纸充分打磨，并擦干净。
④ 确保压缩空气清洁，无油、无水。
⑤ 确保涂装环境清洁，空气中无尘埃、油雾和漆雾等飘浮。

⑥ 出现收缩现象，待干燥后用砂纸打磨，再用溶剂擦净后涂装。

4. 橘皮

（1）现象。

喷涂涂料时，湿膜不能充分流动，未形成平滑的干漆膜面，出现似橘皮状凹凸不平的痕迹，如图9-17所示。

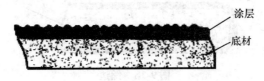

图9-17　橘皮

（2）原因。

① 喷涂施工时，涂料黏度过大。
② 喷枪口径大小不适，压缩空气压力低，出漆量过大，导致雾化不良。
③ 喷枪离被涂面的距离过大。
④ 空气及被涂物的温度偏高，喷涂室内过度通风，溶剂挥发过快。
⑤ 喷涂厚度不足。
⑥ 晾干时间过短。

（3）防治。

① 调整涂料黏度，在涂料中添加挥发速度较慢的溶剂或改性硅烷流平剂，延长湿膜的流动时间，改善涂料的流平性。
② 选择出漆量和雾化性能良好的喷涂工具，压缩空气压力调整适宜，使涂料达到良好的雾化。
③ 调整喷涂距离。
④ 控制漆膜厚度，一次喷涂到规定厚度。
⑤ 保持被涂物温度在50℃以下，喷漆室内气温应维持在20℃左右。
⑥ 适当延长晾干时间，不过早进入高温炉烘干。
⑦ 出现橘皮现象，待色漆完全干固后，视橘皮的情况，用水砂纸或粗研磨剂磨去橘皮，进行补涂。如果情况严重，用水砂纸整平，并重新喷涂。

5. 缩边

（1）现象。

在喷涂和干燥过程中漆膜收缩，使被涂物的边缘、拐角等部位的漆膜变薄（如图9-18所示）。

（2）原因。

① 涂料的黏度偏低。
② 漆基的内聚力过大。
③ 所用溶剂挥发慢。

(3) 防治。

① 调整涂料黏度。

② 添加阻流剂，降低内聚力。

③ 选择适当的溶剂。

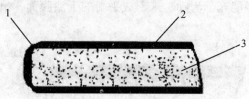

图9-18 缩边

1-缩边；2-涂层；3-底材

6. 起粒

（1）现象。

涂装后漆膜整个表面或局部出现颗粒状凸起物。

（2）原因。

① 颜料分散不良，色漆所用漆基中有不溶的聚合物软颗粒或析出不溶的金属盐，小块漆皮被分散混合在漆中。

② 涂装施工环境不清洁，调漆室、喷涂室、晾干室和烘干室内有灰尘。

③ 被涂物表面不洁净。

④ 施工操作人员工作服、手套及漆前使用材料掉纤维。

⑤ 易沉淀的涂料未充分搅拌和过滤。

⑥ 喷漆室温度过高或溶剂挥发太快。

⑦ 漆雾过多，漆的黏度过高。

⑧ 供漆压力太高。

（3）防治。

① 涂料应充分净化，不使用变质或分散不良的涂料，供漆管路上应安装过滤器。

② 调漆室、喷涂室、晾干室和烘干室的空气除尘要充分，确保涂装环境洁净。

③ 用黏性擦布擦净或用离子化空气吹净被涂面上静电吸附的尘块，确保被涂面清洁。

④ 操作人员要穿戴不掉纤维的工作服及手套。

⑤ 喷漆室温度、风速调整适当。

⑥ 油漆黏度、输漆压力调整适当。

⑦ 注意喷涂顺序从上到下，从里到外。

⑧ 出现严重的起粒现象，应用砂纸打磨后重新涂装。

7. 拉丝

（1）现象。

涂料在喷涂时雾化不良，喷涂于底材上的漆雾呈丝状，使漆膜形成不能流平的丝状膜。

（2）原因。

① 涂料的黏度高。
② 稀释剂溶解力不足，待漆从喷枪中喷出，大量溶剂挥发。
③ 易拉丝的树脂含量超过无丝喷涂含量。
（3）防治。
① 选择适宜的涂料施工黏度。
② 选用溶解力适当的（或较强的）溶剂。
③ 调整涂料配方，减少易拉丝树脂的含量。
④ 出现拉丝现象，应待干燥后打磨重新涂装。

8. 针孔

（1）现象。

涂膜干燥后，在涂膜表面形成针状小孔，严重时针孔大小似皮革的毛孔，如图9-19所示。

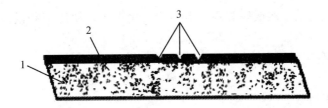

图9-19　针孔
1—底材；2—涂层；3—针孔

（2）原因。
① 被涂物有污物或底层上已经有针孔的表面涂覆。
② 喷涂施工时，湿膜中溶剂挥发速度快。
③ 涂料的流动性不良，流平性差，释放气泡性差。
④ 涂料变质，或黏度高。
⑤ 涂料中混入不纯物，如溶剂型涂料中混入水分等。
⑥ 涂装后晾干不充分，烘干时升温过急，表面干燥过快。
⑦ 被涂物的温度过高。
⑧ 喷涂空气中存在水分、油。

（3）防治。
① 选用挥发速度较慢的稀释剂，以改善表面流平性。
② 施工时注意防止水分及其他杂物混入。
③ 严格检查存漆容器、喷涂工具及被涂物表面的清洁程度。
④ 使用双组分涂料时，应在配漆后放置一段时间再用。
⑤ 选择适宜的涂料黏度。
⑥ 用清洁的空气喷涂。
⑦ 出现针孔现象，情况较轻，可采用抛光打蜡予以补救；情况严重时，应填补泥子，

重新磨光后喷涂面漆。

9. 起皱

（1）现象。

在干燥过程中，形成局部或全部的皱纹状涂膜，如图9-20所示。

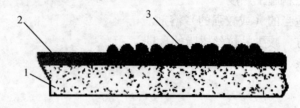

图 9-20　起皱
1－底材；2－涂层；3－起皱

（2）原因。

① 含有干性油的油性漆或醇酸漆，干燥剂选用不当，使用钴和锰催干剂过多，锌干料缺少。

② 面漆的溶剂把底漆漆膜溶解。

③ 漆膜过厚。

④ 氨基漆晾干过度。

⑤ 烘干升温过急，表面干燥过快。

（3）防治。

① 合理选用催干剂。尽量不用或少用钴、锰催干剂，多用铅或锌催干剂，对于烘干型涂料，采用锌催干剂效果好。

② 选用桐油为成膜物时，应注意漆基的熬炼程度，并控制桐油的使用量。

③ 用溶解力小的面漆涂料。

④ 按规定漆膜厚度涂覆。

⑤ 采用防起皱剂。例如油改性的醇酸树脂漆稍涂厚，在烘干时不易起皱，添加少量氨基树脂作为防起皱剂，一次喷到 40 μm 以上厚度也不起皱。

⑥ 氨基面漆在按规定时间晾干后就进行烘干。

⑦ 执行晾干和烘干的工艺规范。

⑧ 对已起皱的涂层，待漆层干透后用水砂纸打磨平滑，重新喷涂。如涂层起皱严重，应将起皱表面铲除后，刮一层泥子，干后打磨重新喷涂。

10. 气泡

（1）现象。

在涂装过程中，由于搅拌、泵料输送或施工中混入空气，不易消散，施工后漆膜表面呈泡状鼓起，如图9-21所示。

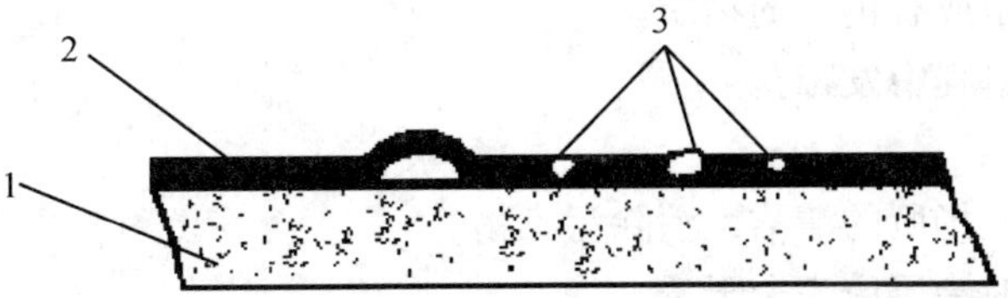

图 9-21 气泡
1—底材；2—涂层；3—气泡

(2) 原因。
① 溶剂挥发快，涂料的黏度偏高。
② 烘干时加热过急，晾干时间过短。
③ 底材、底涂层或被涂面含有溶剂、水分或气体。
④ 搅拌混入涂料中的气体未释放尽就涂装，或在刷涂时刷子走动过急而混入空气。
(3) 防治。
① 使用指定溶剂，黏度应按涂装方法选择，不宜偏高。
② 涂层烘干时升温不宜过急。
③ 底材、底涂层或被涂面应干燥清洁，不含有水分和溶剂。
④ 添加醇类溶剂或消泡剂。
⑤ 涂装后涂膜出现气泡，视气泡的大小决定是局部修补，还是全部返工重新涂装。

11. 遮盖痕迹

(1) 现象。

局部修补涂装中，非涂装表面用胶带遮盖，涂装后，胶带遮盖痕迹残留在表面上，或分色线呈锯齿形。

(2) 原因。
① 胶带的质量差。
② 遮盖工序执行不认真。
③ 漆膜未干就撕下胶带或其他遮盖物。
(3) 防治。
① 选用涂装专用胶带，在烘干场合胶带应耐热。
② 按工艺要求认真遮盖，为确保分色线无锯齿，应选用边端整齐的胶带。
③ 漆膜干后撕下胶带或其他遮盖物。

12. 沾污

(1) 现象。

漆膜表面由于沾上污物（铁粉、水泥粉、砂尘、漆雾等），产生异色斑点。

(2) 原因。
① 在干燥过程中，漆膜中侵入和附着铁粉、水泥粉、砂尘、干漆雾等污物。
② 涂层未干透前就将被涂物包装。

③ 涂层接触化学或有色素的物质。
④ 涂层在使用过程中发霉。

(3) 防治。

① 确保涂层干燥场所的清洁,消除污染物。
② 包装被涂物时涂层应完全干透。
③ 防止涂层与污染介质接触,选用耐沾污性好的涂料。
④ 选用防霉性强的涂料或在涂料中添加防霉剂。

13. 咬起

(1) 现象。

咬起是当涂装第一道面漆于底漆表面时,底层涂膜过分变软产生起皱、胀起、起泡等现象,如图9-22所示。

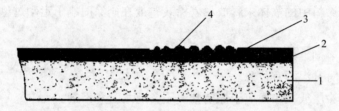

图 9-22 咬起
1-底材;2-底漆层;3-面漆层;4-咬起

(2) 原因。

① 色漆中含有较强的溶剂,穿透底涂膜。
② 涂料不配套,底涂层的耐溶剂性差。
③ 涂层未干透就涂下一道漆。
④ 涂得过厚。

(3) 防治。

① 改变涂料体系,另选用合适的底漆。
② 底涂层干透后再涂面漆。
③ 在易产生咬起的配套涂层场合,应先在底涂层上薄涂一层面漆,等稍干后再喷涂。

14. 发白

(1) 现象。

漆膜表面呈乳白色,且无光泽。

(2) 原因。

① 空气湿度过高(80%以上)。
② 溶剂挥发过快。
③ 被涂物的温度过低。
④ 稀释剂或压缩空气有水分。

(3) 防治。

① 涂装场地的相对湿度不高于70%，环境温度最好在15～25℃。
② 选用挥发速度较低的有机溶剂，如添加防白剂或防潮剂。
③ 涂装前先将被涂物加热，使其比环境温度稍高。
④ 防止通过溶剂和压缩空气带入水分。
⑤ 对已发白的漆膜可待漆膜干燥后进行抛光打蜡处理。发白严重的，可在涂料中加入10%～20%的防潮剂，加入少许涂料再喷1～2道。

15. 色差

（1）现象。

修补部位漆膜的色相、纯度、明度与原漆色有差异。

（2）原因。

① 不同批次的涂料有较大的色差。
② 在换色喷涂时，输漆管路清洗不净。
③ 烘干时间及温度控制不规范，局部过烘。

（3）防治。

① 不同批次的涂料应加强检验。
② 换色时输漆管路一定要洗净。
③ 烘干时间、温度应严格控制在工艺规定范围内。

16. 砂纸纹

（1）现象。

面漆涂装和干燥后仍能清楚地见到砂纸打磨纹。

（2）原因。

① 砂纸选用不当，打磨砂纸太粗或质量差。
② 打磨时机不当，涂层未干透（或未冷却）就打磨。
③ 被涂物表面状态不良，有极深的锉刀纹或打磨纹。
④ 涂膜厚度不足。

（3）防治。

① 正确选用打磨砂纸。
② 打磨工序应在涂层干透和冷却后进行。
③ 对装饰性要求较高的部位，以湿打磨取代干打磨。
④ 被涂物表面状态不良，应刮泥子填平。
⑤ 提高喷涂厚度。

17. 干燥不良

（1）现象。

涂料施涂后，漆膜按产品规定的技术指标及工艺干燥后，出现漆膜表干或实干时间延长，或漆膜表干里不干，漆膜硬度低现象。

（2）原因。

① 涂料中的催干剂或固化剂配比不当。
② 自干型涂料所含干燥剂失效，或表干型干燥剂用量过多。
③ 涂料中含有抗干的颜料。
④ 自干或烘干的温度和时间未达到工艺规范。
⑤ 自干场所换气不良，湿度大，温度偏低。
⑥ 一次涂装太厚。
⑦ 不同热容量的工件同时在一个烘干室中烘干。
⑧ 被涂物表面残存有石蜡、硅油、油、水等。

(3) 防治。
① 在实验室标准条件下严格检查涂料。
② 在漆中加入抗橘皮助剂时，要注意用量正确，防止超量而影响涂膜干燥性。
③ 严格执行干燥工艺规范。
④ 自干场所和烘干室的技术状态达到工艺要求。
⑤ 氧化固化型涂料一次不宜涂得太厚。
⑥ 添加干燥剂和调整表干型干燥剂的用量。
⑦ 热容量不同的工件应有不同的烘干规范，烘干室的装载量应控制在一定范围内。
⑧ 严防被涂物和压缩空气中的油污、蜡、水等带入涂层中。

18．泥子残痕

(1) 现象。
在刮泥子的部位喷涂后，涂膜表面出现泥子痕迹。

(2) 原因。
① 泥子刮涂后，打磨不充分。
② 对刮涂泥子部位未涂封底漆，泥子层的吸漆量大，或颜色与底漆层不同。
③ 所用泥子的收缩性大，固化后变形。

(3) 防治。
① 对刮泥子部位充分打磨。
② 在刮泥子部位涂封底漆。
③ 选用收缩性小的泥子。

19．打磨痕迹

(1) 现象。
基底打磨痕迹较重，上层面漆盖不住出现的漆膜缺陷。

(2) 原因。
① 打磨操作不规范、不认真。
② 打磨工具技术状况不良。
③ 砂纸质量差，有掉砂现象。
④ 在打磨平面时未采用磨块，局部用力过猛。

(3) 防治。

① 按操作规范认真打磨。
② 确保打磨工具技术状况良好。
③ 选用优质砂纸，在用新砂纸之前，应将砂纸互相对磨一下，以消除掉砂现象。
④ 在打磨平面时应采用磨块，并注意打磨方向。

20. 修补斑印

（1）现象。

修补涂装的部位与原涂面的光泽、色相有差别。

（2）原因。

① 修补涂料与原涂料差异较大，如光泽和颜色不同，耐老化性差等。
② 修补操作不规范，如被修补部位打磨不良而产生光泽不均。

（3）防治。

① 正确选用修补涂料，尽可能使修补的颜色、光泽和耐老化性与原涂料接近，最好采用原工艺和原涂料。
② 被修补部位应仔细打磨。
③ 修补面应扩大到明显的几何分界线。

9.3.2 使用过程中出现的漆膜病态及其防治

1. 裂痕

（1）现象。

涂料施涂后经干燥成膜，在户外使用后，涂膜上出现裂缝。

（2）原因。

① 面漆层的耐候性和耐温变性差。
② 涂料的底面涂层配套不佳，底层漆膜和面漆涂膜的伸缩性和软硬程度差距大。
③ 底涂层未干透就涂面漆或面漆层涂得过厚。
④ 涂层老化。

（3）防治。

① 选用耐候性、耐温变性优良的面漆。
② 合理选择配套的底、面漆，一般使底层漆膜和面层漆膜的硬度、伸缩性接近。
③ 严格按工艺要求控制漆膜厚度，对耐寒性差的漆膜不应涂得过厚。
④ 底层漆膜干透后方能涂面漆。

2. 变脆

（1）现象。

涂料经施涂干燥成膜后，漆膜失去弹性或弹性变差。

（2）原因。

① 漆膜的柔韧性及附着力差。
② 漆膜涂得过厚。

③ 漆膜过度烘烤或烘烤温度过高、烘烤时间过长。
④ 使用环境温度过低。
（3）防治。
① 严格按要求进行漆前表面处理，提高漆膜的附着力。
② 选择配套性良好的涂层。
③ 选择合适的漆膜厚度。
④ 选择合适的烘干规范。

3. 风化

（1）现象。
涂层在使用过程中受环境因素的影响，漆膜厚度降低直至露出底材。
（2）原因。
① 被涂物使用环境极差。
② 选用的涂料耐候性差。
③ 被涂物使用年久。
（3）防治。
① 选用耐候性优良的涂料。
② 根据漆面破坏程度，及时进行重新涂漆。

4. 剥落

（1）现象。
当涂料干燥成膜后，涂膜受外力作用从底材上脱落下来。
（2）原因。
① 底材金属表面过分光滑，结合力不够。
② 被涂表面受到蜡、油脂、硅酮、油、水、铁锈或肥皂水等的污染。
③ 被涂表面未使用金属表面处理剂，或者所使用的处理剂型号不对。
④ 喷涂底漆的方法不当，底漆未充分干燥。
⑤ 喷涂时，基底表面温度太高或太低，压缩空气的压力太高。
⑥ 油漆的黏度不当，所用稀释剂型号不对或质量太差。
⑦ 漆膜太厚。
（3）防治。
① 被涂表面太光滑时应打磨或经化学处理，提高涂层的附着力。
② 认真清洗被涂表面并用干净布将表面擦干。
③ 被涂表面要正确使用金属表面处理剂，处理后 30 min 内应开始喷漆，以防被涂表面生锈。
④ 喷涂和干燥过程中要保证表面处于所推荐的温度范围内。
⑤ 使用正确的工艺喷涂底漆，要保证底漆充分固化后才可继续涂面漆。
⑥ 用推荐型号的稀释剂将油漆稀释到正确的黏度范围。
⑦ 在保证油漆能够充分雾化的前提下，将压缩空气的压力尽可能调低。

⑧ 每次喷涂的漆层要薄而且湿。

5. 斑污

(1) 现象。

漆膜表面出现色斑、腐蚀点或黏附着污垢。

(2) 原因。

① 漆膜黏附有灰尘、水泥灰、焦油、煤烟、酸性物质、昆虫或鸟类的粪便等污染物。

② 所用颜料不耐酸、碱。

③ 涂层长霉。

(3) 防治。

① 选用耐腐蚀和耐油污性好的涂料。

② 汽车不要在室外停放,尤其不要停放在污染源附近。

③ 汽车应涂面漆防护蜡。

6. 起泡

(1) 现象。

漆膜的一部分似泡状从底面离开,甚至浮在表面。

(2) 原因。

① 漆膜的水汽渗透性、耐水性或耐潮湿性差。

② 被涂面残存有油污、汗液、盐碱、打磨灰等物质。

③ 清洗被涂面的最后一道用水的纯度差,含有杂质离子。

④ 在涂装表面残存水汽。

⑤ 漆膜干燥不充分。

⑥ 在高湿度下长期放置。

(3) 防治。

① 应使用耐湿性较好的涂料。

② 在进行涂漆之前要对涂面进行充分的清洁,保证最后一道用水的纯度。

③ 漆膜要充分干燥,勿要长期暴露在高湿度环境中。

7. 锈蚀

(1) 现象。

涂装后不久,漆膜下出现红丝或锈点(斑)。

(2) 原因。

① 漆前表面处理质量差,如手工、机械除锈及磷化处理不好。

② 表面处理后,未能及时涂漆。

③ 所用涂料中含有水分,或涂料的耐潮湿性、耐腐蚀性差。

④ 涂层不完整,有漏涂、针孔等缺陷。

⑤ 在高温、高湿度环境下使用,或有酸、碱、盐等腐蚀性介质侵蚀。

(3) 防治。

① 涂装前必须对底材进行认真的表面处理，如有条件均应对金属底材进行磷化处理。
② 表面处理后应及时涂漆。
③ 根据被涂物的使用环境选用耐腐蚀性、潮湿性优良的涂料，且涂料中不含水分。
④ 应确保涂层的完整性，被涂物的所有表面都应该涂上漆。

8. 粉化

（1）现象。

漆膜在使用过程中受紫外线、氧气及水分的作用，老化呈粉状脱离。

（2）原因。

① 高分子成膜材料发生老化，导致不能更好地润湿颜料而在漆膜表面析出颜料粒子。
② 涂料中所用漆基和颜料的质量差。
③ 涂料的耐候性差。

（3）防治。

① 选用质量好的漆基材料和抗粉化性好的颜料。
② 选用耐候性优良的涂料。
③ 在涂料中加入适量的紫外线吸收剂。
④ 加强漆膜的维护保养。

9. 发霉

（1）现象。

漆膜在使用过程中，霉菌侵蚀干燥的涂膜，形成黑暗的淤积，即带有黄、黑、绿等颜色的绒絮状菌体斑点分布于涂膜表面。

（2）原因。

① 涂料配方中有易产生霉变的材料。
② 被涂物经常在环境潮湿的条件下使用。
③ 涂层表面在使用过程中不经常清洗维护。

（3）防治。

① 在涂料配方中选用不易霉变的高分子聚合物作为成膜材料。
② 通过试验在所用涂料中加入适量的防霉助剂。
③ 对易发霉的底材在涂漆前应进行防霉处理。
④ 涂层表面应经常清洗和维护。

10. 雨斑

（1）现象。

受雨淋或雨露的浸渍，使涂膜表面形成不透明的点状乳白色痕迹。

（2）原因。

① 所用涂料的抗水性能差。
② 涂膜表面未涂防水防护剂。

（3）防治。

① 选用抗水性能优良的涂料。
② 必要时可试验加入硅烷类助剂，提高漆膜的防水性。

11. 回黏

（1）现象。

漆膜干燥后，漆膜表面出现软化发黏。

（2）原因。

① 所用涂料含半干性油。
② 涂料中漏加催干剂、固化剂。
③ 干燥后通风不足，湿度高。
④ 施工时底材处理不净，沾有油污和蜡。

（3）防治。

① 更换涂料品种。
② 干燥室应通风良好。
③ 加入适量的催干剂、固化剂，在使用易吸附干燥剂的颜料时，其催干剂用量应适当增加。
④ 施工时应对底材进行彻底处理。

12. 褪色

（1）现象。

在使用过程中，漆膜的颜色变浅。

（2）原因。

① 所用涂料的耐候性和耐光性差。
② 受阳光、大气污染等的作用。
③ 受热、紫外线的作用使树脂变质。

（3）防治。

① 根据使用环境选用耐候性和耐光性优良的涂料，耐光等级一般应在4级以上。
② 选用不褪色的涂料。

13. 变色

（1）现象。

在使用过程中漆膜的颜色发生变化，其色相、纯度、明度明显地偏离标准色板。

（2）原因。

① 所用涂料的耐候性差。
② 受酸雨及其他工业污染的影响。
③ 受阳光照射、潮湿、高温等环境因素影响。
④ 在漆膜老化、增塑剂析出等过程中有机颜料通过漆膜迁移。

（3）防治。

① 根据被涂物的使用条件选用合适的涂料。

② 选用耐候性优良的涂料。
③ 在靠近工业区的地方应将汽车停在车库内。

14. 失光

（1）现象。

漆膜表面最初有光泽，在使用过程中逐渐失去光泽。

（2）原因。

① 涂料的耐候性差。
② 漆膜耐擦伤性能不好，擦洗车过程中漆面擦伤失光。
③ 阳光照射、水汽（高温高湿）作用和腐蚀气体玷污。

（3）防治。

① 选用耐候性、抗擦伤性能优良的涂料。
② 如所用涂料有抛光性，则进行抛光即可恢复光泽。

15. 溶解

（1）现象。

漆膜溶解于侵蚀性液态介质而被破坏。

（2）原因。

① 所用涂料对使用环境不适应。
② 接触到某种具有侵蚀性的液体。

（3）防治。

① 选用耐某种侵蚀介质性能强的涂料。
② 避免涂层与侵蚀性介质接触。

9.3.3　汽车漆面划痕处理

1. 汽车漆面划痕产生的原因

汽车漆面划痕是漆面表面出现的线条痕迹，其产生的主要原因有以下几项。

（1）擦洗不当。汽车在擦洗中，若清洗剂、水或擦洗工具（海绵、毛巾等）有硬质颗粒，则会使漆面产生划痕。

（2）护理方法不当。在给漆面抛光时，若选择的打磨盘粒度较大，打磨力度较重或打磨失手，则会在漆膜表面留下不同程度的划痕。还有在打蜡时，若蜡的品种选择错误，误把砂蜡用在新车上，也会出现一圈圈的划痕。

（3）意外刮擦。汽车在行驶中与其他汽车产生刮擦，与路边树枝产生刮擦，以及暴风、砂尘天气时与大气中的尘土、砂石等产生刮擦都会造成漆面划痕。

2. 汽车漆膜深浅划痕的鉴别

汽车漆面结构一般为色漆＋清漆系统，现代轿车普遍采用色漆与清漆结合的面漆系统。汽车表面深的或浅的划痕总是相伴而生，根据其深浅程度不同可分为浅度划痕、中度划痕和深度划痕三种类型。浅度划痕指表层面漆轻微刮伤,划痕穿过清漆层已伤及色漆层,但色漆层未刮透;中度划痕指色漆层已经刮透,但未伤及底漆层;深度划痕指底漆层已刮透,可见车身的金属表面。

3. 浅度划痕的处理

对表层漆面轻微刮伤的车身,经检查未刮透面漆层。可采用下列修补工艺进行修复。

(1) 清洗。

首先要将面漆表层的上光蜡薄膜层、油膜及其他异物除掉,方法是采用脱蜡清洗剂对刮伤部位进行清洗,然后晾干。

(2) 打磨。

根据刮痕的大小和深度,选用适当的打磨材料,如1500号磨石,9 μm的磨片,或1000～1500号的砂纸对刮伤的表面层进行打磨。打磨一般采用人工作业,也可用研磨/抛光机或打磨机进行打磨抛光。打磨时要注意不能磨穿面漆层,如面漆层被磨穿,透出中涂漆层,必须喷涂面漆进行补救。

(3) 还原。

经打磨抛光的漆面已基本消除浅度划痕,对打磨抛光作业中残留的一些发丝划痕、旋印等可通过漆面还原进行处理。方法是:用一小块无纺布将还原剂均匀涂抹于漆面,然后抛光至面漆层与原来的涂层颜色完全一致为止。

(4) 上蜡。

漆面还原后还应进行上蜡处理。方法是:先将固体抛光蜡捣碎放入汽油中热溶后备用,修补部位用洁净的棉纱蘸汽油润湿,再蘸蜡涂满后进行擦拭,要反复多次擦拭直至漆膜平整光亮为止。

在上蜡时,也可将汽车整个表面同时打蜡抛光一遍。方法是:先用洁净的棉纱将蜡质全部擦净,再涂上光蜡,至漆膜清晰光泽醒目为止,最后用绒布均匀擦拭一遍即可。

(5) 质检。

上述工序完成后,对修补表面外观质量要进行检查,检查的重点是涂层的色泽必须与原漆膜完全一样,若有差异说明表面清理和打蜡抛光没有完全按照要求操作,必要时应进行返工。

4. 中度划痕的处理

中度划痕的修补方法如下。

(1) 打磨。

① 检查底层涂漆是否附着完好。

② 对中涂层及面漆层的刮伤部分进行打磨,使之平滑、光洁。

③ 对损伤部位的边缘进行修整,使其边缘不见刮伤的涂层为止,必要时可适当扩大打磨面积。

(2) 清洗和干燥。

① 用专用清洗剂去除打磨表面的油污、石蜡及其他异物。

② 用烘干设备使清洗表面干燥。

(3) 中涂层涂装。

① 确定施工工艺参数：根据不同的涂料确定施工黏度、雾化压力、喷涂距离、干燥温度、干燥时间等。

② 遮盖：对不喷涂的部位进行遮盖。

③ 中涂层漆膜干燥：如果修补面积不大，可采用室温自然干燥，但时间较长；一般常用远红外线干燥灯或远红外线干燥箱（反射式）进行局部干燥。

④ 中涂层漆膜打磨清洁中涂层漆膜干燥后，用 320 号砂纸对补涂的漆膜进行轻轻打磨，使之光滑平整，用手触摸无粗糙感觉为准。打磨方法有干式打磨和湿式打磨两种。干式打磨时，用压缩空气吹净打磨部位，再用清洁的黏性抹布把浮灰等杂物彻底擦净。湿式打磨时，用 320 号的水磨砂纸对修补的中涂层进行表面打磨，同样打磨到用手触摸无粗糙感为止，并用水冲洗干净，将水擦净、晾干或用压缩空气吹干，最好还是用远红外线干燥灯（箱）烘干。

(4) 面漆涂装。

① 第一道面漆：涂装步骤如下。

a. 喷漆：将已选好的面漆，按施工条件的要求，调配到规定的工艺条件允许范围内，然后进行喷涂。

b. 烘干：一般采用特制的远红外干燥灯或干燥箱进行局部烘干。烘烤的温度和时间取决于现场的实际状况，但必须要达到烘烤的质量要求。可用棉球法测定漆膜表面是否真正干燥。

c. 打磨：用 320 号砂纸进行面漆表面打磨，使面漆涂层表面平整光滑，并用抹布、压缩空气边吹边擦，最后用带黏性的抹布将表面彻底擦净。

② 第二道面漆：涂装步骤如下。

a. 喷漆、烘干：与第一次相同。

b. 打磨：此次面漆打磨是直接影响到涂层表面质量的最后打磨工序，应特别注意打磨质量。采用 500～600 号砂纸轻轻湿打磨，消除涂膜缺陷，然后再进行烘干。

(5) 罩光漆涂装。

第二道面漆喷涂打磨干燥后，应再喷涂一层氨基罩光漆。

① 施工条件：以罩光漆 KH-24 为例，采用专用稀释剂 KH-24；稀释率 14%～16%，稀释黏度 24～25 Pa·s；施工固体分质量分数 46%，稳定性静置 48 h。

② 涂装方法：喷涂次数 5～6 次，目标厚度 35～40 μm，每次之间流平时间 3～5 min，最后一次流平时间 7～10 min。

③ 干燥：干燥湿度 140℃，干燥时间 30 min。若在干燥室内采用保持式干燥，时间为 20 min。若是局部小范围的干燥，采用远红外线干燥器进行烘烤，时间以实际干透为准。

(6) 抛光上蜡。

抛光打蜡的操作方法如下：

① 先用棉布、呢绒或海绵等浸润抛光剂进行抛光，然后擦净；

② 再涂上光蜡，并抛出光泽。

5. 深度划痕的处理

深度划痕包括创伤划痕，多是汽车因碰撞、刮擦等原因造成的车身局部损坏、板面变形、破裂等创伤，涂层严重损坏。对深度划痕首先应清除损伤板面的旧漆层，用钣金或焊装等方法修复好已损伤车身的板面，达到与原来的形状、尺寸、轮廓相同的要求；然后进行修补涂装。修补涂装的工艺方法如下。

（1）表面处理。

① 用铲刀、钢丝刷等清除表面涂层、铁锈和焊渣。焊口较大处用砂轮打磨平整，再用1.5～2.5号砂布打磨，清除底层表面锈蚀和杂物。

② 用溶剂将划痕处洗净、晾干。

③ 涂上一层薄薄的底漆。

④ 在底漆膜上涂一层防锈漆。

（2）刮涂泥子。

① 将速干原子灰覆盖在金属层上。

② 原子灰干燥后，用400号干砂纸将原子灰磨平。

③ 用脱蜡清洗剂将划痕处擦净。

（3）喷涂中涂漆。

① 将不喷漆的地方用专用胶纸遮盖。

② 先用喷枪轻轻地喷上一道底漆，然后再喷第二层较厚的底漆，并使其干燥。

③ 用600号砂纸将底漆磨平。

④ 如果划痕处仍低于漆面，可再喷涂3～5层底漆，并重复清洁步骤。

⑤ 用1500～2000号砂纸将周围部分打平，再用溶剂擦净。

（4）喷涂面漆。

① 喷漆：选用与原车色漆配套的面漆，按原车颜色调配，并调至符合施工要求的黏度，经过滤后再进行喷涂施工。每喷涂一遍之后，应有漆膜需要的流平时间，然后再一遍一遍地进行喷涂。使第一次面漆涂层达到30～40 μm厚度。涂料在涂覆后应有足够的流平和晾干时间，常温干燥一般在2 h以上。

② 湿磨：用280～320号水磨砂纸在喷涂四层的漆膜基础上将漆膜打磨平整光滑。用抹布、压缩空气边吹边擦洁净，并使之表面干燥，可加热干燥，也可自然晾干。但自然晾干时间较长，且应注意防止粉尘污染漆膜表面。

③ 罩光：在原有面漆内，加20%以下的清漆，再适当加入稀释剂混合使用，以增加光洁度，其黏度以15 Pa·s/5℃为宜。经过滤后再喷涂，喷后流平性要好，以便第二天易于抛光打蜡，总厚度为80～110 μm。

（5）抛光上蜡。

① 将喷涂完并干燥后的车身拆除遮盖物。

② 用400～500号水磨砂纸带水将车身表面满磨至涂膜表面光滑平整为止，打磨长度在100 mm以内。

③ 用抛光剂打磨：先用抹布将涂层表面擦净，再用呢绒、海绵等浸润抛光剂进行

抛光。

④ 抛光之后再用上光蜡抛出光泽，使其表面光亮如新。

9.3.4 轻微印迹的处理

汽车表面受到酸雨、鸟粪、死虫、落叶等侵蚀，漆面会出现斑点，严重影响到汽车美观。对汽车面层异物和斑点应及时清除，否则，斑点逐渐向深层渗透，将增加处理的难度。

漆面出现很浅的印迹，漆已变色时，应进行下列处理：

（1）先用水进行清洗，然后再用除蜡溶剂进行清洗；
（2）用碳酸氢钠溶液进行中和处理，然后彻底漂净；
（3）擦干后用车蜡上光。

1. 表层斑点的处理

漆面斑点呈环状，环的中心已呈暗色，表明斑点已进入表层，此时的处理方法如下。
（1）先按前面所述进行清洗和中和处理。
（2）手工抛光斑点部位，根据斑点深度，如果需要再用抛光机抛光，抛光中要经常检查，以使磨掉的面漆尽可能少些。
（3）如果斑点较深，可用1500号或2000号砂纸湿磨，如果斑点仍可见，则用1200号砂纸打磨。
（4）清洁干净后打蜡上光。

2. 深层斑点的处理

（1）斑点清除。

若斑点已渗透到漆膜深层，则首先应彻底清除斑点，其方法如下。

① 清洗：在斑点及周围部分先用水清洗，再用溶剂清洗。
② 砂薄：以斑点为中心，将周围漆膜加工成由薄逐渐变厚的平滑过渡状态。过渡部分的漆膜称为"薄边"，如图9-23所示。"薄边"的加工方法如下。

a. 选择合适的砂纸，采用手工或机械打磨。
b. 如果修补面积较小，直径只有15～20cm左右，建议采用橡胶打磨块或其他体积较大的打磨块垫砂纸进行打磨。
c. 采用水砂纸由内向外砂，也可由外向内砂。面积较小时应画圆圈砂，面积较大时应走直线砂。打磨过程中要经常用海绵蘸水湿润表面。
d. 经打磨形成"薄边"后，换成细砂纸继续打磨，以除去采用粗砂纸打磨时留下的痕迹。

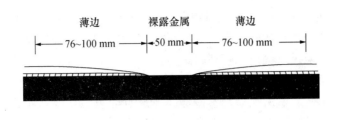

图 9-23 斑点修补标准薄边剖面图

③ 除锈：斑点中心裸露出金属基材的部分如有锈蚀，应进行除锈，除锈方法如下：

a. 对锈蚀处进行打磨，直到显露出金属光泽为止；

b. 采用双组分金属表面调整剂，清除有可能遗留在缝隙里的铁锈；

c. 用水清洗，然后用压缩空气吹干表面。

（2）底层修补。

① 将底漆直接刷涂到裸露的金属表面上。

② 喷涂 3～4 道中间涂层。

③ 中间涂层干燥后进行打磨。

④ 对中间层和相邻原装面漆进行加工。其方法如下：

a. 用 400 号砂纸蘸水打磨中间涂层的中心部位；

b. 采用手工抛光的办法清除相邻原装面漆上的过喷，擦拭打磨中间涂层的边缘；

c. 对本色漆上面整个润色区域进行抛光；

d. 用蘸有少量水和清洗溶剂的抹布把已抛光的表面擦拭干净。

（3）面层修补。

采用不同的涂料进行斑点修补时，其工艺也有所不同。下面以热塑性丙烯酸面漆为例进行介绍。

① 喷涂前准备。

A. 涂料准备：包括以下内容。

a. 涂料配色。

b. 涂料稀释。涂料稀释一定要采用指定的稀释剂，稀释时要将涂料搅拌均匀，并检查黏度。

B. 喷枪准备：包括以下内容。

a. 如果有时喷本色漆，有时喷金属闪光漆，则最好采用带搅拌的喷杯的喷枪，这样就可以使喷涂金属闪光漆时不会产生颜料沉淀，从而不会影响涂层的色相。

b. 准备两个喷枪，配制两种喷涂材料。喷枪 1 用以配制传统的热塑性丙烯酸面漆，采用慢速稀释剂，在喷杯上做好记号"色漆"；喷枪 2 内配制涂料包括 1 份慢速稀释剂，1 份中速稀释剂，及大约 5% 的热塑性丙烯酸清漆，在喷杯上做好记号"消雾圈涂料"。

② 喷涂施工。

A. 试喷：把喷枪上所有可调整参数都暂时设定在中间位置，先在样板上喷涂几道，为了与原装车面漆的颜色相比较，以全遮盖的方式喷涂样板，层间要有适当的闪干时间。如果发现颜色不对，应进行调色，直到满意为止。

B. 喷涂：在中间涂层的表面上喷涂第一道面漆（如图9-24所示）。每道走枪开始和结尾时采用收边施工法，然后喷涂消雾圈涂料于斑点的边缘。以同样的方式喷涂第二道，每一道枪都要比前一道范围大一点，直到全遮盖为止，喷涂后，在正常的温度下至少干燥1 h。然后喷涂三道丙烯酸清漆于整个修补的面积上，这里所采用的丙烯酸清漆用慢速稀释剂稀释了200%。最后采用消雾圈剂喷涂丙烯酸清漆的边缘。

C. 干燥：采用自干或烘干使漆膜干燥。自干需一整天，最好一周；烘干在80℃的温度下需30 min。

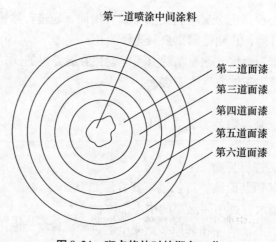

图9-24 斑点修补时的润色工艺

③ 注意事项。

A. 注意喷枪使用。喷涂前要对喷枪认真检查和调整。如果喷涂的是金属闪光漆，调整喷枪上的压力为0.2 MPa左右。每喷一道底色漆，压力升高0.035 MPa，直到颜色符合标准。

B. 注意边缘施工。采用收边工艺喷色漆，每喷一道色漆，对其边缘作一次润色施工。

C. 注意金属闪光底色漆施工。在新喷的金属闪光底色漆上不要喷消雾圈涂料，也不要急于喷热塑性丙烯酸清漆。

D. 注意干燥。每作一次喷涂施工，都要留有一定的闪干时间。如果所有的喷涂施工结束后需要快速烘干，也一定要留出一定的闪干时间，至少30 min，干透后才可进行抛光。

9.4 喷涂中的安全防护

在喷涂施工现场，因为涂料和溶剂会挥发出各种有毒气体并充斥整个场所，所以对操作者进行安全防护是不可缺少的。在喷涂施工中具体的安全防护措施有以下要求。

1. 防火安全措施

施工场地必须设置防火设备，如具有足够数量的灭火器、石棉毡、沙箱及其他灭火工具。每个操作人员应会使用防火设备，并应懂得各种灭火方法；涂装场地严禁烟火，不准携带火柴、打火机和其他火种进入施工现场；擦拭涂料用的玷污棉丝、棉布等物品应集中存放在储有清水的密闭桶中，且不要放置在暖气管或烘房附近，以免引起火灾；施工操作时，应避免铁器之间敲打、碰撞、冲击、摩擦，以防产生火花而引起火灾；易燃物品如涂料、稀释剂等，应存放在储藏柜内，施工场地不得储存；清洗工具用后的稀释剂，应集中存放，不得倒入下水道或随意乱倒；各种电气设备如照明灯、电动机、电气开关等都应使用防爆型电器，并应设在专门的配电间，要有专人定期检查及维修，以防止触电事故，并防止漏电和产生电火花而引起火灾。

2. 防毒措施

在施工过程中，涂料散发出的大量有机溶剂超过允许含量时，吸入人体会对神经系统有刺激和破坏作用，长期吸入挥发性蒸气和接触溶剂，往往会引起慢性中毒，因此车间内必须具有良好的通风、防毒、除尘等设备，力求降低空气中的溶剂蒸气，减少有害气体对人体的影响。操作人员在涂装时应穿戴好各种防护用品；若皮肤上沾有涂料时，不要用苯擦洗，可用专用洗手膏、去污粉、肥皂及少量松香等混合物擦洗，再用清水冲洗干净；有些含铅颜料的旧漆膜在打磨时会产生粉尘，若吸入人体会引起慢性铅中毒，故施工中沾有粉尘，应在工作完毕后立即冲洗干净。特别注意在施工含有大量铅的涂料时，不应采用喷涂工艺。聚氨酯漆中含有游离异氰酸根，胺固化环氧涂料用乙二胺、二乙烯三胺等，均能引起中毒，所以使用时一定要采取预防措施，严防吸入或与皮肤接触。若异氰酸酯液体溅泼于地面上，可用三乙醇胺溶液处理，能在数分钟内分解破坏。操作人员要注意清洁卫生，每次工作完成后及时洗手，每天工作后应洗澡，工作服要勤换洗，经常更换失效口罩。

3. 劳动保护

操作人员应穿戴防护较好的工作服、工作帽、工作鞋、手套，尽量减少身体的裸露部分。工作服应采用抗静电的材料，以防止静电聚集造成的静电火花引起爆炸或火灾，工作服用完后应放在铁皮工具箱中。操作人员在有良好通风的情况下也应戴好口罩；如果在没有良好通风的情况下施工，应戴有通风的供气式防毒面罩。不论在何地工作，操作人员都应戴好防护眼镜。为防止油漆玷污皮肤、手指，阻止毛孔的排泄或使漆中有毒物质由毛孔进入体内，造成慢性中毒，操作人员在工作前可涂防护油膏或凡士林。

4. 其他安全措施

空气压缩机的储气罐及专用气罐等受压设备，要定期进行水压试验检查，并检查安全阀、油水分离器、压力表等是否正常。高空作业时要注意安全，在客车外顶及车身施工时，使用高梯高凳，要安放平稳和采取防滑措施；超过 3 m 以上的高空作业时，要携带安全带。在有电动升降架的单位，当电动升降架上升或下降时，下面不允许有人员施工。汽车解体后的车身、大梁等摆放在支架上，如需要在架下施工时，必须先检查支承是否可靠。使用电动施工设备时，在使用前要检查电源线、开关是否安全可靠。

9.5 思 考 题

1. 油漆涂料有哪些基本性能?
2. 油漆喷涂有哪些工具和设备,并简单说明。
3. 汽车漆面划痕有哪几种,分别如何处理?
4. 简述涂装过程中产生的漆膜病态及其原因。

参 考 文 献

[1] 冉黎涛,薛川. 汽车美容教程[M]. 北京:机械工业出版社,2008.
[2] 刑忠义. 汽车美容与装饰实务(第2版)[M]. 北京:电子工业出版社,2009.
[3] 邱英杰. 汽车钣金·涂装·装潢与美容[M]. 北京:机械工业出版社,2009.
[4] 宋年秀,曲金玉. 汽车装饰与车身修复技术[M]. 北京:北京理工大学出版社,2007.
[5] 吴文琳,吴丽霞. 汽车美容与装饰图解[M]. 北京:人民邮电出版社,2007.
[6] 鲁植雄. 汽车美容[M]. 北京:人民交通出版社,2006.
[7] 阎文兵,姜绍忠. 汽车美容与装饰[M]. 北京:北京理工大学出版社,2007.
[8] 宋东方. 汽车装饰与美容[M]. 北京:化学工业出版社,2009.
[9] 宋孟辉. 汽车美容与保养[M]. 北京:人民邮电出版社,2009.
[10] 李光耀. 汽车内饰件设计与制造工艺[M]. 北京:机械工业出版社,2009.
[11] 姚时俊,杨明. 汽车装饰[M]. 北京:人民交通出版社,2003.
[12] 阳小良. 汽车美容与装饰图解教程[M]. 北京:机械工业出版社,2008.
[13] 吴涛,蔡云. 汽车装饰与美容业的现状及发展策略分析[J]. 中国集体经济,2009,08.